영광스러운 교회

워치만 니

한국복음서원

개정판 서문

지난 2천 년간의 역사를 통해서 대부분의 그리스도인들은 주로 이 땅에 존재하고 있는 교회의 현실적인 모습에만 관심을 가져왔다. 이때는 교회가 많은 문제와 어려움에 직면하고, 심지어 실패와 하락을 경험하는 시련의 역사였던 것이다. 이 때문에 거룩하고 흠이 없는, 영광스러운 교회를 말하는 에베소서 5장은 어디에 적용할 수 있으며 또 어떻게 성취될 수 있는지는 늘 의문으로 남겨져 왔다.

이 한 권의 책이 극히 중요하고 보배로운 이유는 바로 여기에 있다. 이 책은 '교회에 대한 하나님의 관점', 즉 교회가 하나님의 영원한 계획 가운데 어떤 위치를 갖고 있고, 그 책임이 무엇이며 하나님의 이기는 이들이 어떻게 하나님의 영원한 계획을 이루는지를 보여 주고 있는 것이다. 저자는 이렇게 말했다.

"하나님의 뜻 가운데 있는 교회와 체험 가운데 있는 교회는 전혀 별개이다. 하나님의 계획 안에 있는 교회는 완전히 죄가 없고, 결코 죄를 알지도 못하며, 죄의 역사가 없다. 그것은 죄를 초월하고, 죄의 흔적조차도 없으며 완전히 영적인 것으로서 전적으로 그리스도에게서 나온 것이다. 그러나 역사적으로 교회는 이미 실패했고 하락했다. 오늘날 주님은 바로 타락한 사람들 중에서 일하시어 사람을 당초 그분의 뜻 가운데 있는 교회로 이끄신다. 주님은 이 타락하고, 부패하고, 황량하고, 죄가 충만하고, 완전히 오염된 사람들 중에서 일하시어 이러한 무리들 중에서 한 교회를 얻기 원하신다. 그분은 영원 과거에 목적하신 상태로 그들을 회복하시어, 영원 미래에 그분의 갈망을 충족시키고자 하신다. 그분의 놀라운 일 안에서 주님은 그분 자신의 말씀을 도구로 사용하셔서 교회를 하나님의 본래의 목적으로 되돌리고자 하신다."

우리의 시야를 영원으로 이끌어 하늘에 속한 교회의 이상을 보게 하는 이 책은, 우리에게 교회에 대한 완전하고 깊이 있는 이해와 조망을 전달한다.

본서는 워치만 니의 교회에 관한 저작들 중에서도 특별한 위치를 차지한다. 그의 다른 저술들이 주로 신약에 나타난 교회의 모습들을 보여 주었던 데 비해, 본서는 영원 가운데 있는 교회의 이상 방면이 집중적으로 다루어졌기 때문이다.

종전에 한국복음서원에서는 본서를 〈거룩하고 흠이 없어라〉라는 제목의 단행본으로 출판한 바 있으나, 원제와의 통일성을 기하는 측면에서 이번에 〈영광스러운 교회〉라는 제목으로 개정판을 내놓게 되었다. 원문 대조를 통하여 종전의 부족을 하나하나 바로잡았으며, 영문판을 꼼꼼히 참조하여 읽기 쉽고 이해가 쉬운 문장으로 대폭 수정하였다.

우리를 가슴 벅차게 만드는 이 책을 독자들이 한 장 한 장 읽어 가는 동안, 주님께서 영광스러운 교회에 대한 완전한 이상과 계시를 열어 주시기를 소망한다.

2003년 4월 23일
한국복음서원 편집부

서문

이 책은 워치만 니 형제님께서 1939년 가을부터 1942년 가을까지의 기간 동안 그의 훈련 아래 있었던 상해 교회와 동역자들에게 중국어로 전한 일련의 메시지들을 번역한 것이다. 그 기간이 우리에게는 하나님의 깊은 것들에 대한 영적인 계시와 하늘에 속한 이상의 날들이었다. 그 강조점은 주로 승리하는 교회, 영광스러운 그리스도의 몸, 만물 안에서 만물을 충만케 하시는 자의 완전한 표현에 대한 것이었다. 이 메시지들 안에는 성경의 중요한 네 여인들 창세기 2장의 하와, 에베소서 5장의 아내, 계시록 12장의 여인, 계시록 21장과 22장의 신부에 기초하여 엄청난 빛이 쏟아졌다. 그것들에 대한 기록은 하나님의 영원한 계획 안에 있는 영광스러운 교회, 그분의 갈망을 만족시키는 교회에 대한 완전한 조망을 우리에게 준다. 그 여인들이 제시하고 있는 그림의 시간적 간격은 매우 넓은데, 영원 과거부터 시작하여 영원 미래까지에 걸친 모든 시간을 포함하고 있다. 메시지들의 내용은 매우 계시가 있고 밝으며 깊고 심오하므로, 영 안에서 매우 철저한 이상과 인식을 가지고 많은 기도를 통해 그것들을 읽을 필요가 있다. 몸의 영광스러운 주께서 지혜와 계시의 영을 우리에게 허락하사 그분이 저자에게 보여 주셨던 교회의 실재에 대한 이상들을 인식할 수 있게 하시기를 바란다. "우리의 온갖 구하는 것이나 생각하는 것에 더 넘치도록 능히 하실" 우리 주 예수의 아버지 하나님께서, "우리 안에서 역사하시는 능력을 따라" 이 메시지들 안에 계시된 것을 이루어 주실 것을 신뢰하며, 우리의 기도로 이 책을 내놓는다. "교회 안에서와 그리스도 예수 안에서 영광이 그에게 세세 무궁토록 있을지어다. 아멘."

1968년 6월 8일
로스앤젤레스에서
위트니스 리

차례

1

하나님의 계획과 안식

제1장
하나님의 계획과 안식

창세기 1:26-2:3, 2:18-24
에베소서 5:22-32
계시록 12장
계시록 21:1-22:5

위의 네 곳의 성경에서는 네 명의 여자를 말하고 있다. 창세기 2장의 여자는 하와이고, 에베소서 5장에 있는 여자는 교회이며, 계시록 12장에 있는 여자는 이상 중에 있는 여자이며, 계시록 21장에 있는 여자는 어린양의 아내이다. 하나님이 우리에게 빛을 주사 이 네 여자가 어떻게 하나로 연결되어 있고, 어떻게 하나님의 영원한 계획과 관계를 맺고 있는지 보게 하시기 원한다. 그뿐 아니라 교회가 하나님의 영원한 계획 가운데 어떤 위치를 갖고 있고, 그 책임이 무엇이며 또한 하나님의 이기는 이들이 어떻게 하나님의 영원한 계획을 이루는지를 보게 하시기 원한다.

하나님이 사람을 창조하신 목적

하나님은 왜 사람을 창조하셨는가? 하나님이 사람을 창조하신 목적은 무엇인가?

이 문제의 답은 창세기 1장 26절과 27절에서 하나님이 이미 우리에게 말씀하셨다. 이 두 구절의 성경은 실로 중요하다. 이 두 구절의 성경에서 우리는 하나님이 사람을 창조하심이 특별한 창조였음을 분명히 볼 수 있다. 사람을 창조하시기 전에, "하나님이 가라사대 우리의 형상을 따라 우리의 모양대로 우리가 사람을 만들고 그로 바다의 고기와 공중의 새와 육축과 온 땅과 땅에 기는 모든 것을 다스리게 하자 하시고"라고 하셨다. 이것은 사람을 창조하시려는 하나님의 계획이다. "우리가 … 하자"는 말씀은 하나님이 만드시려고 하는 사람이 어떠한 사람인지를 말하고 있으며 이것이 곧 하나님이 지으시려는 사람의 '청사진'인 것이다. 27절에서 하나님은 그분의 계획대로 사람을 지으셨다. "하나님이 자기 형상 곧 하나님의 형상대로 사람을 창조하시되 남자와 여자를 창조하시고." 이어서 28절에서는 "하나님이 그들에게 복을 주시며 그들에게 이르시되 생육하고 번성하여 땅에 충만하라 땅을 정복하라 바다의 고기와 공중의 새와 땅에 움직이는 모든 생물을 다스리라."고 말씀하고 있다.

여기에서 우리는 하나님이 그분의 통치권을 소유한 한 사람, 즉 이 땅에서 그분의 권위를 대표하는 한 사람을 얻기 원하시는 것을 본다. 이것이 하나님의 갈망이다.

하나님은 어떻게 사람을 지으셨는가? 그분 자신의 형상을 따라서 지으셨다는 것은 사람이 그분 자신을 닮도록 하셨다는 뜻이다. 이것은 분명히 사람이 하나님의 창조 안에서 특별한 지위를 가지고 있었음을 보여 준다. 하나님의 창조 안에서 하나님의 형상대로 지으심받은 것은 오직 사람뿐이었다. 하나님이 얻기 원하시는 사람은 다른 피조물들과는 완전히 다른 것이었다. 그러므로 하나님의 갈망 중에서 그분이 얻기 원하시는 사람은 그분 자신의 형상을 따라 피조된 것이다.

여기에서 한 가지 우리가 주목해야 할 요점이 있다. 26절은 "하나님이 가라사대 우리의 형상을 따라 … 사람을 만들고"라고 말하며, 27절에서는 "하나님이 자기 형상 곧 하나님의 형상대로 사람을 창조하시되"라고 하는데, 26절의 '우리'는 복수이고 27절의 '자기'는 단수이다. 문법적으로 볼 때 26절에서 "하나님이 가라사대 우리의 형상을 따라 … 사람을 만들고"라고 했다면 27절에서도 마땅히 "우리의 형상대로 … 남자와 여자를 창조하시고"라고 해야 한다. 그러나 이상하게도 27절은, "하나님이 자기 형상 곧 하나님의 형상대로 사람을 창조하시되"라고 말한다. 이것은 무엇 때문인가? 이것은 하나님의 신격에 아버지(父), 아들(子), 영(靈) 셋이 있는데 그중에 오직 아들 하나님만이 형상이 있기 때문에, 하나님이 그분의 신격 안에서 어떻게 사람을 지을 것인가 계획하실 때에는 '우리'의 형상대로 사람을 만들자고 하셨으며, 사람을 만들 때에는 '자기'의 형상대로 사람을 만들었다고 말씀하신 것이다. '자기'는 아들 하나님을 가리켜 말한 것이다. 아담은 주 예수의 형상대로 지음 받았음을 알 수 있다. 먼저 아담이 있고 그다음에 주 예수님이 있는 것이 아니라, 먼저 주 예수님이 있고 그다음에 아담이 있는 것이다. 하나님이 아담을 창조하셨을 때 주 예수님의 형상을 따라서 창조하신 것이므로, '우리'의 형상을 따라서 창조했다고 말씀하지 않으시고, '자기'의 형상을 따라서 창조했다고 하셨다.

그분의 목적은 바로 그분의 아들과 같은 한 무리를 얻는 것이었다. 로마서 8장 29절에서는 "하나님이 미리 아신 자들로 또한 그 아들의 형상을 본받게 하기 위하여 미리 정하셨으니 이는 그로 많은 형제 중에서 맏아들이 되게 하려 하심이니라."고 하셨다. 이것이 하나님의 목적이다. 하나님은 수많은 아들들을 필요로 하시며 더욱이 하나님은 이 수많은 아들들이 모두 그분의 아들을 닮게 하려고 하신다. 따라서 아들이신 그분은 더 이상 독생자가 아닌, 수많은 형제들 중에 맏아들이 되실 것이다. 그분의 목적은 바로 이와 같은 한 무리를 얻으시는 것이다. 우리가 이것을 보았다면 우리는 마땅히 사람의 존귀함을 알아야 하며 사람을 언급할 때마다 즐거워해야 한다. 하나님은 얼마나 사람을 중하게 보시는가! 그분 자신까지도 사람이 되셨다! 하나님의 계획은 사람을 얻으시는 것이다. 하나님이 사람을 얻으시면 하나님의 계획은 성취된다.

하나님의 계획은 사람을 통하여 성취되며, 하나님은 사람을 통하여 그분 자신의 요구를 해결하려고 하신다.

그러면 하나님이 사람을 창조하신 것은 사람으로 무엇을 하게 하시려는 것인가? 그것은 사람이 통치권을 소유하도록 하려는 것이다. 하나님은 사람을 창조하실 때에 결코 사람이 타락하도록 예정하지 않으셨다. 사람의 타락은 창세기 3장에서의 사건이지, 창세기 1장의 이야기가 아니다. 하나님은 그분의 창조의 계획 안에서 결코 사람이 범죄하도록 예정하지 않으셨다. 구속까지도 하나님이 예정하신 것이 아니다. 구속이 중요하지 않다고 말하는 것이 아니라, 구속은 결코 하나님이 예정하신 것이 아니라는 것이다. 만일 구속이 본래 하나님이 예정하신 것이라면 사람은 범죄하지 않으면 안 될 것이다. 그러나 하나님은 결코 이렇게 예정하지 않으셨다. 하나님이 사람을 창조하신 계획 안에는 오직 사람이 통치권을 갖도록 정하신 것만이 있다. 이것이 창세기 1장 26절에서 하나님이 우리에게 보여 주시는 계시이다. 하나님은 여기에서 그분 자신의 갈망을 우리에게 열어 보여 주셨고 그분 자신의 계획 안의 비밀을 우리에게 알려 주셨다. "하나님이 가라사대 우리의 형상을 따라 우리의 모양대로 우리가 사람을 만들고 그로 바다의 고기와 공중의 새와 육축과 온 땅과 땅에 기는 모든 것을 다스리게 하자."(창 1:26) 이것이 하나님이 사람을 창조하신 목적인 것이다.

아마 다음과 같이 묻는 사람이 있을지도 모른다. "하나님은 왜 이러한 목적을 가지고 계십니까?" 이것은 하나님이 사람을 창조하시기 이전에 광명의 천사가 이미 배반하여 마귀가 되었고, 그 천사는 이미 범죄하여 타락했으며, 계명성이 하나님의 대적으로 변했기 때문이다(사 14:12-15). 즉, 하나님은 사탄의 통치권을 빼앗고자 하신다. 하나님은 그 권위를 사탄의 손에서 빼앗아 사람의 손에 넘겨주려고 하시는 것이다. 하나님이 사람을 창조하신 목적은 바로 사람이 통치권을 갖도록 하고, 사탄이 더 이상 통치권을 갖지 못하도록 하시려는 것이다. 여기에서 볼 때 하나님이 사람을 창조하신 은혜가 얼마나 큰지 알 수 있다.

하나님은 다만 사람이 통치권을 갖도록 하셨을 뿐만 아니라, 더욱 사람이 하나의 특별한 영역 안에서 통치권을 행사하도록 하셨다. 창세기 1장 26절에서 우리에게 보여 주는 바는 "그로 바다의 고기와 공중의 새와 육축과 온 땅과 땅에 기는 모든 것을 다스리게 하자."이다. '온 땅'이 사람이 다스리는 범위인 것이다. 하나님은 단지 사람으로 바다의 고기, 공중의 새, 땅의 육축 등을 다스리도록 하셨을 뿐 아니라 더욱이 '온 땅'을 관리하도록 하셨다. 하나님이 사람에게 관리하도록 하신 범위가 곧 땅이며, 사람과 땅은 특별한 관계를 맺고 있다.

하나님은 사람을 창조하신 계획 안에서 땅을 주의하셨고, 사람을 창조하신 이후에 또한 분명하게 그들에게 말씀하시기를 사람으로 땅을 다스리도록 하셨다고 했다. 27-28절은 말하기를, "하나님이 자기 형상 곧 하나님의 형상대로 사람을 창조하시되 남자와 여자를 창조하시고 하나님이 그들에게 복을 주시며 그들에게 이르시되 생육하고 번성하여 땅에 충만하라 땅을 정복하라 바다의 고기와 공중의 새와 땅에 움직이는 모든 생물을 다스리라 하시니라."고 했다. 하나님이 강조하신 것은 "땅에 충만하라", "땅을 정복하라"이며, "바다의 고기와 공중의 새와 육축과 온 땅과 땅에 기는 모든 것을 다스리게 하자"는 말씀은 부차적인 것이다. 다스리는 것은 부차적인 것이며 주된 문제는 땅이다.

창세기 1장 1-2절은 "태초에 하나님이 천지를 창조하시니라 땅이 혼돈하고 공허하며 흑암이 깊음 위에 있고"라고 말한다. 이 두 구절의 성경을 직역하면 더욱 뜻이 분명해진다. 1절의 원문은 이렇다. "태초에 하나님이 하늘들과 땅을 창조하시니라." '하늘'은 복수이므로 '하늘들'이라고 해야 한다. '하늘들'은 성좌가 있는 모든 하늘들을 가리켜 말한 것이다(우리의 지구에는 지구의 하늘이 있고 다른 성좌도 역시 이와 같다). 2절을 직역하면 "그러나 땅이 혼돈하고 공허하며 흑암이 깊음 위에 있고"이다(히브리어에서는 '땅'이라는 글자 앞에 하나의 접속사가 있는데 '그러나'로 번역할 수 있다). "태초에 하나님이 천지를 창조하시니라." 여기에서는 어떤 문제도 발생하지 않았고 어떤 문제도 없었지만, 나중에 문제가 발생했다. "땅이 혼돈하고 공허하며 흑암이 깊음 위에 있고"에서 '있고'는 창세기 19장 26절에 있는 "롯의 아내가 소금 기둥이 되었더라"에서 '되었더라'와 같은 단어이다. 롯의 아내는 결코 태어나면서부터 소금 기둥이었던 것이 아니라 나중에 소금 기둥이 된 것이다. 하나님이 하늘들과 땅을 창조하셨는데 "그러나 땅이 혼돈하고 공허하며 흑암이 깊음 위에 있고"라고 했다. 여기에서 문제는 하늘들에 있는 것이 아니라 땅에 있는 것을 알 수 있다.

그러므로 땅은 문제의 핵심이고, 하나님이 얻으시려고 하는 곳은 땅이다. 주 예수님이 우리에게 가르치신 기도가 있다. "이름을 거룩하게 하옵시며 나라이 임하옵시며 뜻이 하늘에서 이룬 것 같이 땅에서도 이루어지이다." 원문에서 보면, "하늘에서 이룬 것 같이 땅에서도 이루어지이다."라는 말씀은 세 어구에 공동으로 사용된 것이지 마지막 한 구(句)에만 사용된 것이 아니다. 즉, 원래의 뜻은 이렇다. "이름을 하늘에서 거룩하게 하신 것처럼 땅에서도 거룩하게 하옵시며, 나라가 하늘에서 임한 것처럼 땅에서도 임하게 하옵시며, 뜻이 하늘에서 이룬 것같이 땅에서도 이루어지이다." 이 기도에서 문제는 '하늘'에 있는 것이 아니라, 땅에 있는 것임을 알 수 있다. 사람이 타락한 이후에 하나님은 뱀에게 말씀하시기를 "네가 배로 다니고 종신토록 흙을 먹을지니라."고 하셨다. 그 뜻은 "너의 영역은 땅이고 땅에서 기어다녀야 한다."는 것이다. 사탄의 일의 영역은 하늘이 아니라 땅인 것이다. 하나님의 나라가 임하려면 반드시 땅에서 사탄을 쫓아내야 한다. 하나님의 뜻이 통행되려면 반드시 땅에서 통행되어야 한다. 하나님의 이름이 거룩히 여김을 받으시려면 반드시 땅에서 거룩히 여김을 받아야 한다. 모든 문제는 땅에 있는 것이다.

창세기의 두 낱말은 매우 재미있다. 하나는 1장 28절의 '다스리라'

이며 이것은 '정복하라'로도 번역할 수 있다. 하나는 2장 15절의 '지키다'인데 이것은 '파수하다'로도 번역할 수 있다. 여기에서 우리는 하나님이 사람을 보내어 땅을 다스리고 지키게 하신 것을 알 수 있다. 하나님의 본 뜻은 사람이 거하도록 땅을 주시려는 것이지 황폐하게 하시려는 것이 아니었다(사 45:18). 하나님은 사람더러 사탄이 땅을 침범하는 것을 허용하지 말라고 하셨다. 그러나 문제는 바로 사탄이 땅에 있다는 것이다. 사탄이 이 땅에서 파괴의 일을 하려고 하기 때문에 하나님께서는 사람으로 하여금 땅을 사탄의 손에서 회수하게 하시려는 것이다.

또 한 가지 주목해야 할 일은 곧 하나님이 사람으로 하여금 회수하게 하시려는 것은 엄밀히 말해서 땅일 뿐 아니라 더욱 땅과 연관된 하늘이라는 것이다. 성경 안에서 '하늘들'과 '하늘'은 서로 차이가 있다. '하늘들'은 하나님의 보좌가 있는 곳이며 하나님의 권위가 통행되는 곳이다. '하늘'은 성경에서 때때로 땅과 연관된 하늘을 가리켜 말한다. 이 또한 하나님이 회복하시려는 것이다(참고 계 12:7-10).

그러나 다음과 같이 묻는 사람이 있을 것이다. 하나님은 왜 친히 사탄을 무저갱에 던지시지 않는가? 왜 친히 불 못에 던지시지 않는가? 우리의 대답은, 하나님은 충분히 그렇게 하실 수도 있지만 친히 그렇게 하시지 않는다는 것이다. 우리는 그분이 왜 스스로 하시지 않는지는 모르지만 그분이 어떻게 하실 것인지는 알고 있다. 하나님은 사람이 그분의 대적을 처리하기를 원하신다. 하나님은 그분의 대적을 처리하시기 위해서 사람을 지으셨다. 하나님은 피조물로써 피조물을 처리하시기를 원하신다. 하나님이 사용하려고 하시는 것은 피조된 사람이다.

창세기 1장 26절을 다시 읽어 보자. "하나님이 가라사대 우리의 형상을 따라 우리의 모양대로 우리가 사람을 만들고 그로 바다의 고기와 공중의 새와 육축과 온 땅과 … 다스리게 하자." 여기에서 말씀이 끝난 것 같지만 또 한 구절, 즉 '땅에 기는 모든 것'이 추가되어 있다. 여기에서 우리는 기는 것이 매우 큰 지위를 갖고 있는 것을 볼 수 있다. 하나님께서는 사람이 온 땅을 차지하려면 기는 것을 간과해서는 안 될 것을 아셨다. 온 땅을 다스리려면 기는 것을 주의해야 한다. 하나님의 대적은 기는 것들에 기생하고 있다. 창세기 3장에는 뱀이 있고 누가복음 10장에는 전갈이 있다. 그것들은 모두 기는 것들이다. 뱀(사탄)이 있을 뿐 아니라 또한 전갈(범죄하는 더러운 악령)이 있다. 뱀의 영역은 땅이고 전갈의 영역도 땅이다. 모든 문제가 여기—땅—에 있다.

그러므로 우리는 사람을 구원하는 일과 하나님의 일을 구별해야 한다. 많은 경우에 사람을 구원하는 일이 반드시 다 하나님의 일은 아니다. 사람을 구원하는 일은 사람의 문제를 해결하는 것이지만, 하나님의 일은 사람으로 하나님이 지으신 만물을 다스리도록 통치권을 차지하게 하시려는 것이다. 하나님은 피조물 중에서 하나의 권위자를 필요로 하시며 이 권위자로 사람을 선택하셨다. 우리가 만일 단지 사람으로서 사람만을 위해서 산다면, 우리가 추구하는 모든 것은 내가 더욱 주님을 사랑하고, 내가 더욱 거룩해지고, 내가 더욱 열심을 내고, 내가 더욱 사람의 영혼을 구원하는 것에 지나지 않을 것이다. 이 모든 것은 다 좋은 것이나 너무나 사람 중심적인 것이다. 이러한 모든 것들은 사람이 유익을 얻는 것만 고려한 것이지 결코 하나님의 일, 하나님의 필요를 고려한 것이 아니다. 우리는 하나님에게 그분의 필요가 있음을 보아야 하고, 우리는 이 땅에서 단지 사람의 필요만을 위해서 사는 것이 아니라 더욱 하나님의 필요를 위해서 있다는 것을 보아야 한다. 하나님께 감사하자! 하나님은 사람을 권하여 그분 자신과 화목하게 하는 직분을 우리에게 주셨다. 그러나 또 한 면으로, 우리가 설령 온 세상 사람들을 모두 구원한다고 해도 여전히 이루어지지 않은 하나님의 일이 있으며 하나님의 필요가 아직도 채워지지 않았음을 보아야 한다. 여기에 하나님의 일, 하나님의 필요라고 일컫는 한 가지 일이 있다. 하나님은 사람을 창조하실 때에 그분의 필요가 무엇인지를 말씀하셨다. 하나님은 우리에게, 그분의 필요는 바로 사람이 통치권을 갖고 그분이 손수 지으신 피조물들을 다스리는 것임을 보여 주신다. 다스림은 작은 일이 아니라 큰일이다. 하나님은 그분의 일을 맡길 수 있고 하나님을 버리지 않을 사람을 필요로 하시는데, 이것이 바로 하나님의 일이요, 이것이 바로 하나님이 얻으시려고 하는 바이다.

우리는 복음 전파의 일을 소홀히 하지 않는다. 그러나 만일 복음 전파나 영혼을 구원하는 일이 전부라면 사탄에게 치명적인 상처를 줄 수 없을 것이다. 사람이 사탄의 손에서 땅을 되찾지 못하는 한, 하나님이 사람을 창조하신 목적은 아직 이루어지지 않은 것이다. 사람을 구원시키는 것은 늘 사람의 유익을 위한 것이지만, 사탄을 처리하는 것은 하나님의 유익을 위한 것이다. 사람을 구원하는 것은 사람의 필요를 해결하기 위한 것이지만 사탄을 처리하는 것은 하나님의 필요를 만족시키기 위한 것이다. 형제자매들이여, 이것은 반드시 대가를 필요로 한다! 우리는 일찍이 귀신이 다음과 같이 말한 것을 알고 있다. "예수도 내가 알고 바울도 내가 알거니와 너희는 누구냐."(행 19:15) 문제는 여기에 있다. 귀신이 당신을 만나면 그가 도망가는가 아니면 도망가지 않는가? 복음 전파에도 물론 대가가 필요하다. 그러나 사탄을 처리하는 데에는 더욱 대가가 필요하다.

이것은 결코 한낱 교리나 가르침의 문제가 아니다. 우리는 이것을 실행해야 하며, 이를 위해 우리가 치러야 할 대가는 실로 크다. 만일 하나님이 사람으로 하여금 사탄의 모든 일과 권위를 뒤엎도록 하셨다면 우리는 절대적으로 순종해야만 한다. 우리가 다른 일을 할 때에는 자기를 위해서 여지를 남겨 둔다 해도 그리 큰 관계가 없겠지만, 마귀의 일에 대해서는 조금도 자신을 위한 여지를 남겨 둘 수 없다. 우리는 자신의 성경 읽기를 보류할 수 있고, 자신의 복음 전파를 미뤄 둘 수 있고, 자신이 교회를 돕는 것을 보류할 수 있고, 자신이 형제를 돕는 것을 보류할 수 있겠지만, 사탄에 대해서는 자신을 보류할 수 없다. 당신이 자신을 보류한다면 사탄을 몰아낼 수 없을 것이다.

하나님이 우리의 눈을 여시어 하나님의 목적이 절대적으로 그분만을 위한 것임을 알게 하시기 바란다. 두세 가지 마음을 가지고 있는 사람은 사탄을 처리할 방법이 없다. 하나님이 우리의 마음에 말씀하시기 원한다.

하나님의 목적은 영원히 변하지 않음

하나님은 이 땅에서 그분의 통치권을 갖는 한 사람을 얻기 원하셨지만 사람은 하나님의 이 목적을 이룰 수 없었으며, 창세기 3장에서는 타락이 들어오고 범죄가 들어와, 사람은 사탄의 세력 아래 있게 되었다. 그럼으로써 모든 것이 다 끝나 버리고 하나님은 실패하시고, 사단이 승리한 것 같았다. 그러나 창세기 1장 외에 시편 8편과 히브리서 2장이 또한 이 문제를 언급하고 있다.

(1) 시편 8편

시편 8편은 우리에게 하나님의 예정과 하나님의 계획이 결코 변함이 없음을 보여 준다. 사람이 타락한 이후에도 하나님의 사람에 대한 뜻과 하나님의 사람에 대한 요구는 여전히 변함이 없다. 창세기 1장에서 하나님이 사람을 창조하실 때에 하나님의 사람에 대한 뜻이 어떠하셨던 것처럼, 사람이 타락한 이후에도 하나님의 사람에 대한 뜻은 여전히 변함없다. 시편 8편은 사람이 타락한 이후에 쓴 것이다. 사람이 이미 타락했지만 시편 기자는 찬미할 수 있었고 그의 눈은 여전히 창세기 1장을 보고 있었다. 성령은 창세기 1장을 잊지 않으셨고, 아들 하나님도 창세기 1장을 잊지 않으셨으며, 하나님 자신도 창세기 1장을 잊지 않으셨다.

시편 8편의 내용을 보기로 하자. 1절은 말하기를, "여호와 우리 주여 주의 이름이 온 땅에 어찌 그리 아름다운지요."라고 했다. 성령의 감동을 받은 사람들은 모두 이 한마디를 말한다. "주의 이름이 온 땅에 어찌 그리 아름다운지요!" 비록 사람들이 주의 이름을 훼방하고 주의 이름을 거절하지만, 시편 기자는 큰 소리로, "여호와 우리 주여 주의 이름이 온 땅에 어찌 그리 아름다운지요."라고 말했다. 그는 "주의 이름이 온 땅에 실로 아름답습니다."라고 말하지 않았다. "실로 아름답습니다."와 "어찌 그리 아름다운지!"는 차이가 있다. "실로 아름답습니다."는 이 시를 지은 시인이 말해 낼 수 있다는 뜻이고 "어찌 그리 아름다운지요!"는 우리가 시를 짓지만 주님의 이름이 얼마나 아름다운지, 어떻게 말해야 할지 몰라서 단지 "여호와 우리 주여 주의 이름이 온 땅에 어찌 그리 아름다운지요!"라고 말하는 것이다. 그분의 이름이 아름다울 뿐 아니라 더욱 그분의 이름이 '온 땅에서' 아름답다는 것이다. 이것은 창세기 1장 26절과 같이 온 땅에서이다. 우리가 만일 하나님의 계획을 안다면 '사람'을 읽을 때마다 마음이 뛸 것이며 '땅'을 읽을 때마다 마음이 뛸 것이다.

2절에서는 "주의 대적을 인하여 어린아이와 젖먹이의 입으로 말미암아 권능을 세우심이여 이는 원수와 보수자로 잠잠케 하려 하심이니이다."라고 했다. 어린아이와 젖먹이는 사람을 가리켜 말한 것이다. 여기의 중점은 하나님이 어떻게 사람을 사용하셔서 대적을 처리하시는가이다. 주 예수님은 일찍이 이 말씀을 인용하신 적이 있다. "어린 아기와 젖먹이들의 입에서 나오는 찬미를 온전케 하셨나이다."(마 21:16) 이 말씀의 뜻은, 대적이 아무리 대적해도 하나님은 친히 대적할 필요 없이 어린 아기와 젖먹이로 대적하게 하신다는 것이다. 어린 아기와 젖먹이는 무엇을 할 수 있는가? 여기에서 말하기를, "어린아이와 젖먹이의 입으로 말미암아 권능을 세우심이여"라고 했다. 하나님은 한 무리, 즉 찬미할 수 있는 사람을 얻기 원하시며 찬미할 수 있는 사람이 대적을 처리할 수 있는 것이다.

3절부터 8절까지에서는 "주의 손가락으로 만드신 주의 하늘과 주의 베풀어 두신 달과 별들을 내가 보오니 사람이 무엇이관대 주께서 저를 생각하시며 인자가 무엇이관대 주께서 저를 권고하시나이까 저를 천사보다 조금 못하게 하시고 영화와 존귀로 관을 씌우셨나이다 주의 손으로 만드신 것을 다스리게 하시고 만물을 그 발아래 두셨으니 곧 모든 우양과 들짐승들이며 공중의 새와 바다의 어족과 해로에 다니는 것이니이다."라고 했다. 만일 우리가 시를 쓴다면 아마 여기에 괄호를 하고서 "(애석하도다! 사람은 타락했고, 범죄했고, 에덴동산에서 쫓겨났으니, 하나님의 목적에 도달하지 못하였도다.)"라고 할 것이다. 그러나 하나님께 감사하자. 시인의 마음속에는 이러한 생각이 없다. 하나님의 안목에서 볼 때 땅은 아직도 회복하실 수 있는 것이며 하나님이 사람에게 주신 지위가 아직도 있는 것이며, 하나님이 사람으로 하여금 마귀의 일을 파하도록 주신 위엄이 아직 있는 것이다. 그러므로 3절부터 시편 기자는 다시 예전 이야기를 하고 있으며 창세기 3장은 전혀 돌아보지 않았던 것이다. 이것이 시편 8편에서 가장 특별한 점이다. 하나님의 목적은 사람으로 하여금 하나님의 권위를 갖도록 하는 것이다. 사람에게 자격이 있는가? 사람은 확실히 자격이 없지만, 하나님의 목적이 사람으로 통치권을 갖도록 하시는 것이므로 사람은 반드시 그 통치권을 소유해야 한다.

9절에서는 "여호와 우리 주여 주의 이름이 온 땅에 어찌 그리 아름다운지요."라고 했다. 시편 기자는 다만 이와 같이 찬양하고 있을 뿐 사람의 타락에 대해서는 보지도 않은 것 같다. 아담은 비록 죄를 범했고 하와도 죄를 범했지만, 아담과 하와는 하나님의 계획을 방해할 수 없었다. 사람이 타락할 수 있고 사람이 범죄할 수 있지만, 그러나 사람은 하나님의 뜻을 뒤엎을 수 없는 것이다. 사람이 타락한 이후에도 하나님의 사람에 대한 정하심은 여전하며, 사람으로 하여금 권위를 갖고서 사탄의 권세를 전복하게 하시는 것이다. 아, 하나님은 영원히 변함없으시다! 하나님의 정하신 길은 계속 전진하며 후에도 변하지 않는다. 우리는 하나님이 실패하지 않으시는 분임을 알아야 한다. 세상 사람이 타격을 받아도, 누구도 하나님처럼 매일매일 공격을 받고 끊임없는 폭풍 가운데 산 사람은 없었다. 그러나 우리 하나님은 그분의 뜻이 지금까지 좌절된 적이 없으시다. 사람이 타락하기 전에 하나님이 어떠하신 것처럼, 사람이 타락한 이후에도, 죄가 세상에 온 이후에도 하나님은 여전히 그러하시다. 그분이 예전에 정하신 것처럼 오늘날도 여전히 더욱 그러하시며, 오늘날 그분이 어떠하신 것처럼 장래에도 변함이 없으실 것이다.

(2) 히브리서 2장

창세기 1장에서는 하나님이 사람을 창조하실 때에 정하신 뜻을 말하고 있고, 시편 8편에서는 사람이 타락한 이후의 하나님의 뜻을 말하고 있으며, 히브리서 2장은 하나님의 구속 안의 뜻을 말하고 있다. 이제 우리는 히브리서 2장, 곧 구속의 승리 안에서 하나님이 사람으로 하여금 권위를 얻고 사탄을 처리하도록 하시는 것을 볼 것이다.

5절부터 8절 상반절까지는 "하나님이 우리의 말한 바 장차 오는 세상을 천사들에게 복종케 하심이 아니라 오직 누가 어디 증거하여 가로되 사람이 무엇이관대 주께서 저를 생각하시며 인자가 무엇이관대 주께서 저를 권고하시나이까 저를 잠깐 동안 천사보다 못하게 하시며 영광과 존귀로 관 씌우시며 만물을 그 발아래 복종케 하셨느니라."고 말했다. 모든 것이 다 그분에게 복종하는 것이 하나님이 애초에 정하신 뜻이다.

그러나 일은 결코 이렇게 되지 않았다. 8절 하반절에서 9절 상반절까지는 말하기를 "지금 우리가 만물이 아직 저에게 복종한 것을 보지 못하고 오직 우리가 천사들보다 잠깐 동안 못하게 하심을 입은 자 곧 죽음의 고난받으심을 인하여 영광과 존귀로 관 쓰신 예수를 보니"라고 했다. 여기에서는 오직 예수 한 사람이 이와 같다는 것이다. 시편 8편은 하나님이 사람을 천사보다 조금 못하게 하셨다고 했는데, 사도는 여기에서 '사람'을 '예수'로 바꾸었으며, 그는 우리에게 그 '사람'은 예수를 가리켜 말한 것이고 예수는 천사보다 조금 못하게 되었다고 했다. 구속은 바로 여기에서 온 것이며, 본래 하나님이 사람을 천사보다 잠깐 못하게 하신 것은, 사람으로 하여금 면류관을 얻고, 하나님이 창조하신 만물을 관리하며, 사람이 통치권을 갖고 하나님을 대신해서 지상의 대적과 그와 관계된 하늘의 대적을 모두 몰아내며, 사람으로 사탄의 모든 권세를 파괴하도록 하신 것이다. 그러나 사람은 타락했고 통치권을 행사할 수 없었기 때문에 주 예수님이 오셨고, 사람의 혈육 있는 육체를 입으신 '마지막 아담'(고전 15:45)이 되신 것이다.

9절 하반절은 말하기를, "하나님의 은혜로 말미암아 모든 사람을 위하여 죽음을 맛보려 하심이라."고 했다. '모든 사람'이 헬라어 원문에서는 '모든 사물'이라는 뜻이다. 주 예수님이 이 땅에 오실 때, 그분은 사람으로 오셨고, 또한 그분이 오셔서 구속을 이루셨다. 이 구속의 역사는 단지 사람에 대한 것일 뿐 아니라 또한 피조된 만물에 대한 것이며 피조된 만물(천사를 제외함)은 모두 그 안에 포함되어 있다. 그러므로 주 예수님은 두 위치에 서 계신다. 하나님에 대해서 그분은 바로 처음 그 사람, 즉 하나님이 정하신 그 사람이시며 사람에 대해서 그분은 바로 구주이시다. 본래 하나님은 사람으로 하여금 권위를 갖도록 하셨고, 사람으로 하여금 사탄을 폐하도록 정하셨는데, 주 예수님이 바로 그 사람이시다. 그 한 사람이 지금 보좌 위에 앉아 계신다! 할렐루야, 그 한 사람이 이미 사탄의 권위를 뒤엎으셨다. 그 사람이 하나님이 갈망하시고 얻기 원하시는 사람이다. 또 한 면에서는 그 사람이 우리와 관계를 맺으신 사람이다. 그 사람이 바로 우리의 구주이시며 그분은 우리를 대신해서 죄의 문제를 처리하셨다. 우리의 범죄와 우리의 타락으로 인해서 하나님은 그분을 화목제물로 세우셨다. 그분은 다만 우리를 위해서 화목제물이 되셨을 뿐 아니라 더욱이 모든 피조물을 위해서 심판을 받으셨는데, 이것은 바로 성소의 휘장이 둘로 나누어짐으로써 증명되었다. 히브리서 10장에 의하면 성소 안에 있던 휘장은 주 예수님의 육신의 상징이었고, 그 위에는 피조물을 의미하는 그룹의 형상이 수놓아져 있었다. 그날 주님이 죽으실 때에 휘장이 위에서부터 아래로 둘로 나누어졌고 당연히 휘장 위에 수놓아진 그룹도 나누어졌다. 그러므로 주님이 죽으실 때에 피조물도 심판을 받은 것이다. 그분은 모든 사람을 위해서 죽음을 맛보았을 뿐 아니라 또한 '모든 사물'을 위해서도 죽음을 맛보셨다.

히브리서 2장 10절에서는 "만물이 인하고(하나님—역자 주) 만물이 말미암은 자(하나님—역자 주)에게는 많은 아들을 이끌어 영광에 들어가게 하시는 일에 저희 구원의 주를 고난으로 말미암아 온전케 하심이 합당하도다."라고 했다. 만물이 그분에게 속하고 또한 그분으로 말미암으며 만물이 그분에게로 돌아가고 또한 그분에게서 나온다. 만물이 그분에게 속함은 바로 그분에게 돌아감이요, 그분으로 말미암음은 바로 그분에게서 나오는 것이다. 하나님께 감사하자. 하나님의 창조의 목적은 결코 변하지 않았다. 창조하실 때에 하나님의 정하심이 어떠하신 것처럼 타락한 이후에도 하나님의 정하심은 어떠하시다. 구속 안에서도 하나님의 정하심은 여전히 그러하시다. 하나님은 사람의 타락으로 인해 그분의 계획을 바꾸거나 하지 않으셨다. 하나님께 감사하자. 그분은 수많은 아들들을 이끌어서 영광으로 들어가게 하시고, 또한 많은 아들들로 하여금 영광을 얻게 하시며, 얻으신 한 무리의 새사람을 그분의 아들과 같게 하신다. 주 예수님은 대표적인 한 사람으로서, 그분 한 사람이 어떠하신 것처럼 나머지 사람도 반드시 그러하며, 모두 그분과 마찬가지로 영광 안에 들어가는 것이다.

이 일은 어떻게 이루어지는가? 11절에서는 "거룩하게 하시는 자와 거룩하게 함을 입은 자들이 다 하나에서 난지라."고 말한다. 사람을 거룩하게 하시는 자는 누구인가? 바로 예수님이시다. 거룩함을 입은 자들은 누구인가? 바로 우리이다. 그러므로 우리는 이 말씀을 "거룩하게 하시는 분과 거룩하게 함을 입은 우리들이 다 하나에서 난지라."로 읽어야 한다. 주 예수님과 우리는 모두 한 분 아버지로부터 나왔고, 모두 한 근원에서 나왔으며, 모두 같은 생명을 갖고 있고, 모두 그 안에 한 성령이 살고 계시며, 한 분 하나님이 주와 우리의 아버지가 되신 것이다. "그러므로 그분은 그들을 형제라 부르시고". 여기에서 '그분'은 주 예수님을 가리켜 말한 것이고, '그들'은 우리를 가리켜 말한 것이다. "그러므로 형제라 부르시기를 부끄러워 아니하시고." 그 분이 아버지로부터 나왔기 때문에 우리는 아버지로부터 나온 것이다.

우리는 하나님의 아들들이며 그 결과는 바로 하나님에 의해서 영광 안으로 들어가는 것이다. 구속은 하나님의 목적을 바꾸지 않았으며 오히려 창조 안에서 이루지 못한 목적을 이룬다. 하나님은 원래 사람으로 하여금 마땅히 통치권을 갖고 땅을 다스리도록 정하셨지만 애석하게도 사람은 타락해 버렸다. 그러나 결코 첫 사람이 끝났기 때문에 모든 것이 끝나 버린 것은 아니었다. 하나님은 첫 사람 아담에게서 얻으실 수 없었던 것을 둘째 사람 그리스도에게서 얻으실 것이다. 하나님의 정하심은 사람이 통치권을 차지함으로 이 땅을 회복하시려는 것이다. 하나님은 피조물인 사람이 또 다른 피조물인 사탄을 처리하도록 정하셨다. 그러므로 주 예수님이 베들레헴에서 태어나셨다. 주 예수님은 사람이 되시기 위해 이 땅에 오셨다. 그분은 분명한 목적을 가지고 사람이 되셨으며 참사람이 되셨다. 우리는 첫 사람이 하나님의 목적을 이루지 못하고 이미 타락하고 범죄했음을 보았다. 그는 땅을 회복하지 못했을 뿐 아니라 더욱 이미 사탄에게 포로가 되었다. 그는 하나님의 통치권을 잃어버렸을 뿐 아니라 더욱 사탄의 권세 아래 떨어진 것이다. 창세기 2장에서는 사람이 흙으로 지어졌다고 말하고,

3장에서는 흙이 뱀의 식물이 되었다고 말한다. 환언하면 사람이 곧 사탄의 식물이 된 것이다. 사람은 이미 사탄을 처리할 수 없게 되었고 이미 끝났다. 이것은 어찌된 것인가? 설마 하나님의 영원한 뜻이 이루어질 수 없다는 말인가? 설마 하나님이 그분이 얻으시려고 한 바를 얻으실 수 없다는 말인가? 설마 하나님이 이 땅을 회복하실 수 없다는 말인가? 아니다. 그분은 그분의 아들을 이 땅에 사람으로 보내셨다. 주 예수님은 참하나님이시며 동시에 그분은 참사람이셨다.

온 세상 가운데 한 사람만이 하나님을 선택했고 그 한 사람만이 "세상의 임금은 나와 아무 상관이 없다."고 말씀하셨다. 이것은 주 예수님 안에서는 이 세상 임금에 속한 것을 조금도 찾을 수 없다는 말이다. 우리는 주의해야 한다. 주 예수님이 이 땅에 오신 것은 결코 하나님으로서 오신 것이 아니라 사람으로서 오신 것이다.

하나님이 필요로 하시는 바는 바로 사람이다. 만일 하나님이 친히 오셔서 사탄을 처리하신다면 사탄은 매우 신속히 처리될 것이고 단번에 처리될 것이다. 그러나 하나님은 친히 하시지 않고 사람으로 사탄을 처리하고, 피조물로 피조물을 처리하도록 하신다. 주 예수님은 사람으로 오셨으며 그분이 당한 시험은 뭇 사람과 똑같고, 그분이 체험한 인생도 뭇 사람들과 똑같았던 것이다. 오늘날 이 사람은 이미 하늘 위로 올라가셨고, 이 사람은 이미 하나님의 우편에 앉으셨으며, 이 사람은 이미 영광을 얻으셨다. 히브리서 2장에서 말한 바와 같이 그분은 하나님으로서 영광을 얻고자 오신 것이 아니라 사람으로서 영광을 얻고자 내려오셨다. 이것은 그분이 하나님의 영광을 소유하지 못하셨다는 뜻이 아니다. 다만 히브리서 2장에서는 그분이 하나님으로서 영광을 취하신 것을 언급하지 않았다는 것이다. 천사보다 조금 못하게 되신 예수님이 죽음의 고난을 받으심을 인하여 영광과 존귀로 관 쓰셨다. 주님은 사람의 모양으로 승천하셨다. 오늘날 이 한 사람이 이미 그 단계에 이르렀으며, 장래에 수많은 사람이 또한 그곳에 이를 것이다. 오늘날 한 분이 이미 보좌에 앉아 계시며, 어느 날 수많은 사람이 보좌에 앉을 것이다. 이것은 반드시 이루어질 것이다.

주 예수님이 부활하실 때에, 그분은 그분의 생명을 우리에게 나누어 주셨다. 우리는 그분을 믿을 때 그분의 생명을 얻는다. 우리는 모두 하나님의 아들들이 되고 그분께 속하게 된다. 이 생명이 우리 안에 있기 때문에 우리는 사람으로서 하나님의 목적을 이루도록 하나님의 위임을 받을 수 있다. 그러므로 성경은 그분이 많은 아들들을 영광 안으로 이끄실 것이라고 말한다. 권위를 차지하는 것이 바로 영광이고, 영광이 바로 권위를 차지하는 것이다. 많은 아들들이 권위를 얻고 땅을 회복할 때 그들은 승리를 기뻐하며 영광 안으로 이끌려질 것이다.

그러므로 우리는 하나님의 목적이 단지 우리를 지옥에서 구원하여 복락을 누리도록 천당에 들어가게 하는 것이라고 생각해서는 안 된다. 우리가 기억해야 할 것은, 하나님은 사람으로 하여금 그분의 아들을 계승하여 이 땅에서 권위를 차지하게 하신다는 것이다. 하나님은 이 일을 성취하기를 원하시지만 친히 하기를 원하시지 않고 우리로 하여금 하게 하신다. 우리가 그것을 성취하면 하나님께서는 그분의 목적을 달성하시는 것이다. 하나님은 이 땅에서 그분이 통치권을 얻으시도록 할 수 있는 한 무리의 사람을 얻기 원하신다.

(3) 구속과 창조의 관계

우리는 구속과 창조의 관계를 주의해야 한다. 우리는 성경 전체에 구속 외에 다른 어떤 것이 없다고 생각해서는 안 된다. 하나님께 감사하자. 구속 외에 또한 창조가 있다. 하나님의 갈망은 하나님의 창조 가운데 나타났다. 하나님의 목적, 하나님의 계획, 하나님의 예정하신 뜻은 모두 하나님의 창조 가운데 표현되어 있다. 하나님은 창조로써 하나님의 영원하신 뜻을 나타내셨고, 창조로써 하나님이 무엇을 원하시는지를 표현하신 것이다.

구속의 지위는 창조보다 더 높을 수 없다. 무엇을 구속이라고 하는가? 구속은 하나님이 창조를 통해 얻지 못하신 것을 회복하는 것이다. 구속은 새로운 것을 우리에게 주는 것이 아니라 전에 우리의 소유였던 것을 회복하는 것이다. 하나님은 구속을 통해서 창조의 목적을 이루신다. 구속은 회복시키고 되돌린다는 의미지만, 창조는 결정하고 시작한다는 의미이다. 구속은 하나님의 창조의 목적이 이루어지게 하기 위해 뒤에 생긴 것이다. 하나님의 자녀들이 구속을 모든 것으로 여겨 창조를 소홀히 하지 않기를 바란다. 구속은 우리와 관계된 것으로서 우리를 구원하여 영생에 이르게 함으로써 우리에게 유익을 가져다준다. 반면에 창조는 하나님과 관계를 맺고 있으며 하나님의 일과 관계를 맺고 있다. 우리와 구속의 관계는 사람의 이익을 위한 것이지만 우리와 창조의 관계는 하나님의 경륜을 위한 것이다. 하나님은 이 땅에서 하나의 새로운 일을 행하시어 사람으로 하여금 복음을 주의하게 할 뿐 아니라 더욱 하나님의 일, 하나님의 사정, 하나님의 영원한 계획을 주목할 수 있게 하시기를 원한다. 사실상 우리가 복음을 전하는 목적은 이 땅을 하나님께 되돌려 드리는 것이다. 우리는 반드시 그리스도가 이루신 사탄의 왕국에 대한 승리를 나타내야 한다. 우리가 그리스도인이 아니라면 상관없지만 만일 그리스도인이 되기를 원한다면, 한 면으로 구속의 유익을 얻을 뿐 아니라 또 한 면으로 하나님의 창조의 목적을 이루어야 한다. 만일 구속을 얻지 못한다면 영원히 하나님과 관계를 가질 수 없을 것이다. 그러나 구속을 받았으면 하나님이 원래 사람을 지으신 목적에 도달하기 위해 자신을 하나님께 드려야 한다. 만일 우리의 주의하는 바가 단지 복음이라면, 이것은 절반에 이른 것에 지나지 않는다. 하나님이 원하시는 또 하나의 절반이 있다. 그것은 사람이 하나님을 위해서 통치권을 갖는 것이고 사람이 이 땅에서 통치권을 회복하여 더 이상 사탄으로 이 땅에서 살아 있지 못하게 하는 것이다. 이 한 면은 교회가 마땅히 소유해야 할 바이다. 히브리서 2장에서 우리는, 구속이 단지 사람의 죄들을 용서하여 사람으로 구원을 얻게 하기 위한 것뿐만 아니라, 또한 사람을 본래의 창조의 목적으로 회복시키려는 것임을 볼 수 있다.

구속은 마치 두 산봉우리 사이의 골짜기와 같다. 누군가 이쪽에서 저쪽으로 올라가려 할 때 그는 그 산골짜기의 가장 낮은 곳에서 구속을 접하게 된다. 구속은 사람을 더 이상 타락하지 못하게 하고 사람을 끌어올리는 것이다. 한 면으로 하나님의 뜻은 영원하며 지속적이고, 조금도 요동할 수 없는 것이며 창조의 목적은 반드시 이루어져야 하는 것이지만, 또 한 면으로 하나의 문제가 발생되었다. 즉 사람이 타락했고, 사람이 하나님을 떠났고, 사람이 하나님의 영원한 뜻에서 더욱더 멀어진 것이다. 하나님의 뜻은 영원 과거에서부터 영원 미래까지 일직선상에 있다. 그러나 사람이 타락했으므로 이 노선을 따라갈 수 없게 되었다. 하나님께 감사하자. 여기에 구속이라는 구원의 방법이 있다. 구속이 오자 사람은 더 이상 밑으로 내려가지 않게 되었다. 구속이 온 이후로 사람은 변했고 사람은 위로 올라가게 되었다. 사람이 계속 위로 올라감으로써 어느 날 하나님의 노선을 만지게 되고, 그 노선을 만질 때 바로 왕국이 이루어질 것이다. 우리에게 구속이 있음을 감사하자. 우리에게 구속이 없으면 시간이 흐를수록 더욱 낮아질 것이고, 시간이 흐를수록 더욱 사탄의 압제를 받게 될 것이며, 일어날 방법이 없게 될 것이다. 우리를 돌아오게 하고, 우리를 하나님의 영원한 뜻으로 돌아가게 하는 구속이 있음을 하나님께 감사하자. 하나님은 창조 안에서 얻지 못하신 것과 사람의 타락으로 인해 잃어버렸던 것을 구속 안에서 다시 얻으셨다.

그러므로 우리가 하나님이 이루신 일을 봄으로 우리의 생활이 변화되고, 우리의 일이 변화될 수 있도록 우리의 눈을 열어 주시기를 하나님께 구하자. 우리의 모든 일이 단지 사람을 구원하기 위한 것이라면, 그것은 아직 하나님의 마음을 만족시켜 드릴 수 없기 때문에 실패한 것이다. 구속과 창조는 모두 영광을 얻기 위한 것이고, 마귀의 모든 세력을 정복하기 위한 것이다. 우리는 한 면으로 하나님의 사랑과 하나님의 통치권을 선포해야 하고, 한 면으로 사람의 죄, 사람의 타락을 보아야 하며, 또 한 면으로 영적인 권위로 사탄, 마귀의 권위를 정복해야 한다. 교회의 사명은 그리스도의 구원을 간증하고 또한 그리스도의 승리를 간증하는 것이다. 한 면으로는 사람으로 유익을 얻게 하고, 다른 한 면으로는 사탄으로 하여금 손상을 입게 하는 것이다.

하나님의 안식

하나님의 육 일 동안의 창조 가운데 사람을 창조하신 일은 매우 특별했다. 이 육 일 동안 하나님의 모든 일은 다 이것을 위한 것이었다. 즉 그분의 진정한 목적은 사람을 창조하는 것이었다. 이 때문에 하나님은 먼저 손상된 땅과 하늘을 회복하셔야만 했다. 창세기 2장 4절의 원문은 "여호와 하나님이 천지를 창조하신 때에 땅과 하늘이 만들어진 대략이 이러하니라."이다. "천지를 창조하신"은 태초의 창조를 가리켜 말한 것으로, 그때에는 먼저 하늘을 창조하시고 그 후에 땅을 창조하셨다. 그러나 "땅과 하늘이 만들어진(원문 참조)"이라는 말씀은 회복을 가리켜 말한 것이며, 그것은 땅이 먼저였고, 하늘이 나중이었다. 하나님은 손상된 땅과 하늘을 회복하신 이후에 비로소 그분이 원하시는 사람을 지으셨다. 제육 일 이후 바로 제칠 일에 하나님은 그분의 모든 일을 마치고 안식하셨다.

안식은 일의 완성 이후에 있다. 일이 먼저이고, 나중이 안식이다. 게다가 그 일에서 만족을 얻어야 비로소 안식이 있다. 만일 그 일이 완벽하지 못하고, 만족할 만큼 되지 못했다면, 마음과 생각에 어떤 안식도 갖지 못할 것이다. 그러므로 우리는 하나님이 육 일 동안 창조하신 이후에 안식하신 것을 작은 일이라고 생각해서는 안 된다. 하나님이 안식하신 것은 하나의 큰 일이다. 반드시 어느 한 가지가 그분에 의해서 성취되어야 그분은 비로소 안식하실 수 있는 것이다. 이 창조주 하나님을 안식하게 하는 데 얼마나 큰 힘이 필요한지! 이러한 계획이 있으신, 생명이 충만한 하나님으로 안식을 얻으시게 하려면 크나큰 힘이 필요했을 것이다. 창세기 2장에서는 하나님이 제칠 일에 안식하셨음을 보여 주셨다. 하나님은 왜 안식하셨는가? 창세기 1장 마지막은 "하나님이 그 지으신 모든 것을 보시니 보시기에 심히 좋았더라."고 말한다.

하나님은 제칠 일에 안식하셨다. 제칠 일 이전에 하나님은 일을 하셔야 했고, 이 일 이전에 하나님께는 하나의 목적이 있었다. 로마서 11장에서는 주님의 마음, 주님의 판단, 주님의 길을 말하고 있다.

에베소서 1장에서는, 하나님의 뜻과 선한 기쁘심, 그분의 예정하신 목적의 비밀을 말하고 있다. 에베소서 3장에서도 그분의 예정하신 목적에 대해 말하고 있다. 따라서 하나님은 일하시는 하나님이실 뿐 아니라 또한 뜻이 있는 하나님이시고 계획이 있는 하나님이시다. 그분은 일하시기를 기뻐하시기 때문에 하셨고 그분의 마음속에서 하기를 원하셨기 때문에 하신 것이다. 그분은 만족을 얻으셨고, 따라서 안식을 얻으셨다. 우리가 만일 하나님의 뜻, 하나님의 계획, 하나님의 선한 기쁘심, 하나님의 목적 등을 알기 원한다면 하나님이 안식하신 것을 보면 알 수 있을 것이다. 우리는 하나님이 어느 일에 있어서 안식하신 것을 봄으로써 하나님의 본래의 뜻이 바로 그것을 원하시는 것이었음을 알게 된다. 사람도 그가 만족해하지 않는 일에서는 안식할 수 없다. 사람은 필히 그가 원하는 것을 얻어야 비로소 안식할 수 있는 것이다. 우리는 안식을 소홀히 여길 수 없는데, 왜냐하면 그 의미가 매우 크기 때문이다. 하나님은 육 일 동안에는 안식하지 못하셨고 제칠 일에야 비로소 안식하셨다. 이 안식이 계시하고 있는 바는, 하나님이 그분의 마음의 갈망을 성취하셨고, 그분을 기쁘게 하는 어떤 일을 하셨다는 것이다. 그러므로 그분은 안식하실 수 있었다.

우리는 창세기 1장 31절의 '보시니(behold)'라는 단어를 주의해야 한다. 어떤 의미인가? 예를 들어 우리가 어느 물건을 하나 사와서 매우 마음에 들어 계속 그것을 이리저리 살펴보는 것을 '보니'라고 한다. 하나님은 그 지으신 모든 것이 심히 좋은 것을 단지 '본(look)' 것이 아니라 '살펴보셨다(beheld)'. 바꿔 말하면 "안식하시니라"는 하나님이 만족하셨음을 선포하는 것이고, 하나님의 기쁨을 선포하는 것이며, 하나님이 그분의 목적을 이미 이루셨음을 선포하는 것일 뿐 아니라, 하나님의 선한 갈망이 이미 완성되었고 더 이상 하실 필요가 없으시며, 이미 하나님의 일이 성취되었음을 선포하는 것이다.

그러므로 하나님은 이스라엘에게 세세토록 안식일을 지키라고 하셨다. 그 의미는 하나님이 원하시고 요구하시던 어떤 것을 하나님이 이미 얻으셨고, 그래서 안식하신다는 뜻이다. 안식일의 뜻은 사람들로 물건을 적게 사고 몇 걸음 덜 걷게 하는 데 있지 않다. 하나님의 갈망과 하나님의 요구가 어느 단계에까지 이루어져야 비로소 하나님이 만족할 수 있는데, 이제 그것을 하나님이 얻으셨고 따라서 하나님이 안식하셨다는 것이다. 안식은 한 날의 문제가 아니라 하나님이 그분의 계획을 완성하셨고 그분의 목적을 달성하셨고, 그래서 하나님이 만족을 얻으셨다는 것이다. 하나님은 만족이 필요한 분이시며 더욱이 하나님은 충분히 만족을 얻으실 수 있는 분이시다. 하나님은 그분이 얻으려고 하시는 것을 얻으셨으므로 안식하신 것이다.

그렇다면 하나님은 어디에서 안식하셨는가? 하나님은 대체 무엇 때문에 그 마음에 만족을 얻으셨는가? 육 일 동안의 창조 중에 빛, 공기, 풀, 채소, 수목, 해와 달과 별들이 나오고 물고기와 새, 가축, 곤충, 들짐승들이 나왔을 때에도 하나님은 안식하지 못하셨으며 마지막으로 사람이 나왔을 때 비로소 그분의 모든 일을 마치시고 안식하셨다. 사람 이전의 창조는 모두 다 하나님의 예비하심에 불과한 것이었다. 하나님의 모든 갈망은 사람에게 있다. 하나님은 사람을 얻으셨을 때 만족하셨고 안식하셨다.

창세기 1장 27-28절을 읽어 보자. "하나님이 자기 형상 곧 하나님의 형상대로 사람을 창조하시되 남자와 여자를 창조하시고 하나님이 그들에게 복을 주시며 그들에게 이르시되 생육하고 번성하여 땅에 충만하라 땅을 정복하라 바다의 고기와 공중의 새와 땅에 움직이는 모든 생물을 다스리라 하시니라." 1장 31절과 2장 3절은 "하나님이 그 지으신 것을 보시니 보시기에 심히 좋았더라 … 하나님이 일곱째 날을 복 주사 거룩하게 하셨으니 이는 하나님이 그 창조하시며 만드시던 모든 일을 마치시고 이날에 안식하셨음이더라."고 말한다. 하나님께는 하나의 목적이 있었으며 이 목적은 사람, 곧 통치권을 가진 사람을 얻어 이 땅을 다스리게 하는 것이었다. 이 일은 참으로 하나님의 마음을 만족게 할 수 있었다. 이 일을 하나님이 성취하셨고 모든 것이 다 좋았다. 제육 일에 하나님의 목적이 이루어졌으며 "하나님이 … 보시기에 심히 좋았다." 그래서 하나님은 "일곱째 날이 이를 때에 마치니 … 안식하셨다." 하나님의 정하심, 하나님의 갈망이 모두 이루어졌다. 그래서 하나님은 마치시고 안식하실 수 있었다. 하나님의 안식은 바로 통치권을 가진 사람을 얻는 데 있다.

2
하와의 예표

제2장

하와의 예표

하나님이 창조하실 때에 두 사람이 있었는데 하나는 아담이요, 하나는 하와였다. 그들 두 사람은 모두 사람이었지만 두 사람이 예표하는 바는 각각 다르다. 고린도전서 15장에서는 아담이 주 예수 그리스도의 예표라고 말한다. 로마서 5장에서는 아담이 바로 오실 자의 표상이라고 말한다. 아담이 오실 자의 표상이라는 말의 뜻은 아담이 미리 그리스도를 나타냈다는 것이다. 바꾸어 말하면, 아담에게 있었던 하나님의 모든 뜻이 모두 예수 그리스도를 통해서 이루어졌다는 것이다. 또 한 면으로 하나님의 창조 안에는 하와라는 한 여자가 있다. 창세기 2장에서 하나님은 여자를 창조하신 일을 자세히 언급하고 계신다. 에베소서 5장에서는 하와가 교회를 가리키고 있다고 말한다.

여기에서 하나님의 영원한 뜻의 일부분은 그리스도를 통해서 이루어졌고, 다른 한 부분은 교회를 통해서 이루어지는 것이다. 그러므로 교회가 이 땅에서 어떻게 하나님의 뜻을 완성시키는가를 알려면 바로 하와에게서 공과를 배워야 한다. 아담이 예표하는 바를 말하는 것은 이 책의 목적이 아니다. 우리는 그를 주의하지 않는다. 이 책은 하와를 주의한다. 우리가 여기에서 주의하는 것은 그리스도의 일이 아니라 바로 교회가 이 일에서 어떠한 위치에 서 있어야 하는가에 있다.

창세기 2장 18-24절을 읽고 다시 에베소서 5장 22-32절을 읽어보자. 창세기 2장에는 한 여자가 있다. 에베소서 5장에도 한 여자가 있다. 첫 번째 여자는 예표—교회의 예표—이다. 두 번째 여자는 바로 첫 번째 여자의 실체이다. 첫 번째 여자는 하나님이 창세 이전에 예정하신 것으로서 사람의 타락 이전에 나타났다. 두 번째 여자 또한 창세 이전에 예정되었지만 사람의 타락 이후에 나타났다. 비록 하나는 타락 이전에 나타났고 다른 하나는 타락 이후에 나타났지만 하나님 보시기에는 결코 구별이 없다. 교회는 바로 창세기 2장의 하와이다. 하나님이 아담을 그리스도의 예표로 지으셨듯이 또한 하와를 교회의 예표로 지으셨다. 하나님의 목적은 그리스도가 오셔서 이루심을 필요로 할 뿐 아니라 더욱 교회가 완성됨을 필요로 한다.

창세기 2장 18절에서는 "여호와 하나님이 가라사대 사람이 독처하는 것이 좋지 못하니 내가 그를 위하여 돕는 배필을 지으리라."고 했다. 그분이 교회를 지으신 목적은 바로 그녀로 하여금 그리스도의 배필이 되도록 하기 위해서였다. 그리스도 자신은 절반에 불과하며 그리스도의 또 다른 절반이 있다. 하나님이 가라사대 "사람의 독처하는 것이 좋지 못하니"라고 하셨다. 하나님의 안목에서 그리스도만으로는 아직 부족하다. 창세기 2장 18-24절은 육일 동안의 일을 서술한 것이다. 하나님은 제 육일에 아담을 지으셨고, 다 지으신 후에 아담을 한번 보시고 이 사람이 독처하는 것이 좋지 못하다고 말씀하시면서, 아담을 위해서 하와를 지으심으로써 비로소 완전하다고 생각하신 것 같다. 창세기 1장 마지막 절은 "하나님이 그 지으신 모든 것을 보시니 보시기에 심히 좋았더라."고 되어있다. 그러므로 단지 아담만 있거나 또는 그리스도만 있으면 아직 하나님의 마음을 만족게 할 수 없다. 하나님이 보시기에 필히 하와가 있고 교회가 있어야 비로소 그분의 마음을 만족게 할 수 있다.

여호와 하나님은 "사람의 독처하는 것이 좋지 못하니"라고 말씀하셨다. 바꾸어 말하면 하나님은 아담과 하와를 얻으시려고 하신 것이다. 하나님의 목적은 승리하신 그리스도를 얻으실 뿐만 아니라 승리한 교회를 얻는 것이다. 하나님의 목적은 마귀의 일을 이기신 그리스도를 얻는 것이며 또한 마귀의 궤계를 정복한 교회를 얻는 것이다. 하나님은 통치권을 얻는 그리스도와 통치권을 회복한 교회를 원하신다. 이것이 바로 하나님이 예정하신 일이다. 하나님은 자신의 기뻐하심을 위해 계획하셨고, 자신의 만족을 위해 하신 것이다. 하나님이 그렇게 하기 원하셨으므로 그렇게 하신 것이다. 하나님에게는 그리스도가 있어야 하고 동시에 그리스도와 동일한 교회가 있어야 한다. 하나님은 단지 그리스도로 하여금 통치권을 갖게 하셨을 뿐 아니라 더욱 교회로 그리스도와 함께 통치권을 갖게 하셨다. 하나님은 사탄이 이 땅에서 멋대로 하도록 내버려두시는데, 이는 그분이 "그들 그리스도와 교회로 온 땅을 다스리게 하자"고 말씀하셨기 때문이다. 하나님은 그리스도의 배필인 교회가 사탄을 처리하는 일에 동참하도록 정하셨다. 그러나 만일 교회가 그리스도와 어울리지 않는다면 하나님의 목적은 이루어질 수 없다. 바로 영광 안에서 그리스도에게는 또한 배필이 필요하다. 그리스도가 전쟁을 하는 데에도 배필이 필요하며 영광을 얻는 데에도 배필이 필요하다. 하나님은 교회가 모든 방면에서 그리스도와 동일하기를 요구하신다. 그리스도가 돕는 배필을 갖는 이것이 곧 하나님의 갈망이다.

하와는 아담에게서 나옴

아담에게는 배필이 필요했는데, 하나님은 어떻게 그의 배필을 만드셨는가? 창세기 2장 19-20절은 말하기를 "여호와 하나님이 흙으로 각종 들짐승과 공중의 각종 새를 지으시고 아담이 어떻게 이름을 짓나 보시려고 그것들을 그에게로 이끌어 이르시니 아담이 각 생물을 일컫는 바가 곧 그 이름이라 … 아담이 돕는 배필이 없으므로"라고 했다. 하나님이 각종 생물을 아담 앞으로 이끌었지만 아담의 배필은 없었다. 모든 흙으로 지어진 생물은 아담의 배필이 될 수 없었다.

21-23절은 이와 같다. "여호와 하나님이 아담을 깊이 잠들게 하시니 잠들매 그가 그 갈빗대 하나를 취하고 살로 대신 채우시고 여호와 하나님이 아담에게 취하신 그 갈빗대로 여자를 만드시고 그를 아담에게로 이끌어오시니 아담이 가로되 이는 내 뼈 중의 뼈요 살 중의 살이라 이것을 남자에게서 취하였은즉 여자라 칭하리라 하니라." 이것이 바로 아담의 배필이며, 에베소서 5장에서 말한 교회의 예표이다. 여기에서 무릇 흙으로 지어진 것은 다 아담의 몸에서 취한 것이 아니며 따라서 아담의 배필이 될 수 없다는 것을 매우 분명히 볼 수 있다. 모든 들짐승, 공중의 각종 새들은 모두 흙으로 지어진 것이고 아담에게서 나온 것이 아니므로, 그들은 아담의 배필이 될 수 없었다. 우리는 하와가 아담의 갈비뼈로 지어졌다는 것과 아담이 하와의 근원(재료)이라는 것을 기억해야 한다. 이것은 곧 교회가 그리스도에게서 나왔다는 것을 의미한다. 오직 그리스도에게서 나온 것만이 바로 교회가 될 수 있으며, 그리스도에게서 나오지 않은 것은 교회가 아님을 말하고 있다.

창세기 1장 26절부터 27절에서 우리는 몇 개의 단어를 주의해야 한다. 26절은 말하기를 "하나님이 가라사대 우리의 형상을 따라 우리의 모양대로 우리가 사람을 만들고 그로 바다의 고기와 …"라고 했다. 여기에서 '사람을 만들고'의 '사람'은 히브리어 성경에서 단수로 되어 있으나 그 아래의 대명사는 '그들'이라는 복수로 변했다. 27절에 또한 같은 상황이 있다. "하나님이 자기 형상 곧 하나님의 형상대로 사람을 창조하시되 남자와 여자를 창조하시고(히브리어 원문 참조)." 여기의 명사 '사람'은 단수인데 그 아래 구절의 대명사는 복수인 '그들'로 변했다. 우리는 하나님이 한 사람을 지으셨지만 또한 두 사람을 지으셨음을 볼 수 있다. 한 사람이 두 사람이고 두 사람이 바로 한 사람이다. 왜 그러한가? 그것은 하와가 아담 안에 있었기 때문이다.

27절에서도 한 가지를 언급하고 있다. "하나님이 자기 형상 곧 하나님의 형상대로 사람을 창조하시되"라고 했다. 하나님이 '사람'을 지으신 방법과 그분이 '그들'을 지으신 방법이 동일하다. 아담 한 사람을 지으셨을 뿐 아니라 하와가 그 안에 포함되어 있다. "하나님이 자기 형상 곧 하나님의 형상대로 사람을 창조하시되." 이 '사람'은 단수이다. 즉 그리스도를 예표한다. "남자와 여자를 창조하시고." 여기의 '남자와 여자'는 복수이며 교회를 포함한 것이다. 하나님은 독생자만을 원하시지 않고 더욱 많은 아들들을 원하신다. 그들은 반드시 그 한 아들의 어떠함과 동일해야 한다. 여기에서 우리에게 보여주는 것은, 만일 교회가 그리스도와 같은 단계에 도달하지 못한다면 하나님은 안식하실 수 없고 하나님의 일도 완성되지 않는다는 것이다. 아담이 하나님을 닮았을 뿐 아니라 하와도 하나님을 닮았다. 그리스도에게 하나님의 생명이 있을 뿐 아니라 교회도 또한 하나님의 생명을 갖고 있다.

교회는 그리스도에게서 나옴

교회란 무엇인가? 반드시 그리스도에게서 취해진 그 일부분이 교회인 것이다. 우리가 아담의 두 면을 볼 때 여기에 포함된 뜻을 이해하기가 어렵지 않다. 한 면으로 아담은 단지 그 자신을 나타내며, 또 한 면으로 아담은 예표이다. 아담 자신은 흙으로 지어진 사람이며 모든 천연적인 사람은 다 흙으로 지어졌다. 그러나 아담이 예표하고 있는 바는 바로 그리스도이다. 또한 아담의 몸으로부터 하와를 지은 것은 바로 그리스도로부터 교회를 만들어내는 것을 예표한다. 하와는 아담의 갈비뼈로 만들어졌다. 하와가 아담에게서 나왔기 때문에 그녀는 여전히 아담이다. 그러면 교회란 무엇인가? 하와가 아담의 다른 모양인 것처럼 교회는 그리스도의 다른 모습이다.

여기에서 우리는 교회가 그리스도임을 볼 수 있다. 많은 이들이, 주님을 믿고 구원받은 '사람'들이 함께 모여 있을 때 이것을 교회라 칭한다고 생각한다. 그렇지 않다. 누가 교회인가? 교회는 바로 그리스도에게서 취해진 그 부분인 것이다. 교회는 바로 하나님이 그리스도를 재료로 사용하여 지으신 사람이다(흙을 재료로 사용하여 지은 사람이 아니다). 교회의 재료는 바로 그리스도이시다. 그리스도가 없다면 교회는 지위가 없고 생명이 없고, 생활이 없고 존재가 없다. 교회는 그리스도로부터 산출된 것이다.

고린도전서 10장 17절에서 말하기를 "떡이 하나요 많은 우리가 한 몸이니"라고 했다. 그 뜻은, 즉 우리는 많지만 우리가 떼는 떡은 하나이고 따라서 몸도 하나라는 것이다. 바울은 이 떡이 그리스도의 몸, 즉 전체 교회를 대표한다고 말했다. 사람은 많지만 몸은 하나이다. 내가 이 한 떡을 조금 떼어 먹음으로 주님을 기념하고, 당신도 이 한 떡을 조금 떼어 먹음으로 주님을 기념하며, 그들도 이 한 떡을 조금 떼어 먹음으로 주님을 기념할 때, 동서고금을 통해서 온 세상의 그리스도인 각 사람이 모두 다 조금씩 먹었던 떡의 일부가 합해져서 교회가 되는 것이다. 교회는 우리 한 사람에게 당신 한 사람이 더해지는 것이 아니고, 왕씨에 이씨가 더해지고 또 장씨가 더해져서 이루어지는 것도 아니며, 온 세상의 그리스도를 믿는 '사람'이 하나로 합해져서 교회를 완성하는 것도 아니다. 교회는 바로 당신 안에 있는 그리스도와 그 안에 있는 그리스도, 그리고 동서고금의 온 세상 모든 그리스도인들 안에 있는 그리스도가 하나로 합해진 것이다.

우리의 천연적인 생명은 교회와 아무런 관계가 없다. 교회와 관계를 갖는 유일한 부분은 바로 우리가 먹은 그 떡의 일부분이다. 특별히 요한복음은, 주님을 믿는 모든 사람들 안에 그리스도가 있고 이와 같은 모든 사람들은 영 안에서 하나임을 우리에게 보여 준다.

반드시 그리스도에게서 나온 것만이 교회이다. 사람의 재능, 사람의 능력, 사람의 생각, 사람의 힘, 사람 자신의 모든 것은 다 교회의 외면적인 것이다. 천연적인 것에서 나온 모든 것은 교회 밖에 있는 것이다. 오직 그리스도에게서 나온 것만이 교회 안에 있는 것이다. 하와는 흙으로 지어지지 않고 바로 그리스도를 예표하는 아담으로 지어진 것이다. 하나님이 아담에게서 갈비뼈를 취하시어 하와를 만드셨다는 것이 바로 보배다. 아담에게서 나온 것(흙에서 나온 것이 아닌)만을 하와라고 부를 수 있으며, 그리스도에게서 나온 것만을 교회라고 부를 수 있다. 그리스도로부터 나오지 않은 모든 것은 교회와 조금도 관계가 없다.

어떤 사람은 주님을 믿기 전에 매우 정직하고 솔직한 성격을 가지고 있었는데, 구원받은 이후에도 그는 이러한 성격으로 하나님을 섬기려 하고 이 천연적인 정직하고 솔직한 성격이 유용하고 자랑할 만한 것이라고 생각한다. 그러나 문제는 바로 여기에 있다. 그의 이 정직하고 솔직한 성격이 어디에서 나온 것인가? 그리스도에게서 나온 것인가? 십자가의 처리를 통과한 것인가? 만일 그리스도에게서 나온 것이 아니고 십자가의 처리를 받지 않은 것이라면 교회에 아무런 소용이 없다. 오직 아담에게서 나온 것만이 비로소 하와이다. 오직 그리스도에게서 나온 것만이 비로소 교회이다. 사람 자신에게서 나온 모든 것은 교회가 아니다.

어떤 사람들은 말재주가 매우 뛰어나다. 그들은 구원받기 전에는 사람들에게 이야기를 들려주는 데 뛰어났고 구원받은 이후에는 제목을 바꾸어서 사람들에게 말씀을 잘 전한다. 그러나 그들의 말씀 전파가 훌륭하다고 생각해서는 안 된다. 그들에게 물어야 한다. 그들의 말주변이 어디에서 온 것인지를 물어야 한다. 십자가의 처리를 통과했는지를 물어야 한다. 만일 그들의 말주변이 타고난 것이고, 아직까지 십자가의 처리를 통과하지 않았다면, 그리고 완전히 천연적인 것에서 나온 것이라면, 그것은 그가 바로 흙에 속한 아담에게서 나온 것을 교회 안에 가져오는 것이며, 그럴 때 교회는 그에 의해서 아래로 끌어내려질 것이다. 그리스도에게서 나온 것만이 교회이다. 천연적인 것에서 나온 모든 것은 다 교회가 아니다.

어떤 사람은 매우 총명한 두뇌를 가지고 있다. 예전에 그는 이 두뇌로 철학을 연구했고, 과학을 연구했고, 문학을 연구했었는데, 이제 구원을 받고나서도 여전히 이 두뇌로 하나님의 말씀을 연구하는 것이다. 그러나 우리는 다음과 같이 물어야 한다. 그의 이 두뇌는 어디에서 나온 것인가? 십자가의 처리를 통과했는가? 성령의 통제 아래 순종했는가? 만일 원래 있던 것이라면 그것은 흙에 속하는 아담에게서 나온 것이고, 사람 자신에게서 나온 것이며, 천연적인 것이며, 혈기에 속한 것이다. 그는 제목을 바꾸어서 연구하지만 그의 두뇌는 여전히 옛 두뇌인 것이다. 그가 이같이 옛 두뇌로 성경을 읽는 것은 결코 교회를 도울 수 없을 것이며 오히려 교회에게 손해를 입히게 될 것이다. 오직 그리스도에게서 나온 것만이 교회이며 사람에게서 나온 모든 것은 교회가 아니다.

천연적인 것에서 나온 모든 것이 그분의 통제 아래 있게 될 때까지 하나님은 우리를 다루셔야 한다. 우리의 천연적인 능력은 반드시 십자가의 처리를 통과해야 하고 성령의 통제에 순종해야 한다. 이러할 때 교회가 손상을 입지 않게 된다. 천연적인 아담의 생명에서 나오는 것들, 흙으로 지어진 것들은 모두 하나님이 원하시는 것이 아니다. 오직 아담의 몸에서 나온 갈비뼈로 지어진 것만이 하와이다(뼈는 부활 생명을 가리켜 말한 것이며 그래서 주님은 십자가에 달리셨을 때 한 뼈도 꺾이지 않으셨다). 그 그리스도의 부활 생명 안에서 지어져 나오는 것만이 교회이다.

하와는 반드시 아담의 뼈가 있어야 산출될 수 있다. 만일 아담의 뼈가 없다면 하와가 될 수 없다. 아담의 배필은 바로 아담의 몸이다. 하와의 생명의 근원은 아담의 뼈이다. 아담이 그녀의 생존의 근거인 것이다. 그녀는 아담의 일부분이 그녀 안에 있기 때문에 비로소 생존할 수 있다. 교회도 이와 같다. 우리는 영원히 주님에게 이렇게 말해야 할 것이다. "모든 것이 당신으로 인한 것입니다! 당신이 없으면 우리는 생명이 없습니다. 당신이 없으면 우리는 생존할 수 없습니다. 당신이 없으면 우리는 아무것도 없습니다. 우리는 당신에게서 나왔습니다."

거듭남의 요점이 여기에 있다. 회개함으로써 우리가 교회의 일부분이 되는 것이 아니고 죄를 자백함으로써 우리가 교회의 일부분이 되는 것도 아니며, 믿음이 우리를 교회의 일부분이 되게 하는 것도 아니다. 바로 그리스도와 그분의 생명이 우리 안에 넣어질 때 비로소 우리가 교회의 일부분이 되는 것이다. 우리가 교회의 일부분이 되는 근거는 바로 거듭남에 있으며 이는 오직 그때라야 그리스도께서 그분 자신을 우리에게 분배하시기 때문이다. 이제 우리의 필요는 이 생명 곧 그리스도의 생명을 따라 살고 행하고 처신하는 것이다. 하나님은 우리에게 이보다 더 많은 것을 해 주실 수 없다. 하나님은 그분의 아들을 우리에게 나누어 주심으로 우리 모두로 그리스도의 생명에 참여하게 하셨다. 우리는 질그릇에 불과하나, 보배가 이 질그릇 안에 담겨져 있다. 따라서 어느 것도 우리를 요동시킬 수 없다. 우리가 만일 자신을 따라서 행한다면 우리는 교회 안에 있지 않은 것이다.

우리 안에 있는 그리스도 이외의 다른 부분은 교회가 아니며 단지 우리 자신일 뿐이다. 만일 우리가 자신을 의지하여 일을 하려고 생각한다면 주님의 일을 하는 것이 아니다. 우리는 자신에게 다음과 같이 물어야 한다. 우리가 주님을 섬기고, 주님의 일을 하고, 영적 추구를 하고, 영적인 길을 가는 데 있어서 대체 무엇을 의지하고 있는가? 그리스도를 의지해서 하는가? 아니면 자신을 의지해서 하는가? 만일 그리스도께서 일하시는 것에 의지한다면 하나님의 목적을 이룰 수 있을 것이다. 만일 우리 자신을 의지해서 한다면, 설사 훌륭하게 이루었다고 해도 역시 흙에 속한 것이며 하나님의 영원한 뜻을 성취할 수 없을 것이다.

하나님의 영원한 뜻은 한 사람을 얻는 것이고, 이 한 사람은 '단체적인 사람', 바로 그리스도에게서 나온 교회인 것이다. 교회는 몇몇 그리스도인에 몇몇 그리스도인이 더해진 것이 아니고, 또한 수많은

'사람들'도 아니며 바로 하나의 생명이다. 교회가 교회가 되는 것은 바로 이러한 사람들이 그 안에 동일한 생명을 얻었고 동일한 그리스도가 있기 때문이다. 당신이 그리스도의 일부분을 얻고, 그도 그리스도의 일부분을 얻고, 각 사람이 그리스도의 일부분을 얻음으로써 이 사람들이 얻은 그리스도가 합해져서 교회가 이루어지는 것이다. 우리는 하나님이 얻기 원하시는 바가 완전한 사람이지 조각조각 나누어진 사람이 아님을 주목하기 바란다. 하나님은 사람을 지으실 때 남자와 여자를 지으셨는데, 남자도 단수이며 여자도 단수이다. 그리스도가 단수이고 교회도 단수이다. 하나님이 보시기에 그리스도는 오직 한 사람이며 교회도 한 사람뿐이다. 장래 우리는 보게 될 것이다. 지옥에도 오직 한 사람뿐이고 천국에도 오직 한 사람뿐이다. 세 번째 사람은 없다. 하나님이 보시기에 이 세상에는 오직 두 사람이 있을 뿐이다. 고린도전서 15장에서는 아담이 첫 사람이고 그리스도는 마지막 사람이며 더 이상 셋째 사람은 없음을 보여 준다. 그리스도의 몸은 하와와 같이 한 사람이지 많은 사람이 아니다.

그러므로 우리 안에 하나님의 생명이 있지만, 하나님이 우리의 몸에서 일하시어 우리의 개인주의를 파쇄하는 정도까지 이르러야 한다. 하나님께서 "나 개인이면 족하다."라는 우리의 생각을 파쇄하셔야 한다. 우리는 하나님의 다른 자녀들과 하나 되어야 한다. 하와도 하나였고 그리스도의 몸도 오직 하나인 것이다. 하나님의 생명에 참여한 하나님의 모든 자녀들은 조각조각으로 나누어진 수많은 사람이 아닌 한 사람이 되어야한다. 하나님은 반드시 우리의 개인주의를 파쇄하셔야 하며, 날로 우리를 완전히 파쇄하사 우리로 무엇이 몸의 생명인지 알게 하셔야 한다.

수많은 사람들은 그들 혼자서도 그리스도인이 될 수 있다고 생각한다. 그러나 사실상 하나님은 이것을 허락하지 않으신다. 많은 경우에 한 사람의 기도는 응답을 얻을 수 없고, 성경을 읽어도 이해할 수 없고, 하나님의 뜻을 구해도 알 수 없어서 그로 하여금 형제자매들에게 다음과 같이 부탁하게 한다. "이 일을 나는 할 수 없습니다. 당신이 도와주십시오." 두 사람이 기도할 때 비로소 분명해진다. 한 사람으로서는 알 수 없었는데 두 사람이 간구하자마자 알게 된다. 많은 경우에 이런 사람은 여전히 교만하여 대부분을 자기가 다 할 수 있으나 이번에만은 할 수 없었다고 생각한다. 이것이 바로 그의 개인주의다. 교회 중에서는 반드시 이것이 파쇄되어야만 된다. 우리 안의 그리스도가 수많은 다른 사람의 그리스도와 연합하여 그리스도의 몸을 이루도록 해야 한다.

신실한 그리스도인이라면 모두 그리스도 안에 있는 생명을 알고 있다. 그러나 애석하게도 그리스도의 몸 안의 생명을 알고 있는 그리스도인이 많지 않다. 그리스도의 생명이 하나의 실재인 것처럼 그리스도의 몸의 생명도 실재이다. 그리스도인들은 개개인으로 나뉘는 것이 아니라 바로 하나이다. 바울은 우리가 많으나 여전히 한 몸이요, 한 떡이라고 말했다. 만일 당신이 그리스도를 의지해서 산다면 당신은 모든 그리스도인과 하나임을 보게 될 것이다. 만일 당신이 자신을 따라 산다면 당신은 하나님의 모든 자녀들과 분리될 것이다.

그러므로 교회가 참된 교회가 되려면 반드시 이 두 단계를 통과해야 한다. 첫째는 그리스도를 확대하고 증가시키는 것이며, 둘째는 우리 개인이 소멸되는 것이다. 그리스도의 확대되심은 우리가 거듭날 때 시작되었으며, 우리가 구원받은 후 주님은 우리 자신을 소멸하기 위해 날마다 우리에게 역사하신다. 우리가 그분 앞에 "나 스스로 할 수 있는 일이 한 가지도 없습니다. 내가 하는 모든 일이 지체들간의 상호 협력의 원칙에 따라 된 것입니다. 내가 하는 모든 것은 몸의 원칙인 교통의 원칙에 따른 것입니다."라고 말하게 될 때까지 주님은 끊임없이 역사하실 것이다. 교회는 그리스도의 몸이다. 그리스도에게서 나온 것만이 교회이며 사람에게서 나온 것은 그것이 어떤 것이든 교회가 아니다.

우리는 하나님이 주의하시는 것이, 좋고 나쁨의 문제가 아니라 근원의 문제임을 보아야 한다. 사람은 늘 좋은가 좋지 않은가를 묻지만 하나님은 이것이 어디에서 나왔는지를 물으신다. 아담의 몸에서 나온 것을 하와라고 하며, 그리스도에게서 나온 것을 교회라고 부른다. 무릇 그리스도에게서 나오지 않은 것은 교회가 아니다. 사람은 사랑이 있는지 없는지를 묻지만, 하나님은 그 사랑이 어디에서 나온 것인지를 물으신다. 사람은 열심이 있는지 없는지를 묻지만, 하나님은 그 열심이 어디에서 나온 것인지를 묻는다. 우리가 해결해야 할 문제는 선악의 문제가 아니라 근원의 문제이다. 선악의 문제는 창세기 3장 이후의 일이다. 아마 어떤 사람은, 자신은 능력이 있고 열심도 있다고 말할지 모른다. 그러나 문제는 이 능력, 이 열심이 어디에서 나왔느냐에 있다. 많은 경우에, 우리는 자신이 사랑할 수 있고, 사람을 도울 수 있고, 사람을 인도할 수 있고, 사람을 섬길 수 있다고 생각한다. 이러한 것들은 모두 매우 좋은 것이다. 그러나 '만일 내가 내 몸을 불사르게 내어줄지라도' 사랑이 없으면, 즉 그리스도의 사랑이 없으면 '내게 아무 유익이 없느니라'(고전 13:3). 설마 자신을 버려서 다른 사람을 돕는 것이 틀렸다는 말인가? 그러나 문제는 여기에 있다. 이것이 어디에서 온 것인가? 그리스도에게서 나온 것은 교회이고, 그리스도에게서 나오지 않은 것은 교회와 무관하다.

그리스도인의 생활 가운데서 첫 번째 공과는 바로 근원의 문제이고 마지막 공과도 역시 근원의 문제이다. 첫 번째 공과는 자신에게서 나온 것은 어떤 일도 하지 않는 것이고, 마지막 공과도 어떤 일이든 내 자신에게서 나온 것은 원하지 않는 것이다. 이것은 추구하거나 열심을 갖지 말라는 것이 아니라 우리의 모든 추구와 열심이 주님에게서 나와야 한다는 것을 말하는 것이다. 우리가 일을 할 필요가 없다는 것이 아니라 주님에게서 나온 일을 해야 한다는 것이다. 능력을 추구하지 말라는 것이 아니라 주님에게서 나오는 능력을 추구해야 한다는 것이다. 모든 문제는 누구에게서 나온 것이냐에 달려 있다. 요한복음에서 주 예수님은 다음과 같이 말씀하신 적이 있다. "아들이 아무것도 스스로 할 수 없나니(요 5:19). "'스스로 할 수 없나니(of himself)'가 헬라어 원문에서는 '자기로부터 시작할 수 없나니 (out of himself)'이다. 아들은 자기로부터 아무것도 할 수 없다는 뜻이다. 주님이 그러하실진대, 하물며 우리가 어떻게 스스로 무엇을 할 수 있다는 말인가! 우리는 반드시 하나님 앞에서 우리 스스로 어떤 것도 할 수 없음을 보아야 한다. 하나님은 우리를, 진실로 우리 스스로는 아무것도 할 수 없고 모든 것이 그분에 의해, 그분으로부터 되어야 함을 깨닫는 단계로 반드시 이끄셔야 한다.

우리가 주님을 섬길 때 단지 열심만 있으면 되는 것이 아니라 주님이 우리에게 정해주신 일을 해야 한다. 바울은 골로새서 1장 29절에서 말하기를 "이를 위하여 나도 내 속에서 능력으로 역사하시는 이의 역사를 따라 힘을 다하여 수고하노라."고 했다. 하나님이 우리 안에서 역사하시기 때문에 우리도 밖에서 일하는 것이다. 많은 경우에 우리는 외적으로 많은 것을 했지만, 내적으로 이루어진 일은 많지 않다. 하나님은 그렇게 많이 일하시지 않았는데도 우리가 그렇게 많은 일을 한 것이다. 이러한 일들은 비록 많지만 무익한 것이다. 주님을 섬기는 일에 있어서, 하나님이 우리를 인도하사 주님에게서 나오지 않은 것은 우리도 하지 않고, 주님이 움직이지 않으시면 우리도 감히 경거망동하지 않는 단계로 이끄시기를 바란다.

하와는 아담의 "뼈 중의 뼈요 살 중의 살"이었다. 속의 뼈와 밖의 살이 모두 그리스도에게서 나왔다. 안에 있는 것이나 밖에 있는 것이 모두 그리스도에게서 나왔다. 어느 한 가지도 하와에게서 나온 것이 없다. 하와의 모든 것은 아담에게서 나왔으며, 마찬가지로 교회의 모든 것도 다 그리스도에게서 나오는 것이다. 우리 자신이 아무리 어떤 일을 잘한다 해도 하나님의 영원한 뜻을 성취하는 데에는 조금도 소용이 없으며, 우리 자신이 아무리 어떤 일을 잘했다 해도 하나님의 이름을 영광스럽게 할 수 없다. 왜냐하면 그것이 우리 자신에게서 나왔기 때문이다.

첫 번째 여인은 하나님의 마음을 대표해 주었다. 한 남자가 하나님의 마음을 대표해 주는 사람이었을 뿐 아니라 또한 한 여인이 하나님의 마음을 대표하고 있다. 하나님의 마음을 만족시킬 뿐 아니라 또한 교회도 하나님의 마음을 만족시킨다. 그리스도가 하나님의 마음을 만족시킬 수 있는 것은, 그분 자신이 머리가 되지 않고 하나님으로 하여금 그의 머리가 되시도록 했기 때문이며, 교회도 이와 같이 하나님으로 하여금 그녀의 머리가 되시도록 해야 한다. 교회가 이러한 단계에 이를 때에, 하나님의 뜻이 통행될 수 있게 된다. 하나님이 이 땅에서 이와 같은 사람을 얻으셔야 그분의 마음이 비로소 만족될 수 있다. 사람 자신에게서 나온 것은 모두 흙이고 그리스도의 배필의 재료가 아니며, 오직 그리스도에게서 나온 것만이 교회임을 기억해야 한다.

하나님께서 아담이 잠듦으로써 하와를 지으심 — 하나님께서 '속죄와 관계없는 그리스도의 죽음'을 통해 교회를 산출하심

우리는 이미 하와가 흙으로 만들어지지 않고 아담을 재료로 하여 지음 받았음을 보았다. 아담은 하와의 재료이고 그리스도는 교회의 재료이시다. 하나님은 그리스도를 사용해서 교회를 만드셨다. 이제 하와가 어떻게 지어졌고 교회가 어떻게 만들어지는지 보기로 하자. 창세기 2장 21-23절에서는 이렇게 말한다. "여호와 하나님이 아담을 깊이 잠들게 하시니 잠들매 그가 그 갈빗대 하나를 취하고 살로 대신 채우시고 여호와 하나님이 아담에게서 취하신 그 갈빗대로 여자를 만드시고 그를 아담에게로 이끌어오시니 아담이 가로되 이는 내 뼈 중의 뼈요 살 중의 살이라 이것을 남자에게서 취하였은즉 여자라 칭하리라 하니라."

하나님은 그리스도의 죽음으로부터 교회를 만들어 내신다. 그리스도의 죽음에 관해서 창세기 2장에서 사용한 용어는 매우 특이하다. "여호와 하나님이 아담을 깊이 잠들게 하시니." 하나님은 아담을 죽게 하신 것이 아니라 잠들게 하셨다. 만일 죽음이 언급되었다면 거기에 죄의 문제가 있게 되는데, 왜냐하면 앞의 17절에서 죄와 죽음은 관계가 있기 때문이다. 여기의 아담의 잠은 구속과 관계없는 그리스도의 죽음을 예표한다. 그리스도의 죽음에는 속죄를 위한 것만이 아닌 그분 자신을 해방하기 위한 방면이 있다. 우리는 그리스도의 죽음이 속죄를 위한 것이 아니라고 말하는 것이 아니다. 우리는 명백하게 그리스도의 죽음이 속죄를 위한 것이라고 믿는다. 그러나 그리스도의 죽음에는 또한 구속과 관계되지 않은 방면이 있으며, 그 방면은 교회를 만들기 위해 그분 자신을 해방하는 것으로서 죄와는 무관하다. 하나님은 그리스도에게서 어떤 것을 취하셔서 교회를 만드는 데 사용하신다. 그러므로 '잠'은 그것을 통해 사람이 생명을 얻게 되는 그분의 죽음을 예표한다.

구속과 생명을 얻는 것은 별개의 일이다. 구속은 부정적인 것이고 우리의 죄를 처리하기 위한 것이다. 우리는 죄가 있기 때문에 마땅히 죽어야 했다. 그러므로 그리스도가 우리의 죄를 담당하시기 위해 오셨다. 그리스도의 죽음이 구속을 성취하였으므로, 이 방면의 죽음은 죄와 관계가 있는 것이다. 그러나 그리스도의 죽음에는 구속과 관계되지 않은 다른 방면이 있다. 그것은 그분 자신을 우리에게 분배하기 위한 것으로서, 그분의 죽음을 통하여 우리로 생명을 얻게 한다.

아담의 잠은 하와의 구속을 위한 것이 아니라 갈빗대를 취해서 하와를 만들기 위한 것이었다(그 때에는 아직 죄가 들어오지 않았고 창세기 3장의 사건은 그 이후의 일이다). 하와는 아담을 통해서 출생했으며 아담이 잠듦으로써 그녀는 생명을 얻을 수 있었다. 마찬가지로 그리스도의 죽음의 한 방면은 바로 교회로 하여금 생명을 얻도록 하기 위한 것이다.

아담이 깊이 잠든 후에, 하나님은 아담으로부터 갈빗대 하나를 취하셨다. 동일하게 그리스도가 죽었을 때 그분의 갈빗내 곧 그분의 옆구리에 어떤 일이 일어났다(요 19:31-37 참고). 그분의 옆구리가 창으로 찔렸을 때, 그것은 구속을 위한 것이 아니었다. 그분이 창에 찔린 것은 그분이 죽으신 이후에 일어났으며 그때에는 구속의 문제가 이미 해결되었기 때문이다. 유대인의 규정에 의하면, 해가 지기 전에 반드시 십자가에 못 박힌 사람을 내려야 하고, 만일 십자가에 못 박힌 사람이 아직도 죽지 않았다면 군병이 그의 뼈를 꺾어서 그가 빨리 죽게 했었다. 주님과 함께 십자가에 못 박혔던 두 강도는 그때까지 죽지 않았기 때문에 그들의 뼈가 꺾여졌다. 그러나 군병들이 주 예수님 앞에 왔을 때, 그들은 그분이 이미 죽으셨음을 보았으며 따라서 그분의 뼈를 꺾을 필요가 없었다. 그들은 단지 창으로 그분의 옆구리를 한 번 찔렀고 그때 그분의 옆구리에서 피가 흘러나왔고 물도 흘러나왔다. 바꿔 말하면, 주님의 옆구리가 창에 찔렸을 당시, 구속의 일은 이미 완성되었다. 이것은 그리스도의 일이 우리를 위해서 피를 흘리심으로 속죄를 이루셨을 뿐 아니라, 또한 그분의 생명을 우리에게 나누어 주심을 예표하는 물을 흘리셨음을 보여 준다. 이는 죄와 구속의 방면과는 또 다른 것이다. 즉 피는 우리의 죄를 처리하는 것이고, 물은 우리로 그분의 생명을 얻게 하는 것이다. 이것이 곧 옆구리의 창에 찔린 상처가 우리에게 말해주는 내용이다.

우리는 반드시 그리스도의 죽음의 두 방면을 분별해야 한다. 그리스도의 죽음은 한 면으로 속죄를 위한 것이고 또 한 면으로는 속죄를 위한 것이 아니다. 한 방면은 창세기 3장 이후의 일, 사람의 타락 이후의 일에 대처하기 위함이다. 사람이 타락했기 때문에 그리스도가 우리를 구속하기 위하여 오셨고, 그 목적은 우리로 하여금 하나님의 창조의 목적 안으로 돌아오도록 하기 위함이다. 그러나 또 한 방면은 근본적으로 죄와 무관하며, 완전히 그분 자신의 생명을 해방하여 사람으로 하여금 그분의 생명을 얻도록 하기 위한 것이다. 이 서로 다른 두 방면의 죽음이 있기 때문에 성경에서는 두 종류로 속죄의 죽음은 피로, 속죄와 관계없는 죽음은 물로 대표하고 있다. 하나님께서 우리의 눈을 열어주사 이것이 얼마나 중대한 일인지 보게 하시기 바란다. 피는 속죄를 위한 것이고 물은 우리에게 생명을 주기 위한 것이다. 피는 우리가 죄를 범했기 때문에, 하나님 앞에서 죄가 있기 때문에 있는 것이다. 물은 그분 자신을 대표하고 그분의 생명을 대표한다. 요한복음 19장 34절에서는 "물이 나오더라."고 말했고, 20장에서는 주님이 옆구리를 제자들에게 보이셨다. 20장은 구속을 말하는 장이 아니다. "내가 내 아버지 곧 너희 아버지 내 하나님 곧 너희 하나님께로 올라간다 하라(17절)." 이것은 바로 생명을 분배하는 문제이다.

이뿐만이 아니다. 창세기 2장 22-23절을 다시 보자. "여호와 하나님이 아담에게서 취하신 그 갈빗대로 여자를 만드시고 그를 아담에게로 이끌어 오시니 아담이 가로되 이는 내 뼈 중의 뼈요 살 중의 살이라…." 성경에서는 우리 사람들을 '혈과 육'(고전 15:50)이라고 말했다. 그러나 부활한 사람을 말할 때는 오직 '뼈와 살'이 있다고 했을 뿐 결코 피를 언급하지 않았다(눅 24:39, 참조). 하나님은 아담의 갈비뼈를 사용하여 하와를 만드셨지 피를 사용하지 않으셨다. 성경 전체에서 400번 이상 '피'를 언급했는데, 창세기 2장에서는 '피'를 언급하지 않았다. 이것은 무슨 까닭에서인가? 그것은 여기에서는 구속의 문제를 말하지 않기 때문이다. 피를 언급할 때마다 구속을 만지게 되는데 이는 피가 구속을 위해 있기 때문이다. 구약에서는 사람이 가축의 피로 속죄함을 받았다. 신약에 와서는 히브리서에서, 피 흘림이 없으면 죄 사함이 없다고 말했다. 그러므로 신약이나 구약을 막론하고 피는 구속과 연결된 것이다. 그러나 하와의 창조에서는 피를 언급하지 않았는데, 왜 그런가? 그것은 죄가 없었기 때문이며 하나님은 거기에서 죄를 보시지 않았다.

하나님의 계획 안의 교회 — 죄가 없음

에베소서 5장 25절을 읽을 때에 우리는 같은 의미를 발견한다. "남편들아 아내 사랑하기를 그리스도께서 교회를 사랑하시고 위하여 자신을 주심같이 하라." 여기에서 세 항목을 주의해야 한다.

첫째로, 그리스도는 우리가 교회이기 때문에 그분 자신을 주셨다는 것이다. 로마서 5장은 그리스도께서 죄인을 위해 죽으셨다고 말하는데, 이것은 구속을 의미한다. 그런데 에베소서 5장에서 말한 것은 죄인의 문제가 아니라 교회의 문제이다. 에베소서 5장에서는 우리가 죄인이기 때문에 그분이 오셔서 우리 대신 죽으셨다고 말하지 않고, 우리가 교회이기 때문에 그분 자신을 우리에게 주셨다고 말한다.

둘째로, 그리스도가 우리를 위해서 자신을 주심은 우리에게 죄가 있기 때문이 아니라, 그분이 우리를 사랑하셨기 때문이라고 말한다. 고린도전서 15장에서는 그리스도께서 우리의 죄 때문에 죽으셨다고 말하지만, 여기에서는 그리스도가 교회를 사랑하시므로 교회를 위해서 자신을 주셨다고 말한다. 사랑 때문이지 죄 때문에 자신을 주신 것이 아니다. 죄를 인하여 죽는 것과 사랑을 인하여 죽는 것은 완전히 별개의 일이다. 죄 때문에 죽는 것은 죄의 문제를 처리하는 것이므로 구속이다. 그러나 그리스도가 우리를 위하여 자신을 주심은 사랑의 문제이지 죄의 문제가 아니다. 이것은 죄와 아무 관계가 없으며 완전히 사랑으로 인함이다.

셋째로, 그리스도가 우리를 위하여 자신을 주심은 우리의 죄 때문에 죽으신 것이 아니라 바로 그분 자신을 우리에게 주신 것이다. 이 말씀은 다음과 같이 번역할 수 있다. "그리스도께서 교회를 사랑하시고 교회에게 자기 자신을 주셨다." 아담은 그의 뼈를 하와에게 주었고 그리스도는 자신을 우리에게 주셨다. 그분이 죽으시고 난 이후부터 그분이 우리 안에 오셨고 우리 안에는 그분이 살고 계신다. 그리스도가 죽으신 이후로 우리 안에는 그리스도의 생명이 있게 되었고 바로 그리스도 자신이 우리 안으로 확산되셨다.

잠시 생각해 보자. 이것은 놀라운 일이 아닌가? 하나님의 관점에서 교회는 결코 죄를 범한 적이 없고 죄와 무관하다. 비록 하나님께서 사람이 타락할 것이며 구속될 필요가 있다는 것을 아신 것이 사실이지만 놀랍게도 여기에 다른 노선이 있는데, 그것은 그분이 전혀 죄를 보시지 않는다는 것이다. 바꿔 말하면, 우리 안에는 구속의 필요가 없는 부분이 있다. 이 부분은 우리가 그리스도로부터 얻은 부분으로서 죄를 초월하기 때문에 구속받을 필요가 없다(물론 우리는 이 부분을 구속받은 이후에 비로소 얻었다). 이 부분이 바로 교회이다.

성경 중에서 하나님은 많은 여자로 교회를 예표하셨다. 창세기에서 하와 외에도 리브가와 아스낫이 있다. 리브가와 이삭의 혼인은 교회가 그리스도께 드려졌음을 예표하며, 아스낫과 요셉의 혼인, 그리고 그녀가 애굽에서 아들을 낳은 것은 교회가 세상에서 나와 하나님께로 택함 받았음을 예표한다. 출애굽기에는 광야에서 모세와 혼인한 십보라가 있는데, 그녀도 광야에 있는 교회를 예표한다. 여호수아에서 악사가 출가한 이후에 윗샘과 아랫샘을 구했는데, 이것도 교회가 기업을 얻은 것을 예표한다. 또한 룻과 보아스의 결혼은 교회의 구속받음을 예표하며, 아비가일과 다윗의 결혼은 군대로서 싸우는 교회를 예표한다. 구약 성경 안에서 이처럼 많은 여인들이 교회의 각 방면을 예표하고 있다. 교회가 어떻게 세상에서부터 나오고, 구속을 입고, 광야를 통과하고, 어떻게 군대로서 싸우며, 어떻게 기업을 얻으며, 또한 어떻게 그리스도에게 드려지는가 등등 성경에 있는 많은 예표들이 모두 교회를 가리키고 있다. 그러나 창세기 2장의 예표는 매우 특별한 것이며 이와 유사한 다른 것이 없다. 왜냐하면 하와는 교회가 하나님의 마음 속에서 어떤 모습이며, 하나님의 계획 중에서 대체 어떤 모습인가를 예표하고 있기 때문이다. 다른 예표는 다 타락 이후에 있지만 오직 한 가지 예표 하와는 타락 이전에 있다. 다른 것들은 모두 도덕적인 책임의 문제를 발생시키고 있지만 오직 이 한 예표만은 도덕적인 문제가 없다.

하나님이 지으신 하와는 아담에게서 나온 것이지, 죄인으로부터 구원받아서 나오지 않았다. 죄가 아직 오기 전에, 죄가 아직 발생되기 전에 그녀는 창조되었다. 마찬가지로 교회도 그리스도로부터 나왔다. 그것은 죄인들이 은혜를 받고 구원받은 문제가 아니다. 하와가 아담에게서 나왔고 완전히 아담을 위한 것이듯, 교회도 그리스도에게서 나왔으며 완전히 그리스도를 위한 것이다. 우리는 룻이 죄인이었는데 보아스에 의해서 구속된 것처럼, 교회가 구원받은 '많은 사람들'로 구성된 것이라고 생각할지도 모른다. 그러나 이것은 창세기 2장에서 말하는 교회가 아니다. 왜냐하면 룻 당시에는 죄가 이미 들어왔지만 창세기 2장에서는 아직 죄의 문제가 없기 때문이다. 이 최초의 교회는 죄와 무관한 것이었다. 이것은 얼마나 중대한 일이며 얼마나 의미 깊은 말인지! 하나님의 예정된 뜻 가운데 있는 교회는 죄의 역사가 없다.

그러나 만일 사람이 우리에게 구원의 역사를 묻는다면, 우리는 언제나 타락하고, 범죄하고, 죄악 중에 깊이 빠진 데에서부터 시작한다. 우리는 정말 형편없는 사람이었는데 복음을 듣고 주 예수님을 믿어 비로소 구원을 얻게 되었다는 것으로 이야기를 시작한다. 우리는 언제나 타락에서부터 말을 시작한다. 그런데 하나님의 안목에서 교회는 지금까지 죄를 범한 적이 없다. 그리스도에게서 나온 그 일부분은 지금까지 죄를 접촉한 적이 없는 것이다. 그리스도에게서 나온 그 일부분은 지금까지 죄가 무엇인지도 모른다. 완전히 죄 없는 그것을 하와라고 부르는 것이다. 완전히 그리스도에게서 나온 그것만을 교회라고 부른다. 전적으로 그리스도에게서 나왔고 오로지 그리스도만을 위한 것이 하와, 곧 교회이다. 하와는 하나님이 창조하신 단체적인 사람, 즉 교회가 완전히 그리스도에게서 나옴을 예표한다. 교회는 각 나라, 각 민족, 각 방언에서부터 나온 사람들이 연합된 것이 아니라, 그리스도에게서 나온 그 하나만을 교회라고 부른다. 수많은 사람들이 주 예수를 믿고서 교회가 되는 것이 아니라, 그리스도에게서 취해진 그 일부분만이 교회가 되는 것이다. 우리는 교회가 하나님의 아들 그리스도를 표현하고 하나님의 영원한 뜻에 도달하도록 하나님이 선택하신 그릇임을 보아야 한다. 교회는 죄와 아무 상관이 없으며 결코 죄를 접촉한 적도 없다.

우리는 우리의 생각이 새롭게 되어서 하나님이 가장 크게 보시는 문제 안으로 들어가야 한다. 하나님의 많은 자녀들은 항상 모든 것을 구원의 문제와 죄의 문제로 언급한다. 그들은 과거를 한번 회상해보고, 과거에는 어떻게 죄를 범했는데 이후에 어떻게 구원받았는가를 생각한다. 우리의 관점은 항상 죄의 문제에 관한 것이다. 그러나 하나님은 우리의 생각을 여기에서 돌려서 우리가 교회에 대해서 근본적으로 죄와 관련이 없다는 새로운 견해를 갖기 원하신다. 시종일관 교회는 하나님을 위해 있으며 또한 하나님에게서 나왔으며 결코 죄를 접한 적이 없는 것이다. 우리 안에는 그리스도에게서 나온 일부분이 있는데 이 부분은 결코 죄와 관련이 없다. 또한 죄는 이 부분을 만질 수도 없다. 우리는 참으로 우리 안에 거룩한 한 부분이 있다고 말할 수 있다. 우리 모두 하나님의 관점으로 돌아가 교회를 볼 수 있기를! 그분의 관점에서 그분은 죄의 모든 역사를 말끔히 처리하셨다. 우리가 영세 가운데서 하나님을 찬미할 때, 우리는 우리가 과거에 어떠한 죄인들이었는지를 언급할 필요가 없다. 하나님은 우리로 창세기 3장 이후의 역사가 모두 지나갔고, 이제 그리스도에게서 나온 모든 것이 하나님께로 돌아가는 것만이 남아 있음을 보도록 인도하신다. 이것이 하나님의 영원한 뜻이다.

하나님은 그의 모든 것이 다 그리스도에게서 나오고, 그리스도를 위하고, 그 가운데 조금도 죄의 역사가 없는, 한 단체적인 교회를 얻기 원하신다.

창세기 2장 18절로 다시 돌아가 보자. "여호와 하나님이 가라사대 사람의 독처하는 것이 좋지 못하니 내가 그를 위하여 돕는 배필을 지으리라." 하와의 창조는 하나님의 갈망을 위한 것이었다. 왜냐하면 하나님이 원하셨고 하나님 그분 자신에게 이러한 갈망이 있어서 정하셨기 때문이다. 우리는 하와가 창조될 때 창세기 3장이 아직 이르지 않았고 죄가 들어오지 않았음을 주의해야 한다. 죄가 들어오기 전에 사람과 하나님 사이에는 도덕적인 책임의 문제가 발생하지 않았으며 사람은 하나님의 손안에서 아무런 문제도 없었다. 그러므로 창세기 2장에서 발생된 일은 모두 하나님 자신의 필요를 위한 것이지 사람의 결함을 채우기 위한 것이 아니었다. 창세기 2장에서 하나님이 하와를 지으신 일은 하나님이 그분의 교회에 대해 우리에게 정하심이 영원 과거에서 영원 미래에 이르는 것임을 보게 한다. 거기에서 하나님이 보신 첫 번째 항목은 사람의 타락이 아니라 그분이 영원 과거 이전에 정하신 뜻이라는 것이다. 하나님은 영세 안에서 그분 자신의 뜻, 즉 그분의 통치권위를 차지할 사람을 얻어서 그 사람을 사용하여 사탄의 모든 일을 파하시려고 하신다. 이것이 바로 하나님의 교회에 대한 뜻이다. 이것은 장래 영세 안에서 완전히 이루어지게 될 것이다. 하나님은 오직 그분의 마음을 만족시킬 수 있는 이러한 교회를 얻기 원하신다. 그분은 남자와 여자를 창조하신 이후에 안식하셨다. 하나님은 이와 같은 하나의 교회를 얻으셨기 때문에 만족하신 것이다.

3
그리스도의 몸과 그리스도의 신부

제3장

그리스도의 몸과 그리스도의 신부

에베소서 5장 25-30절

"남편들아 아내 사랑하기를 그리스도께서 교회를 사랑하시고 위하여 자신을 주심 같이 하라 이는 곧 물로 씻어 말씀으로 깨끗하게 하사 거룩하게 하시고 자기 앞에 영광스러운 교회로 세우사 티나 주름 잡힌 것이나 이런 것들이 없이 거룩하고 흠이 없게 하려 하심이니라 이와 같이 남편들도 자기 아내 사랑하기를 제 몸같이 할찌니 자기 아내를 사랑하는 자는 자기를 사랑하는 것이라 누구든지 언제든지 제 육체를 미워하지 않고 오직 양육하여 보호하기를 그리스도께서 교회를 보양함과 같이 하나니 우리는 그 몸의 지체임이니라."

우리는 이미 하와가 하나님의 계획 안에 있는 교회를 예표하고 있음을 보았다. 하나님의 계획 안에서 교회에 속한 모든 것들은 온전히 그리스도에게서 나오며, 사람에게서 나오는 것은 조금도 없고, 죄와 관계된 어떤 것도 존재할 수 없다. 우리 하나님은 이러한 교회를 얻기 원하시기에, 교회가 조금이라도 그 표준에 미치지 못한다면 하나님의 마음을 만족시킬 수 없을 것이다. 하나님은 이러한 교회를 계획하셨을 뿐 아니라 더욱 반드시 이것을 얻으셔야 한다. 할렐루야! 이것은 사실이다. 우리는 하나님에게 속한 것이 좌절되거나 저지당할 수 없다는 것을 인식해야 한다. 하나님이 어떤 것을 정하셨으면 음부의 세력일지라도 반대할 수 없고, 온갖 피조물이 능력으로 일어나서 반대할지라도 우리의 하나님은 저지당할 수 없으시다. 비록 우리가 타락하고, 실패하고, 육체가 있고, 혈기가 있고, 하나님을 멀리하고 하나님을 거스르지만, 하나님의 목적은 여전히 이루어져야 한다. 사람은 하나님의 계획을 파괴할 수 없고 기껏해야 시간을 지연시킬 수 있을 뿐이다. 그러므로 우리는 다만 하나님의 정하심을 알아야 할 뿐 아니라 또한 그분은 그분 자신이 이미 정하신 어떤 것을 반드시 얻기 원하신다는 것을 알아야 한다. 그분이 영원 전에 정하신 교회는 완전히 그리스도에게서 나오며, 사람의 성분은 티끌만큼도 섞이지 않고, 흙의 성분은 조금도 없으며, 죄의 냄새조차 없고, 그의 모든 것이 다 그리스도에게서 나오며 그의 생명도 온전히 그리스도이다.

그러나 창세기 3장에서부터 사람의 타락이 시작되었다. 현재 우리는 하나님의 창조의 목적을 가지고 있을 뿐 아니라 또한 사람의 타락도 가지고 있다. 따라서 우리는 하나님이 어떻게 이 일을 보완하시는지를 보기로 한다.

이제 에베소서 5장 25-30절을 보자. 이 여섯 구절의 성경은 두 단락으로 나뉜다. 첫 단락은 25절부터 27절까지로서, 남편들이 아내를 사랑해야 하는 첫 번째 이유를 말한다. 둘째 단락은 28절부터 30절까지로서 남편들이 아내를 사랑해야 하는 두 번째 이유를 말한다. 이 두 단락 안에는 아내를 사랑하라는 두 개의 명령이 있고 또한 아내를 사랑해야 하는 두 가지 이유가 있다. 첫째 단락과 둘째 단락은 서로 다르다. 첫째 단락에서는 그리스도가 교회를 '이미 사랑하셔서(loved)' 자신을 '주셨다(gave)'고 했으며, 여기에서 사용된 동사는 과거 시제이다. 반면에 28절 이후에 사용된 동사는 모두 현재형으로서 예를 들면 '보양하며 (nourish)'와 '보호하기를(cherish)'등은 모두 현재형이다. 이 두 단락의 성경은 시간상 다르며, 하나는 과거를 말했고 다른 하나는 현재를 말했다. 이 두 단락에서 말하고 있는 제목도 다르다. 첫 단락에서는 교회가 그리스도의 신부라고 했고, 둘째 단락에서는 교회가 그리스도의 몸이라고 했다. 첫 단락에서 교회가 그리스도의 신부라고 말할 때에는 과거 동사를 사용했다. 왜 그런가? 이것은 그리스도의 모든 목적이 신부를 얻기 위한 것임을 우리에게 보여 준다. 그분이 죽으실 때 그분의 목적은 바로 신부를 얻는 것이었다. 비록 신부는 장래에 있지만, 신부를 얻기 위한 일은 이미 완료된 것이다. 지금은 어떠한가? 지금 교회는 그리스도의 몸이고 주님은 그분의 교회를 보양하고 돌보고 계신다.

몸과 신부의 관계

교회는 주님 앞에서 두 가지 다른 지위를 갖고 있다. 생명 면에서 본다면 교회는 그리스도의 몸이고, 장래 면에서 보면 교회는 그리스도의 신부이다. 그리스도와의 연합 면에서 보면 교회는 그리스도의 몸이며, 교회와 그리스도의 친밀함 면에서 본다면 교회는 그리스도의 신부인 것이다.

하나님의 말씀 안에서 그리스도와 교회가 하나라고 말할 때에, 이것은 우리에게 그리스도는 머리이고 교회는 몸임을 보여 주며, 그리스도와 교회의 차이를 말할 때에는 교회는 그리스도의 신부임을 보여 준다. 그렇다. 아담과 하와는 '그 둘이 한 육체가' 되었지만 두 사람이며 하나님은 여전히 둘이라고 말씀하셨다. 아담은 여전히 아담이고 하와는 여전히 하와로서 이 둘이 하나 되었다. 이것이 바로 교회와 그리스도의 관계이다. 하나가 둘이 되고, 둘이 하나가 된다. 하나님이 처음에 사람을 창조하실 때에 남자와 여자를 지으셨다. 하와는 아담에게서 나왔으므로 하와는 아담과 하나이다. 교회는 그리스도에게서 나왔으므로 교회와 그리스도는 하나이다. 하와가 아담과 함께 있었지만 하와는 아담과 구별되었다. 마찬가지로 교회는 그리스도와 함께 있지만 교회와 그리스도 사이에는 차이가 있다. 합일의 관점에서 보면 하나지만 분별의 관점에서 보면 서로 다르다. 이 두 가지의 서로 다른 지위는 시간상 선후의 차이가 있다. 오늘날 교회는 그리스도의 몸이고, 장래에는 그리스도의 신부일 것이다. 오늘날 교회는 그리스도의 생명을 나타내는 그리스도의 몸이다. 어느 날 교회의 생명이 완전히 성숙할 때에 하나님은 영적인 교회를 그리스도 앞으로 이끄실 것이며, 어느 날 그녀는 그리스도의 신부가 될 것이다. 어떤 사람은 오늘날 교회가 바로 그리스도의 신부라고 말하는데 이것은 틀린 말이며, 이러한 일은 없을 것이다. 주 예수님이 아직 신랑이 되시지 않았는데 교회가 어떻게 신부가 될 수 있겠는가? 그 날에 이르러서 그리스도의 몸인 교회의 일이 완성된 이후에 하나님은 교회를 그리스도 앞으로 이끄실 것이며, 그때 교회는 비로소 그리스도의 신부가 될 것이다.

우리는 창세기 2장의 예표에서 몸과 신부의 관계가 무엇인지 볼 수 있다. 하와는 아담의 그 갈빗대로 지음 받았으므로 하와는 아담의 몸이다. 아담의 몸의 일부분으로 하와를 지었기 때문에 하와가 서있는 위치는 바로 아담의 몸이 되는 것이다. 하와가 지음 받은 후에 하나님은 그녀를 아담 앞에 이끄셨고, 그때 하와는 아담의 신부가 되었다. 이것이 바로 몸과 신부의 관계이다. 하와가 아담의 몸이라고 말할 때 그 의미는 하와가 아담에게서 나왔다는 뜻이다. 하와가 아담의 신부가 되었다고 말할 때 그 의미는 하와가 아담의 배필이 되도록 아담 앞으로 이끌려졌다는 뜻이다. 아담에게서 나온 것은 아담의 몸이고,

아담 앞에 이끌려진 것은 아담의 신부인 것이다. 아담에게서 나온 것만이 아담의 배필이 될 수 있다. 아담에게서 나오지 않은 모든 것은 아담의 배필이 될 수 없다. 모든 공중의 새들이 아담 안으로 이끌려졌지만 아담은 배필을 얻지 못했다. 왜냐하면 그것들은 아담에게서 나온 것이 아니기 때문이다. 모든 가축들이 아담에게로 이끌려졌지만 역시 아담은 배필을 찾지 못했는데, 이는 그것들도 아담에게서 나온 것이 아니기 때문이다. 모든 들짐승들도 마찬가지이다. 그들의 근원이 맞지 않으므로, 즉 그들은 모두 아담에게서 나오지 않았으므로 아담의 배필이 될 수 없었다. 누가 능히 아담의 배필이 될 수 있는가? 하와만이 될 수 있다. 하와도 공중의 새와 가축과 들짐승과 마찬가지로 아담 앞으로 이끌려졌지만, 하와는 이 동물들과 근본적으로 다른 점이 있었다. 그것은 그 동물들은 아담에게서 나오지 않았지만 오직 그녀만은 아담에게서 나왔다는 것이다. 따라서 그녀는 아담의 신부가 될 수 있었다. 그에게서 나와서 그에게로 돌아간 것이다. 그에게서 나온 것은 그의 몸이고 그에게로 돌아간 것은 그의 신부이다.

오직 그리스도에게서 나온 것만이 그리스도에게로 돌아갈 수 있다. 그리스도에게서 나오지 않은 것은 영원히 그리스도에게로 돌아갈 수 없다. 오직 하늘에서 온 것만이 하늘로 올라갈 수 있다. 우리가 만일 하늘에서 오지 않았다면 하늘로 돌아갈 수 있다고 말할 수 없다. 오직 아담에게서 나온 것만이 아담에게로 돌아갈 수 있다. 아담은 오직 자기에게서 나온 것만을 받으며, 이것은 그리스도가 오직 자기에게서 나온 것만을 받아들이는 것을 예표한다. 오직 그리스도에게서 나온 사람만이 그리스도에게로 귀속될 수 있다. 오직 그리스도로부터 생명을 얻은 사람만이 그분에게로 영접될 수 있다.

많은 사람들은 그들의 모든 것을 주님이 사용하시도록 그분께 드렸다고 말한다. 그러나 사람의 근원으로부터 나온 어떤 것도 하나님이 받아들이실 수 없으며, 사람 자신에게서 나온 어떤 것도 하나님이 사용하실 수 없고, 취하실 수 없다. 어떤 그리스도인들 사이에, 특별히 열심이 있는 그리스도인들 사이에 하나의 큰 잘못이 있다. 즉 그들은 자신을 주님에게 헌신하기만 하면 된다고 여기며, 다만 자신의 능력, 자신의 재능, 자신의 모든 것을 주님께 바치면 된다고 생각하는 것이다. 그러나 우리는 그리스도는 그분 자신에게서 나온 것만을 받으시며 사람 자신에게서 나온 것은 받지 않으신다는 것을 기억해야 한다.

아마 어떤 사람은 말하기를, "사도 중에 바울이 있지 않았는가? 그는 학문에 조예가 깊지 않았는가? 그는 매우 총명하지 않았는가?"라고 할 것이다. 그러나 바울이 한 말을 우리가 보기로 하자. 그는 말하기를, "내가 너희 중에서 예수 그리스도와 그의 십자가에 못 박힌 것 외에는 아무것도 알지 아니하기로 작정하였음이라 내가 너희 가운데 거할 때에 약하며 두려워하며 심히 떨었노라 내 말과 내 전도함이 지혜의 전하는 말로 하지 아니하고 다만 성령의 나타남과 능력으로 하여(고전 2:2-4)"라고 했다. 하나님께 감사한다. 교회 안에 총명한 사람이 들어올 수 있고, 말재주가 있는 사람이 들어올 수 있지만, 그러나 교회 중에서 그의 천연적인 것, 타고난 총명은 영적인 용도가 없고 그의 천연적인 말재주 역시 영적인 용도가 없다. 교회 안에서는 오직 한 가지, 즉 그리스도에게서 나온 것만이 지위가 있다. 그리스도로부터 나온 것만 그리스도에게 돌아갈 수 있다. 신부를 조성하는 재료는 그리스도 자신이다.

우리가 유의해야 할 점이 바로 여기에 있다. 오직 그리스도에게서 나온 것만이 교회 안에 있을 수 있고 영적인 용도가 있다는 것이다. 하나님은 영원히 옛 창조로 새 창조를 건축하시지 않는다. 하나님은 영원히 사람에게서 나온 것으로 하나님에게 속한 것을 건축하시지 않으며, 하나님은 영원히 육체로써 영적인 것을 산출하지 않으신다. 주 예수님은 "영으로 난 것은 영이니(요 3:6하)"라고 말씀하셨다. 육으로 난 것이 잠시 후에 영으로 변하는가? 결코 그럴 수 없다. 모든 문제는 근원의 문제이다. 어떤 것의 결과가 영적인지의 여부를 알기 원한다면 다만 근원이 영적인지를 묻기만 하면 된다. 주 예수님이 말씀하시기를, "영으로 난 것이 영이니"라고 하셨다. 우리는 육체로써 영을 산출할 수 없다. 생각에서 말한 메시지는 생각을 얻을 것이고, 감정을 자극하여 한 일은 감정적인 자극을 얻을 수 있을 뿐이다. 영을 사용한 일만이 비로소 영을 얻을 수 있는 것이다. 여기의 문제는 그 목적이 옳으냐 그르냐에 있는 것이 아니라, 그 수단이 무엇이냐에 있다. 사람은 그 목적이 옳기만 하면 모든 것이 다 옳다고 생각한다. 그러나 하나님은 목적의 옳고 그름을 묻지 않으시고 수단이 무엇인지를 물으신다. 혹시 다음과 같이 말하는 사람이 있을지도 모르겠다. "나는 주님을 위하고, 내가 하는 일은 교회의 일이며, 사람을 구원시키는 일이고, 영적인 일이며, 왕국을 확장하는 일이며, 나는 나의 모든 재능, 나의 모든 지혜를 모두 다 여기에 드리는데 어찌 이것이 좋지 않다는 말인가?" 그러나 사람의 천연적인 것, 십자가의 처리를 받지 않은 재능이나 총명은 모두 영적인 용도가 없다. 왜냐하면 주님이 말씀하시기를, "육으로 난 것은 육이요(요 3:6상)"라고 하셨기 때문이다. 그러므로 목적이 영적이어야 할 뿐 아니라 그 수단도 영적이어야 하고 방법도 영적이어야 하며 사람도 영적이어야 한다. 오직 성령에서 나는 것만이 영적인 것이다. 아담에게서 나온 것만이 비로소 아담에게로 돌아갈 수 있다. 먼저 아담의 몸이 되어야 비로소 아담의 신부가 될 수 있다. 먼저 그리스도의 몸이 되어야 비로소 그리스도에게로 돌아가 그리스도의 신부가 될 수 있다. 우리가 여기에서 영적인 실재를 만질 수 있기 바란다. 하나님이 요구하시는 바는 모든 것이 그리스도에게서 나오며 모든 것이 영에서부터 나오는 것이다.

그러므로 모든 그리스도인들은 몸의 생명을 추구해야 한다. 만일 몸의 생명을 추구하지 않는다면 신부의 생명을 추구할 수 없다. 영적인 체험에 있어서 몸의 생명을 얻든지 얻지 못하든지 상관 없다고 생각하지 말라. 오늘날 몸의 생명을 얻으면 장래에는 또한 신부의 생명을 얻게 된다. 오늘날 느슨하게 목적이 없는 것처럼 생활한다면 무엇이 신부의 생명인지를 모르게 될 것이다. 모든 그리스도인들은 무엇이 그리스도의 몸인지를 분명히 알아야 하고, 이것은 우리가 반드시 하나님 앞에서 추구해서 얻어야 하는 것이다. 우리는 단지 개인의 생활에 의해서만 살 수 없고 하나님의 다른 자녀들과 함께 길을 가야 한다. 그리스도인 각각은 그가 전체 몸 가운데 일부분임을 보아야 한다. 그는 단지 많은 이들 중에 한 명의 그리스도인이 아니라 또한 지체임을 보아야 한다. 그는 반드시 다른 많은 그리스도인들과 함께 상호적인 몸 안의 관계를 가져야 한다. 우리가 만일 참으로 몸의 생명을 안다면, 그리스도인은 주님이 없이 하루도 살 수 없고 다른 지체가 없이도 하루도 살 수 없음을 볼 것이다. 주님이 없으면 그는 존재할 수 없고, 다른 지체가 없어도 존재할 수 없음을 보게 될 것이다. 하나님이 얻기 원하시는 것은 한 몸이지, 단독으로 고립된 많은 그리스도인이 아니다. 하나님이 얻기를 원하시는 것은 하와의 전체이지, 여기에 있는 한 손이나 저기에 있는 한 발이 아니다. 그분이 완전한 하와를 얻으실 때 비로소 유용하게 된다. 그분은 불완전한 사람을 원치 않으신다. 그 한 새사람이 '단체적인 사람'이다.

그러므로 모든 분열과 개인주의는 모두 제거되어야 한다. 분열의 문제는 외적인 문제가 아니라 우리 마음의 문제이다. 마르틴 루터가 말하기를, 가장 큰 교황은 로마에 있는 것이 아니라 바로 우리 마음 안에 있다고 했다. 우리는 하나님의 뜻을 가장 방해하는 것이 외적인 분열이 아닌 바로 우리 개인이 몸의 생명에 대해서 인식이 없는 것임을 알아야 한다. 여기에는 두 가지 계시가 필요하다. 첫 번째 계시는 몸의 하나를 보는 것이다. 두 번째 계시는 우리가 그중 일부분인 몸의 지체라는 것을 보는 것이다. 만일 몸의 하나를 보았다면 감히 당을 짓지 않을 것이다. 만일 우리가 온몸의 일부분인 지체임을 보았다면, 감히 우리 자신을 정당화하지 않을 것이며, 독립적인 지체들로서 우리가 하나의 단위가 될 수 있다고 여기지도 않을 것이다. 오직 전체적인 몸만이 한 단위가 될 수 있다. 지체들인 우리 자신은 너무 작고, 너무 불충분하다. 하나님께서 우리의 개인주의에서 우리를 구원하시기를! 그럴 때 우리는 그분께 유용한 사람이 될 수 있을 것이다.

그리스도께서 교회를 사랑하심

이제 에베소서 5장 28-29절을 읽어 보자. "이와 같이 남편들도 자기 아내 사랑하기를 제 몸같이 할지니 자기 아내를 사랑하는 자는 자기를 사랑하는 것이라 누구든지 언제든지 제 육체를 미워하지 않고 오직 양육하여 보호하기를 그리스도께서 교회를 보양함과 같이 하나니." 남편은 왜 자기 아내를 사랑해야 하는가? 그것은 아내를 사랑하는 것이 바로 자기 몸을 사랑하는 것이기 때문이다. 사람이 자기 몸을 항상 보양하고 돌보는 것처럼, 그리스도도 마찬가지로 그분의 교회를 보양하고 돌보신다. 그리스도께서 보시기에 교회는 그분의 몸이고 그분의 뼈 중의 뼈요, 살 중의 살이다. 교회가 그분 자신이므로 교회는 그리스도의 몸이요, 오늘날 교회에 대한 그분의 일은 교회를 보양하고 돌보시는 것임을 보여 준다. 우리 모두가 그리스도에게서 나왔으므로 그리스도는 분명 우리를 보양하고 돌보실 것이다. 우리가 자신을 보양하고 돌보는 것처럼 그리스도도 그와 같이 우리를 보양하고 돌보신다. "누구든지 언제든지 제 육체를 미워하지 않고(엡 5:29)." 이것은 사실이다. 무릇 온전한 사람이라면, 손에 병이 있으면 손을 돌볼 것이고, 발에 병이 있으면 발을 돌볼 것이다. 사람은 항상 자신을 돌보고 보양한다. 마찬가지로 그리스도께서 교회를 사랑하심도 교회가 바로 그분 자신이기 때문이다.

다시 25-27절을 읽어 보자. "남편들아 아내 사랑하기를 그리스도께서 교회를 사랑하시고 위하여 자신을 주심같이 하라 이는 곧 물로 씻어 말씀으로 깨끗하게 하사 거룩하게 하시고 자기 앞에 영광스러운 교회로 세우사 티나 주름 잡힌 것이나 이런 것들이 없이 거룩하고 흠이 없게 하려 하심이니라." 이 세 구절은 교회가 그리스도의 신부임을 말한다. '자기 앞에 … 세우사'는 마치 하나님이 하와를 아담 앞으로 이끄신 것과 같이 교회를 인도하여 자신 앞에 세우려고 하신다는 것이다. 그러나 자신 앞에 세우심은 장래에 있을 것이며 오늘날 교회는 아직 그 단계에 이르지 않았다. 오늘날 그리스도는 교회 중에서 한 걸음 한 걸음 전진하고 계시며 그날에 가서야 비로소 교회를 그분 앞에 영광스러운 교회로 세우실 것이다. 바꿔 말하면, 25절에서 27절은 구속으로부터 왕국으로 나아가는 노정을 언급하고 있다. 교회는 그날에 이르러 영광스럽게 그분 자신 앞에 세워질 수 있도록 지금 조금씩 조금씩 단장되는 중에 있다.

왜 여기에서 '교회를 … 물로 씻어'라고 했는가? 왜냐하면 이것은 에베소서 5장이지 창세기 2장이 아니기 때문이다. 하나님의 교회에 대한 가장 높은 계시는 에베소서에 있다. 에베소서의 특징은 죄인의 구원에서부터 말하기 시작하는 것이 아니라 영원 안에서의 선택에서부터 말하기 시작한다는 것이다. 로마서 1장은 죄로부터 말하며 우리가 어떻게 범죄하였고, 어떻게 구원을 받았는지를 말한다. 그러나 에베소서 1장은 영원 전에 하나님이 우리를 선택하였음을 말하고, 2장에서 비로소 죄의 문제를 언급한다. 에베소서는 우리에게 두 노선—영원 전부터 영원까지의 노선과 사람의 타락부터 구속까지의 노선—을 말한다. 에베소서는 탁월한 어떤 것을 우리에게 보여 준다. 즉 교회가 어떻게 그리스도에게서 나왔고, 어떻게 창세전에 선택되었으며, 또한 어떻게 영원 안에서 세세토록 그리스도의 영광을 나타내는지를 말한다. 동시에 에베소서는 사람의 타락이 사실이고, 범죄도 사실이고, 천연적인 생명의 존재도 사실임을 우리에게 보여 준다. 그러므로 5장에서는 우리가 거룩해질 때까지 그리스도께서 우리를 물로 씻어 말씀으로 깨끗게 하실 것임을 말하고 있다. 그분은 우리를 회복하여 그분의 영원한 뜻에 완전히 일치되는 단계에 이르기를 원하신다.

한 면으로 우리는 교회는 결코 실패, 범죄함, 타락함이 없고 죄를 만진 적도 없으며 영원 과거에서 영원 미래까지 곧고 바른 노선에 있음을 보아야 한다. 다른 한 면에서, 우리는 죄인들이고 은혜로 구원 받은 사람들이므로 말씀 안에서 물로 씻음이 필요하다는 것을 보아야 한다. 우리는 최고도에 이르기까지 그분의 말씀으로 거룩하게 되고 회복되기 위해 그분의 생명이 필요하다. 하나님이 우리에게 은혜를 주사 우리로 그 극점에 이르게 하시기를 원한다.

(1) 교회를 물로 씻어 말씀으로 깨끗게 하심

우리는 여기에서 말한 '물로 씻어 말씀으로 깨끗케 하사'라는 말씀을 주의해야 한다. 신약에는 '말씀'을 언급하기 위해 사용된 두 개의 헬라어 단어가 있다. 하나는 '로고스(logos)'인데 이것은 일반적인 말씀이다. 또 하나는 '레마(rhema)'인데, 성경에는 동일하게 '말씀'이라고 번역되어 있으나 '로고스'와는 사뭇 다른 의미이다. '로고스'는 영원토록 정해진 것, 그리고 객관적인 방식으로 사용된 것을 가리킨다. 이것은 우리가 일반적으로 사용하며, 기독교에서도 일반적으로 알려진 '말씀'이다. 그러나 '레마'는 즉각적으로 말해 내어진 '말씀'이다. '레마'는 '로고스'보다 더 주관적이다. 신약 몇 군데에서 '레마'가 사용된 곳을 살펴보기로 하자.

마태복음 4장 4절: "예수께서 대답하여 가라사대 기록되었으되 사람이 떡으로만 살 것이 아니요 하나님의 입으로 나오는 모든 말씀으로 살 것이라 하였느니라 하시니."

이곳의 말씀은 '로고스'가 아닌 '레마'의 말씀이다. 우리가 보통 성경은 하나님의 말씀이라고 할 때에는 '로고스'지 '레미'가 아니다. 우리는 사람이 떡으로만 살 것이 아니요, 성경에 기록된 하나님의 말씀으로 살 것이라고 말할 수 있는가? 그럴 수 없다. 이것은 기록된 하나님의 말씀이 소용이 없다고 말하는 것이 아니라, '로고스'—성경에 기록된 하나님의 말씀—만으로는 우리에게 소용이 없다는 것이다. 예를 들어보겠다. 어느 날 어떤 사람이 어느 어머니에게 와서 그녀의 아들이 차에 치어 거의 죽어 가고 있다고 말했다. 그녀는 즉시 요한복음을 펴서 우연히 11장 4절의 "이 병은 죽을 병이 아니다."라는 말씀을 보게 되었다. 그녀는 매우 즐거워하며 평안을 느꼈다. 그러나 그녀가 가서 보았을 때에 아들은 이미 죽어 있었다. 그렇다면 요한복음에서 말한 것은 하나님의 말씀이 아닌가? 하나님의 말씀이다. 그러나 '로고스'지 '레마'가 아니다. 그녀가 붙잡은 말씀은 특정한 상황에 하나님이 그녀에게 하신 말씀이 아니다. '로고스'와 '레마'는 비록 하나님의 말씀이지만, 전자는 성경 안에 객관적으로 기록된 하나님의 말씀이며, 후자는 특정한 경우에 하나님이 우리에게 하신 말씀이다.

로마서 10장 17절은 "그러므로 믿음은 들음에서 나며 들음은 그리스도의 말씀으로 말미암았느니라."고 했다. 이곳의 말씀은 '레마'지 '로고스'가 아니다. 이 말씀의 뜻은, 반드시 그리스도가 우리 안에서 말씀하셔야 비로소 우리가 믿을 수 있다는 것이다.

요한복음 3장 16절은 우리 많은 사람들이 외울 줄 알고 심지어 십

년 혹은 이십 년 동안 알아 온 말씀이다. 이것은 하나님의 말씀인가? 틀림없이 하나님의 말씀이다. 그러나 이것은 '로고스'이다. 어느 날, 당신은 성경을 읽다가 예전과 다름을 느꼈다. "하나님이 세상을 이처럼 사랑하사 …." 하나님이 다만 세상을 사랑하시는 것이 아니라 '나'를 사랑하심을 느꼈다. "독생자를 주셨으니". 하나님은 세상에 그분의 아들을 주신 것이 아니라 '나'에게 주셨음을 느낀다. "이는 저를 믿는 자마다 …". 그분을 믿는 어떤 사람이 아니라 그분을 믿는 '나'임을 느낀다. "멸망치 않고 영생을 얻게 하려 하심이라." '내'가 멸망하지 않을 것이며, 심지어 지금 '내'가 영생을 얻었음을 느낀다. 이것이 '레마'의 말씀이다. 하나님이 우리에게 말씀하심과 동시에 우리가 믿음을 갖게 된다. 그러므로 우리는 하나님께 구해야 한다. "하나님, 만일 당신이 우리에게 은혜를 주시려면 '레마'의 말씀을 주시기를 간구합니다." 이것은 '로고스'가 결코 소용이 없다는 말이 아니다. '로고스'는 명확한 용도가 있다. 우리에게'로고스'가 없다면 결코 '레마'를 가질 수 없다. 하나님의 모든 '레마'는 '로고스'에 근거한다. 요한복음 3장 16절이 하나님의 말씀이 아니라고 말할 수 없다. 그러나 하나님의 말씀(로고스)이 당신에게 하시는 말씀(레마)이 되어야 비로소 당신이 믿음을 갖게 되고 모든 상황도 변하게 된다.

요한복음 6장 63절 : "내가 너희에게 이른 말이 영이요 생명이라." 유대인들에게는 하나님의 '로고스'가 없었는가? 있었다. 유대인들은 구약의 계명을 매우 잘 알고, 암송할 수 있었지만 그들에게 소용이 없었다. 오직 주님이 그들에게 하시는 말씀만이 영이요, 생명인 것이다. '레마'만이 영이요, 생명이다.

마가복음 14장 72절 : "닭이 곧 두 번째 울더라 이에 베드로가 예수께서 자기에게 하신 말씀(레마) 곧 닭이 두 번 울기 전에 네가 세 번 나를 부인하리라 하심이 기억되어 생각하고 울었더라." 베드로는 예수님이 그에게 하신 말씀 곧 '레마'를 상기했던 것이다. '레마'는 그가 기억하고 있고 생각해 낼 수 있는 말씀이었다. 베드로가 거짓말을 하는 동안, 갑자기 '레마'가 왔으며 주님의 그 한 구절의 말씀이 임했던 것이다. '레마'는 주님이 일찍이 하셨던 말씀을 이제 다시 말씀하시는 것이다.

누가복음 1장 38절 : "마리아가 가로되 주의 계집종이오니 말씀대로 내게 이루어지이다 하매 천사가 떠나가니라." 이곳의 말씀도 '레마'이다. 여기는 이사야 7장 14절의 "처녀가 잉태하여 아들을 낳을 것이요"라는 예언의 말씀이 아니라 천사가 특별히 마리아에게, "네가 수태하여 아들을 낳으리니(눅 1:31)"라고 한 말씀이다. 마리아가 이 말씀을 들었을 때 비로소 능력이 있었고 성취될 수 있었다.

누가복음 2장 29절 : " 주재여 이제는 말씀하신 대로 종을 평안히 놓아 주시는도다." 이곳의 말씀도 '레마'이다. 원래 주 예수님이 아직 오시기 전에 하나님의 말씀이 시므온에게 있었는데, 그 내용은 '네가 주가 세운 그리스도를 보기 전에는 죽지 않을 것이다.'라는 것이다. 그 날 시므온은 주 예수님을 보았고, 그래서 그는 이렇게 말했다. "주재여 이제는 말씀하신 대로 종을 평안히 놓아 주시는도다." 시므온에게는 주님의 '레마'가 있었으며, 이것은 성경의 몇 장 몇 절에 말씀하신 것이 아니라 바로 그 날 주님이 시므온에게 말씀하신 어떤 말씀인 것이다. 단지 성경 몇 장 몇 절의 말씀으로는 부족하고 주님이 우리에게 말씀하신 그 말씀만이 비로소 유용하다. '레마'는 우리에게 어떤 것, 즉 마땅히 제거되어야 할 것이 무엇이고 정결케 되어야 할 것이 무엇인지를 개인적이고 직접적으로 계시한다. 우리는 명확하게 이 문제를 추구해야 하는데, 왜냐하면 우리 그리스도인의 생활은 바로 이 '레마'에 근거를 두고 있기 때문이다. 하나님이 나에게 무엇을 말씀하셨고, 대체 어떻게 말씀하셨는가? 우리가 기억해야 할 것은, 오늘날의 기독교는 여전히 개인적인 계시의 기독교라는 것이다. 만일 주님이 사람 안에서 말씀하시지 않으면 그것은 기독교가 아니고 신약도 아니다.

누가복음 3장 2절: "안나스와 가야바가 대제사장으로 있을 때에 하나님의 말씀이 빈 들에서 사가랴의 아들 요한에게 임한지라." 여기에서의 말씀도 역시 '레마'이다.

누가복음 5장 5절: "시몬이 대답하여 가로되 선생이여 우리들이 밤이 되도록 수고를 하였으되 얻은 것이 없지마는 말씀에 의지하여 내가 그물을 내리리이다 하고." 여기의 '말씀'도 주님이 그 상황에서 하신 말씀이며 주님이 시몬에게 개인적으로 하신 말씀이므로 '레마'이다. 주님이 시몬에게 그물을 내리도록 성경 몇 장 몇 절에서 말씀하시지 않았다. 만일 오늘날 어떤 사람이 마태복음 14장 29절 말씀을 인하여 바다에 가서 바다 위를 걷기를 시도한다면 반드시 물에 빠질 것이다. 이는 그것이 주님이 오늘 하신 말씀이 아니라 당시에 하셨던 말씀이기 때문이다. 참으로 하나님이 과거에 하신 말씀과 지금 하신 말씀은 동일하게 권위를 갖고 있고 결코 변함이 없다. 그러나 중요한 것은 하나님이 오늘날 당신에게 그 말씀을 하시는가이다.

누가복음 24장 8절 : "저희가 예수의 말씀(레마)을 기억하고." 무엇이 '레마'인가? '레마'는 주님이 전에 말씀하신 것을 지금 다시 말씀하시는 것이다. '레마'는 간단히 말해서 주님이 거듭하시는 말씀이요, 살아 있는 말씀이다.

사도행전 11장 16절 : "내가 주의 말씀(레마)에 요한은 물로 세례 주었으나 너희는 성령으로 세례받으리라 하신 것이 생각났노라." 베드로가 고넬료의 집 안에 있는 사람들에게 말씀을 전할 때 주님의 영이 그들에게 임했고, 주님의 말씀이 베드로에게 임했다. 베드로가 일부러 그의 기억 속에서 생각한 것이 아니라 바로 주님이 다시 그에게 말씀하신 것이다. "요한은 물로 세례를 주었으나 너희는 성령으로 세례를 받으리라."

우리가 줄곧 소중하게 여기는 한 가지는, 주님이 오늘날에도 여전히 말씀하고 계신다는 것이다. 주님은 성경에서 말씀하셨고, 바울과 요한에게 말씀하셨을 뿐 아니라, 또한 오늘 우리에게 말씀하신다. 주님의 말씀하심은 멈춘 적이 없다. 주님의 일을 하는 사람들은 그분을 위해 말하기 위해 일어설 때마다 항상 '레마'가 있기를 소망해야 한다. 만일 주님이 오늘 말씀하시지 않으면 우리는 실패할 것이다. 얼마나 많은 경우에 우리가 말씀을 전해 왔지만, 정작 주님은 한마디도 안 하셨던가? 문제는 메시지가 틀린 것이 아니라, 그것이 주님의 일반적인 말씀이었을 뿐, 그 안에 '레마'는 없었다는 것이다. 오늘날 교회의 문제는 주님의 살아 있는 말씀이 부족하고, 대신에 죽은 교리만이 있다는 것이다. 하나님과의 직접적인 교통이 정말 부족하다. 오로지 잠깐의 사람의 설교만이 있을 뿐이다. 수많은 사람들이 '선한 교리' 아래 죽어 있으니 얼마나 애석한가. 하나님이 우리를 긍휼히 여기사 우리에게 '레마'를 주시기를. 그분이 오늘날 우리에게 개인적이고도 직접적으로 말씀하시기를. 오직 우리에게 '레마'가 있을 때만이 우리가 앞으로 나아갈 수 있고 다른 이들을 공급할 생명수를 갖게 된다. 우리에게 얼마나 '레마'가 필요한지.

하나님의 영원한 계획 안에 있는 교회는 죄가 없고 죄의 역사가 없으며, 완전히 영적인 것이고, 전적으로 그리스도에게서 나온 것이다. 그러나 교회 역사상 실지 상황은 어떠한가? 우리는 교회가 완전히 그리스도에게서 나온 것은 아니며 많은 요소가 땅에 속했음을 안다. 그러면 그리스도는 어떻게 교회를 완전한 단계로 인도하실 수 있는가? 그분은 물로 씻어 말씀—'레마'—으로 우리를 정결케 하신다. 앞에서 우리가 말한 바와 같이 물은 생명, 즉 속죄와 관계없는 그리스도의 죽음의 방면을 통해 해방된 생명을 가리킨다. 그리스도는 우리를 정결케 하기 위해 그분의 말씀, 그분의 '레마' 안에서 그분의 생명을 사용하신다.

그리스도께서 우리를 그분의 말씀을 통해 생명으로 정결케 하신다는 의미는 무엇인가? 첫째로, 우리는 하나님의 관점에서 교회의 문제를 보아야 한다. 교회의 결점은 그리스도를 너무 조금 얻은 데 있지 않고, 그리스도 외의 것이 너무 많은 데에 있다. 하나님의 뜻 가운데 있는 교회는 전적으로 그리스도에게서 나오며, 죄가 없고, 육체가 없으며, 그 안에 천연적인 생명이 없다. 그러나 우리의 실지 상황은 어떠한가? 참으로 그리스도에게 속한 우리 각 사람에게는 모두 온전한 그리스도의 분깃을 어느 정도 갖고 있으며, 이것을 인해 우리는 하나님께 감사해야 한다. 그러나 이 부분 외에 또한 그리스도에게서 나오지 않은 많은 부분들이 있다. 다른 수많은 것들이 있기 때문에 우리는 깨끗하게 씻겨질 필요가 있다. 씻는다는 의미는 무엇인가? 씻는다는 의미는 더하는 것이 아니라 감하는 것이다. 만일 더하는 것을 의미한다면 그것은 염색이 될 것이다. 창세기 2장의 하와는 씻을 필요가 없었다. 왜냐하면 그것은 하나님의 계획 안의 교회를 예표하기 때문이다. 그러나 만일 우리가 자신을 씻음 받을 필요가 없다고 생각한다면, 그것은 자신을 속이는 것이다. 하나님의 계획은 우리를 더 이상 씻을 필요가 없는 정도까지 이끄시는 것이다. 그러나 오늘 우리는 여전히 씻음 받을 필요가 있다.

하나님은 어떻게 씻으시는가? 그분은 그분 자신의 말씀을 통해 그분의 생명으로 씻으신다. 많은 경우에 우리는 어떤 부분이 씻겨져야 하는지를 모른다. 그러나 어느 날, 우리 속의 생명이 우리를 그냥 통과시키지 않고 얼마 안 되어 말씀 곧 '레마'의 말씀이 와서 우리로 하여금 반드시 어떤 일을 처리하도록 하신다. 한 면으로 생명이 우리를 만지고, 다른 한 면으로는 말씀이 우리에게 말씀하신다. 때때로 우리가 어떤 일을 하고 있을 때, 외적으로 결코 틀리지 않고, 도리에 비추어 보아도 역시 합당한 것인데도 우리 안에 어떤 것이 계속 당신을 만지며 통과시키지 않을 것이다. 결국 주님은 우리에게 '레마', 즉 하나님의 강력한 말씀으로 말씀하시게 되며, 이것은 우리에게 어떤 일을 반드시 처리해야 하고 씻음 받아야 한다고 말씀하신다. 한 면으로 이것은 생명이며, 또 다른 면으로는 주님의 말씀이다. 때로는 순서가 바뀌기도 한다. 처음에 우리가 어떤 일을 하려 할 때 어떤 느낌이 없다. 사실, 우리는 모든 것이 좋다고 느낀다. 그러나 '레마', 곧 주님의 말씀이 우리에게 임할 때 이 일이 잘못된 것이라고 말하며 그때 우리 안의 생명은 우리에게 그것을 처리하기를 요구하신다. 이것이 우리의 매일의 생활이다. 먼저 주님의 생명이 우리가 어떤 일을 하는 것을 허락하지 않으며, 그 후에 말씀이 온다. 또는 먼저 말씀이 오고, 그 후에 생명이 따라와 우리가 그것을 처리하도록 요구하신다. 그러나 언제나 우리를 거룩게 하는 것은 말씀 안에 있는 물의 씻음이다.

그러므로 우리가 성장할 수 있느냐 없느냐는 생명과 '레마'에 대한 우리의 태도가 어떠한지에 달려 있다. 만일 우리에게 생명 안의 어떤 느낌이 있다면 결코 그 느낌을 내려놓지 말고, 주님께 "주여, 나에게 '레마'의 말씀을 주사 어떻게 이 상황을 처리해야 할지 알게 하소서."라고 말해야 한다. 만일 주님이 먼저 우리에게 '레마'를 주신다면 우리는 주님께 문제를 처리할 수 있는 생명을 공급해 달라고 간구해야 한다. 만일 우리가 이렇게 주의하고 소홀히 하지 않는다면, 주님은 그분의 말씀의 물로 우리를 씻어 깨끗게 하실 것이다.

교회가 주님 앞에서 물로 씻음 받음으로 정결케 된다는 것은 곧 그리스도의 생명이 그리스도에게서 나오지 않은 부분을 처리하신다는 뜻이다. 천연적인 생명과 그리스도에게서 나오지 않은 것은 모두 정결케 되어야 한다. 거룩게 함은 오직 정결케 함 뒤에만 올 수 있으며, 정결케 함의 근거는 주님의 말씀(레마)에 있다. 만일 주님의 말씀을 모른다면 정결케 되거나 거룩하게 될 수 없다. 우리가 그리스도인이 된 이후로 우리의 지식은 외부에서 오는 것인가 아니면 속에서 오는 것인가? 우리가 하나님의 뜻을 아는 것은 안에서부터인가 아니면 밖에서부터인가? 많은 어려운 점이 여기에 있다. 즉 하나님의 말씀이 없다는 것이다. 그리스도의 몸이 건축될 수 없는 원인은 바로 우리가 단지 외적인 어떤 것만 갖고 있고, 안의 것이 없기 때문이다. 그리스도인의 믿음의 모든 근거는 주님의 말씀하심에 있다. 교회가 성장할 수 있느냐 없느냐의 관건도 모두 주님의 말씀하심에 달려 있다. 우리의 기도의 중점은 바로 주님이 말씀하시기를 바라는 것이어야 한다. 주님이 말씀하심은 우리로 하여금 하나님의 영원한 목적에 이르게 한다. 오늘날의 교회는 창세기 2장에 있는 하와가 아니다. 왜냐하면 교회가 이미 타락한 상태 안에 있기 때문이다. 그러므로 주님은 말씀 안의 물로 우리를 씻어 정결케 하셔야만 한다.

하나님의 뜻 가운데 있는 교회와 체험 가운데 있는 교회는 전혀 별개이다. 하나님의 계획 안에 있는 교회는 완전히 죄가 없고, 결코 죄를 알지도 못하며, 죄의 역사가 없다. 그것은 죄를 초월하고, 죄의 흔적조차도 없으며 완전히 영적인 것으로서 전적으로 그리스도에게서 나온 것이다. 그러나 역사적으로 교회는 이미 실패했고 하락했다. 오늘날 주님은 바로 타락한 사람들 중에서 일하시어 사람을 당초 그분의 뜻 가운데 있는 교회로 이끄신다. 주님은 이 타락하고, 부패하고, 황량하고, 죄가 충만하고, 완전히 오염된 사람들 중에 일하시어 이러한 무리들 중에서 한 교회를 얻기 원하신다. 그분은 영원 과거에 목적하신 상태로 그들을 회복하시어, 영원 미래에 그분의 갈망을 충족시키고자 하신다. 그분의 놀라운 일 안에서 주님은 그분 자신의 말씀을 도구로 사용하시어 교회를 하나님의 본래의 목적으로 되돌리고자 하신다. 주님의 말씀을 소홀히 하지 않기 바란다.

우리가 기억해야 할 것은 곧 지식과 영적인 분량은 별개의 것이라는 사실이다. 모든 교리와 신학과 지식과 교훈 등이 단지 이 사람에게서 저 사람에게로 전달되는 것에 불과하고, 또는 저 사람에게서 이 사람에게로 전달되는 것에 불과하다면 별로 소용이 없는 것이다. 참된 성장은 우리가 하나님으로부터 직접적으로 말씀을 얻는 것에 달려 있다. 하나님은 그분의 일을 하시기 위해 '레마'를 사용하시며, 우리에게 말씀하시기를 갈망하신다. 그러므로 만일 우리가 성경을 다만 지식을 얻기 위해서 읽는다면 그것은 참으로 가련한 것이다. 만일 그렇다면 우리는 끝난 것이다. 성경의 진정한 가치는 하나님이 그것을 통하여 사람에게 말씀하실 수 있는가에 달려 있다. 우리가 만일 주님의 손안에서 유용한 사람이 되고자 한다면, 주님이 우리에게 하시는 말씀이 있어야 한다. 우리의 건축이 영적인가 그렇지 않은가는 주님이 우리에게 말씀하시는가 그렇지 않은가에 달려 있다. 지식과 교리는 모두 영적인 가치가 없으며 오직 주님이 우리에게 하신 말씀만이 우리에게 영적인 가치가 있다. 교회가 하나님을 실망시키고 그분의 뜻을 저버리며 타락한 상태에 머물러, 어찌 우리가 지식과 교리들로 만족할 수 있겠는가! 하나님이 우리를 긍휼히 여기시며 은혜를 베푸시기를. "주여, 당신이 나에게 말씀해 주시기 원합니다." 우리가 이런 기도를 하기 바란다. 모든 밖의 말씀, 다른 사람이 우리에게 준 모든 말씀들은 비록 그것을 천 번, 만 번 되풀이한다 하더라도 소용이 없다. 오직 '레마'만이 가치가 있다. 다른 사람이 우리에게 어떤 것을 하라고 해서 그것을 한다면 우리는 율법을 지키는 것이지 신약에 있는 것이 아니다. 두뇌가 총명한 어떤 사람은 로마서를 '구원'과 '의롭다 하심' 등등 여러 부분으로 나눌 수 있다. 그러나 그의 안에 한 가지 큰 결점이 있는데 그것은 바로 하나님이 그에게 말씀하시지 않았다는 것이다. 어떤 이가 지식을 가질 수는 있지만 하나님의 말씀은 없을 수도 있다. 많은 사람들이 성경에 대한 지식과 교리에 대한 이해를 가지고 있으면 영적이라고 생각한다. 이런 일은 없다. 성경 지식은 결코 영에 속한 것을 대치할 수 없다. 오직 하나님이 우리에게 개인적이고 직접적으로 하시는 말씀만이 참된 가치가 있다. 하나님이 그분의 말씀을 통해 우리에게 말씀하실 때 우리는 빛 비춤 받고, 그분의 말씀을 통해 우리가 거룩하게 되며, 그분의 말씀을 통해 우리가 자라게 된다. 우리는 무엇이 살아 있는 말씀이며 무엇이 죽은 것인지, 무엇이 지식이며 무엇이 영적인 것인지를 분명히 알아야 한다. 살아 있지 않은 모든 것은 영적인 가치가 없는 것이다. 우리에게 만일 '레마' 곧 하나님의 살아 있는 말씀하심이 있다면 우리는 정결케 되어 거룩게 될 것이다.

(2) 영광스러운 교회로 세움

그리스도가 정결케 하시며 거룩게 하시는 목적은 무엇인가? 바로 어느 날 "자기 앞에 영광스러운 교회로 세우시기를" 원하시기 때문이다(엡 5:27). 그리스도께서는 교회가 예비되어 그분 앞에 세워지기를 기다리고 계신다. "영광스러운 교회로 세우사"의 원래 의미는 교회를 영광 안으로 이끌어 오신다는 뜻이다. 다른 말로 하면 교회가 영광으로 옷 입게 될 것이라는 뜻이다. 에베소서 4장에서는 교회가 믿는 것에 하나가 되어 그리스도의 장성한 분량이 충만한 데까지 이르러야 한다고 말한다(13절). 그리고 5장에서는 교회가 그리스도께 드려지기 위해 영광으로 옷 입게 될 것임을 말한다. 하나님은 온 교회가 이러한 상태로 끌어올려지기를 원하신다. 실로 이것은 위대한 일이다. 우리가 오늘날 교회의 상황을 본다면, 우리는 어떻게 이 일이 이루어질 수 있겠느냐고 말할지도 모른다. 심지어 하나님의 의도를 의심하게 될지도 모른다. 그러나 주님은 일하고 계신다. 어느 날 교회는 믿음의 하나에 도달할 것이며, 그리스도의 장성한 분량에 이를 것이다. 또한 영광으로 옷 입혀져 그리스도 앞에 세워질 것이다. 이것이 주님이 얻기 원하시는 것이며, 우리 또한 얻기 원하는 것이다.

이 영광스러운 교회는 "티나 주름 잡힌 것이나 이런 것들이 없이 거룩하고 흠이 없게" 될 것이다(엡 5:27). '티 … 없는'의 원문의 의미는 '점이 없는' 또는 '흠이 없는'이라는 뜻이다. 주님은 마치 교회가 결코 어떤 점이나 더러움을 갖지 않은 것 같은 그런 정도까지, 또한 결코 범죄한 적이 없고 어떤 죄의 흔적을 발견할 수 없을 정도까지 우리를 깨끗게 하실 것이다.

티가 없을 뿐 아니라 또한 주름 잡힌 것이 없다. 어린아이와 청년들은 주름이 없다는 것을 모두 알고 있다. 어떤 사람에게 주름이 있다는 것은 그가 늙었다는 것을 나타낸다. 주님은 교회가 조금도 늙은 것이 없고 어느 한 가지도 옛것이 없이 모든 것이 새로움에 이르도록 이끌기 원하신다. 어느 날 교회가 주님 앞에 설 때, 마치 결코 죄를 범한 적이 없고 범죄의 역사조차도 없으며 전혀 점이나 주름 잡힌 것이 없는 것 같을 것이다. 처음에 하나님이 창조하실 때 교회가 어떠했던 것처럼 장래에도 그러할 것이다.

교회는 티나 주름 잡힌 것이 없을 뿐 아니라, 그 아래에 몇 가지의 '이런 것들'이 없을 것이다. 헬라어에 따라 이것은 '이런 종류의 여러 가지 결점'이라고 번역될 수 있다. 이것은 즉 티나 주름이 없을 뿐 아니라, 더욱 '이런 종류의 여러 가지 결점'조차도 없고 아무 결점도 없다는 의미이다. 하나님은 어느 날 교회가 완전히 영광스러운 상태에 이를 때까지 이끄실 것이다.

게다가 교회는 '거룩하고 흠이 없게' 된다고 말한다. 헬라어의 의미에 따라 '교회는 거룩하고 결백하게 되어 질 것'이라고 읽을 수도 있다. 하나님은 교회를 어떤 방면에서도 흠잡을 수 없는 상태로 이끌기를 원하신다. 세상이 교회에 대해서 흠잡을 수 없고, 사탄도 할 말이 없고, 만물도 할 말이 없고, 하나님 자신조차도 할 말이 없게 될 정도로 이끌어 가실 것이다. 그날에 교회가 영광스러워 질 때, 교회는 그리스도의 신부가 될 것이다.

우리는 다음 두 가지를 보아야 한다. 첫째로, 오늘날 우리는 그리스도의 몸이다. 그리스도는 그분의 몸인 우리를 깨끗게 하시고 예비하사 하나님이 영원 과거 안에서 정하신 그러한 교회가 될 수 있게 하신다. 둘째로, 때가 차면 그리스도께서 오시며 우리는 그분 앞에 그분의 신부인 영광스럽고 온전한 교회로 세워질 것이다. 그러므로 먼저는 몸을 이루는 일이 이 땅에서 이루어지고, 그다음에 신부를 완성하는 일이 영광 안에서 이루어지는 것이다. 지금은 깨끗하게 되어야 할 때이며 '레마'가 필요한 때이다. 직접적인 계시를 받은 적이 없는 그리스도인은 하나님을 지연시킨다. 우리가 주님의 말씀하심을 결코 들은 적이 없다면, 우리는 그분이 은혜를 쏟아부어 주시는 것을 방해하고 있는 것이다. 하나님께서 우리를 긍휼히 여기사 우리가 그분을 방해하는 사람이 되지 않게 하시기를 바란다. 도리어 하나님께서 우리가 그분의 말씀을 들을 수 있는 사람이 되게 하시고 우리가 전진할 수 있게 하심으로, 교회가 그리스도의 신부가 될 수 있는 단계에 이를 수 있게 하시기 원한다.

하나님 앞에서 교회의 일과 책임

에베소서는 하나님이 영원 전부터 계획하셨던 교회를 보여 준다. 5장에서는 교회가 어떻게 티나 주름 잡힌 것이나 그런 것들이 없이 거룩하고 흠이 없는 교회가 되는가를 말한다. 6장에서는 교회의 실제적인 역사가 무엇인지를 말한다. 즉 교회의 실제적인 역사가 영적인 전쟁임을 말해 준다.

에베소서 6장 10-12절을 읽을 때 교회의 일과 책임이 영적인 전쟁임을 알 수 있다. 이 전쟁의 상대는 혈과 육에 속한 것이 아니고 공중에 거하는 영적인 존재들이다. 더 나아가서 13절과 14절은 "그러므로 하나님의 전신갑주를 취하라 이는 악한 날에 너희가 능히 대적하고 모든 일을 행한 후에 서기 위함이라 그런즉 서서 …."라고 말한다. 여기에서는 우리가 공격하는 것이 아니라 서야 함을 말하고 있다. 영적인 전쟁은 방어하는 것이지, 공격하는 것이 아닌데, 이는 주 예수님이 이미 전쟁을 치르셨고, 승리하셨기 때문이다. 교회의 이 땅에서의 일도 단순히 주님의 승리를 유지하는 것이다. 주님은 이미 싸움에서 승리하셨고, 교회는 그분의 승리를 지키기 위해 여기 있다. 교회의 일은 마귀를 이기는 것이 아니라 주님께 패배한 마귀를 대적하는 것이다. 교회의 일은 강한 자를 묶는 일이 아니다. 강한 자는 이미 결박되었다. 따라서 교회의 일은 그를 결박당한 데서 풀려나지 못하게 하는 것이다. 공격할 필요가 없고 다만 방어만으로 충분하다. 영적 전쟁의 시발점은 그리스도의 승리 위에 서는 것, 즉 그리스도께서 이미 승리하신 것을 보는 것이다. 마귀를 대적하는 것이 아니라 바로 주님을 신뢰하는 것이다. 그것은 승리를 얻기를 바라는 것이 아니라 이미 승리를 얻은 것이다. 마귀는 아무것도 할 수 없다.

교회의 일과 책임은 영적인 전쟁이고, 그것은 하나님의 권위와 사탄의 권세와의 다툼의 문제이다. 그러므로 우리는 교회와 하나님의 왕국과의 관계를 보기로 하겠다.

어떤 이들은 하나님의 왕국이 단지 보상의 문제라고만 생각한다. 이것은 하나님의 왕국을 너무 낮게 평가하는 것이다. 주님이 우리에게 하나님의 왕국이 무엇인지에 대해서 해석하신 적이 있다. "그러나 내가 하나님의 성령을 힘입어 귀신을 쫓아내는 것이면 하나님의 나라(kingdom)가 이미 너희에게 임하였느니라(마 12:28)." 무엇이 하나님의 왕국인가? 바로 하나님의 능력으로 사탄의 능력을 정복하는 것이다. 마귀가 어느 곳에 더 이상 서 있지 못하게 되면 하나님의 왕국이 바로 거기에 임하는 것이다. 마귀가 쫓겨난 곳이 바로 하나님의 왕국이 임한 곳이다.

계시록 12장 9-10절에는 "큰 용이 내어 쫓기니 옛 뱀 곧 마귀라고도 하고 사단이라고도 하는 온 천하를 꾀는 자라 땅으로 내어 쫓기니 그의 사자들도 저와 함께 내어 쫓기니라 내가 또 들으니 하늘에 큰 음성이 있어 가로되 이제 우리 하나님의 구원과 능력과 나라(kingdom)와 또 그의 그리스도의 권세가 이루었으니 우리 형제들을 참소하던 자 곧 우리 하나님 앞에서 밤낮 참소하던 자가 쫓겨났고"라고 말한다. 우리는 10절의 '왜냐하면(for)'을 주의해야 한다. 하나님의 왕국이 임할 수 있는 이유는 '왜냐하면' 사탄이 하늘에서 쫓겨났고, 그가 그의 거처를 잃어버렸으므로 더 이상 거기에 있을 수 없기 때문이다. 그러므로 이제 하늘에 큰 음성이 있어 "이제 우리 하나님의 구원과 능력과 나라와 그의 그리스도의 권세가 이루었다."고 말했다. 사탄이 거하는 곳을 떠날 때 그곳에 바로 하나님의 왕국이 임한다. 하나님의 왕국이 있는 곳에는 사탄이 거할 수 없다. 그러므로 성경에서 하나님의 왕국에 대한 첫 번째 주된 의미는 사탄을 처리하는 것과 관계 있다.

바리새인들이 하나님의 나라가 언제 임하느냐고 물었을 때, 주 예수님은 대답하시기를, "하나님의 나라(The kingdom of God)는 볼 수 있게 임하는 것이 아니요 또 여기 있다 저기 있다고도 못하리니 하나님의 나라는 너희 안에 있느니라(눅 17:20-21)."고 하셨다. 주님이

"하나님의 나라는 너희 안에 있느니라"고 말씀하신 것은 무슨 의미인가? 그 의미는 "내가(주님이) 여기에 서 있다!"는 의미이다. 누구나 바리새인의 마음 안에는 하나님의 왕국이 결코 임할 수 없다는 것을 알고 있지만, 그날 하나님의 왕국은 그들 가운데 있었는데, 그것은 주님이 그곳에 서 계셨기 때문이었다. 그분이 거기 계시기 때문에 사탄은 거기에 있을 수 없었다. 주 예수님은 말씀하시기를 "저는 내게 관계할 것이 없으니(요 14:30)"라고 하셨다. 그분이 계시는 곳마다 사탄은 반드시 떠나야 한다. 누가복음 4장에 어느 귀신 들린 사람이 있는데, 그가 주님을 보았을 때 반응이 어떠했는가? 주님은 아직 귀신을 쫓아내려고 하시지도 않았는데, 그는 외쳐 말하기를 "나사렛 예수여, 우리가 당신과 무슨 상관이 있나이까? 우리를 멸하려 왔나이까?(34절)"라고 했다. 주님이 있는 곳에 마귀는 있을 수 없다. 주 예수님 자신이 하나님의 왕국을 대표하신다. 하나님 자신이 하나님의 왕국인 것이다. 그분이 계시는 곳이 바로 하나님의 왕국이 임재하는 곳이다.

이것은 우리와 무슨 관계가 있는가? 계시록 1장 5-6절은 "우리를 사랑하사 그의 피로 우리 죄에서 우리를 해방하시고 그 아버지 하나님을 위하여 우리를 나라와 제사장으로 삼으신 그에게 영광과 능력이 세세토록 있기를 원하노라."고 말한다. 6절의 '나라'라는 단어에 주목하자. 이것은 우리에게, 그분이 계시는 곳이 바로 하나님의 왕국이 존재하는 곳이며, 더욱이 교회가 존재하는 곳이 또한 하나님의 왕국이 존재하는 곳임을 보여 준다. 여기의 중점은 장래의 보상이 아니고, 또

한 하나님의 왕국 안에서 한 사람의 지위의 높고 낮음의 문제도 아니며, 면류관의 크고 작음 등의 문제도 아니다. 여기의 중점은 하나님이 교회로 하여금 하나님의 왕국을 대표할 수 있게 하신다는 것이다.

교회의 이 땅에서의 일은 바로 하나님의 왕국을 가져오는 것이다. 교회의 모든 일은 모두 하나님 왕국의 원칙 아래 있다. 사람을 구원하는 것이 하나님 왕국의 원칙 아래 있는 것이며, 귀신을 쫓아내는 것이 하나님 왕국의 원칙 아래 있는 것이며, 모든 일이 다 하나님 왕국의 원칙 아래 있는 것이다. 무엇을 위해서 우리는 사람으로 구원받게 해야 하는가? 우리가 사람을 구원함은 단지 사람의 구원의 필요를 위해서 뿐 아니라, 하나님의 왕국을 위해서이다. 우리는 하나님 왕국의 위치에 서서 일을 하며, 하나님의 왕국을 사용하여 마귀의 능력을 처리하는 것이다.

주님은 우리에게 다음과 같이 기도하라고 하셨다. "하늘에 계신 우리 아버지여 이름이 거룩히 여김을 받으시오며 나라이 임하옵시며 뜻이 하늘에서 이룬 것같이 땅에서도 이루어지이다(마 6:9-10)." 만일 하나님의 왕국이 스스로 임할 수 있다면, 주님은 우리더러 이렇게 기도하라고 하시지 않았을 것이다. 주님이 우리로 이와 같이 기도하도록 하신 것은 이러한 것이 교회가 일한 결과임을 우리에게 보여 준다. 교회는 마땅히 복음을 전해야 하고, 교회는 더욱 기도하여 하나님의 왕국을 가져와야 하는 것이다. 아마 어떤 사람은 기도를 하든 안 하든 상관없이 하나님의 왕국이 저절로 올 것이라고 생각할지도 모른다. 그러나 우리가 하나님을 알았다면 그렇게 말할 수 없을 것이다. 하나님께서 일하시는 원칙은 반드시 그분의 백성이 먼저 움직여야 비로소 그 다음에 그분이 움직이시는 것이다.

하나님께서는 일찍이 아브라함에게 말씀하시기를, 장래 이스라엘 백성은 그들을 학대하던 나라에서 벗어나게 되리라고 하셨다. 그러나 사백삼십 년 후에 그것이 저절로 이루어진 것이 아니었다. 바로 이스라엘 백성이 하나님께 부르짖었고 하나님이 그들의 이러한 통곡을 들으셨을 때 그들을 구하러 오신 것이다. 하나님께 간구하든 안 하든 그 일이 반드시 성공할 것이라고 생각하지 말라. 하나님은 사람이 그분과 동역하는 것을 필요로 하신다. 하나님의 백성이 움직일 때, 비로소 하나님도 움직이시는 것이다. 하나님의 백성이 마땅히 떠나야 함을 보았고, 비록 모든 이스라엘 사람이 본 것이 아니라 몇몇 사람이 보았지만, 그래서 그들은 하나님께 간구하였으며 하나님은 손을 들어서 일을 하신 것이다.

주 예수님의 탄생도 역시 하나님의 백성들이 하나님과 동역한 결과이다. 예루살렘에서 어떤 사람이 늘 이스라엘의 안위자가 오시기를 소망했기 때문에 주 예수님이 비로소 탄생하신 것이다. 그러므로 하나님의 목적은 그분의 왕국을 가져오는 것이지만, 단지 하나님 편에서만 일하시는 것으로는 부족하며 또한 교회가 하나님과 동역해야 한다. 주 예수님이 다시 오실 때까지 교회는 기도를 통하여 하나님의 왕국의 능력을 해방해야 한다. 주님이 오실 때 "세상 나라가 우리 주와 그 그리스도의 나라가(계 11:15)" 될 것이다.

교회의 일이 하나님을 위해 서 있고, 사단에게 어떤 지위도 주지 않기 위한 것이라면, 우리는 어떻게 생활함으로 이 직무를 성취해야 하는가? 우리의 모든 죄가 처리되어야 하고, 모든 불의가 처리되어야 하며, 하나님에 대한 헌신도 완전해야 하고, 혼의 생명을 죽음에 넘겨야 하며, 천연적인 생명은 반드시 처리되어야 한다. 육체의 능력은 영적 전쟁에 아무런 쓸모가 없다. '나'는 사탄을 처리할 수 없고 '나'는 반드시 떠나야 한다! '내'가 나갈 때에 비로소 주 예수님이 들어오신다. '내'가 들어올 때 실패하는 것이다. 주님이 들어오실 때 승리하게 된다. 마귀는 단지 한 사람, 주님만을 알아본다. 우리는 마귀를 대항할 수 없다. 사탄의 불화살이 박힐 수 있는 곳은 바로 우리의 육체이다. 그러나 하나님께 감사한다. 우리 모두는 이미 승리하신 그리스도로 옷 입을 수 있다.

우리는 그리스도께서 다시 오실 것을 믿는다. 그러나 우리가 가만히 앉아 있기만 해도 주님이 자연히 오실 거라고 생각하지 말라. 그렇지 않다. 교회가 마땅히 해야 할 일이 있다. 우리는 그리스도의 몸이므로 그리스도와 동역하는 것을 배워야 한다. 우리는 구원받은 것으로 족하다고 생각할 수 없다. 우리는 또한 하나님의 필요를 보아야 한다. 사람의 타락이 산출한 결과는 두 방면이다. 한 방면은 사람에게 도덕적인 책임의 문제가 발생된 것이고, 또 한 방면은 사탄이 땅의 권세를 강탈한 것이다. 한 면으로는 사람으로 손상을 받게 했고 또

한 면으로는 하나님으로 손상을 받게 했다. 구속은 사람의 도덕적인 책임의 문제를 해결했고 사람의 손실의 문제를 해결했다. 그러나 하나님의 손실의 문제는 해결되지 못했다. 하나님의 손실은 구속 안에서 회복할 수 있는 것이 아니라 왕국 안에서 회복할 수 있는 것이다. 사람의 도덕적 책임의 문제는 십자가를 통해서 해결되었지만, 사탄의 통치권의 문제는 왕국이 임함으로 해결되어야 하는 것이다. 구속의 직접적인 목적은 사람을 위한 것이고, 왕국의 직접적인 목적은 마귀를 처리하기 위한 것이다. 구속은 사람이 잃어버린 것을 얻기 위한 것이고, 왕국은 사탄이 얻은 것을 소멸하기 위한 것이다.

본래 사람은 사탄의 권세를 정복해야 했지만 타락함으로 도리어 사탄으로 하여금 권세를 갖게 했고 사람 자신도 사탄의 통치 아래 복종하게 되었다. 사탄은 강한 자가 되었고 사람은 그의 세간이 되어 버렸다(마 12:29). 이러한 상황을 처리하기 위해 왕국이 필요하다. 왕국이 없다면 사람의 타락으로 인해 발생된 사탄의 일은 처리될 수 없을 것이다.

새 하늘과 새 땅이 구속 이후에 곧바로 나타나지 않는 이유는 사탄의 문제가 아직 해결되지 않았기 때문이다. 새 하늘과 새 땅 이전에 반드시 왕국이 있어야 한다. 계시록 11장 15절에서는 "세상 나라가 우리 주와 그 그리스도의 나라가 되어 그가 세세토록 왕 노릇 하시리로다."고 했다. 왕국이 일단 오면 영원으로 안내되며, 영원과 연결되어 있다. 왕국은 새 하늘과 새 땅의 서막이라고 말할 수 있다. 계시록

21장과 22장은 새 하늘과 새 땅이 왕국 뒤에 나오는 것임을 말한다. 그러나 이사야 65장에서는 왕국을 새 하늘과 새 땅이라고 칭했는데, 그것은 이사야가 왕국을 새 하늘과 새 땅의 서막으로 간주했음을 의미한다. 그러므로 왕국이 시작되면, 새 하늘과 새 땅도 또한 시작된 것이다.

하나님이 우리의 눈을 열어 주사 우리 자신을 중심 삼지 않게 하시기 원한다. 우리가 왜 구원을 받았는가? 단지 지옥에 가지 않기 위해서인가? 아니다. 이것이 중심이 아니다. 그리스도는 왜 우리를 구원하기 원하셨는가? 이 문제에 대한 두 가지 다른 관점이 있는데, 곧 사람의 관점과 하나님의 관점이다. 우리가 어떤 동일한 물체를 두 각도에서 볼 때 그것은 다른 빛으로 보인다. 우리는 이 문제를 단지 사람의 관점에서만 보아서는 안 되고, 반드시 하나님의 관점에서도 보아야 한다. 사실상 사람이 손실을 회복하는 것은 곧 하나님의 손실을 회복하는 것이다. 하나님의 손실은 반드시 왕국을 통해 회복되어야 한다. 오늘날 하나님은 우리로 주 예수님의 승리를 함께 나누게 하셨다. 주 예수님의 승리가 임하는 곳마다, 마귀는 떠나야만 한다. 주 예수님이 이미 승리하셨기 때문에 우리는 다만 견고하게 서 있어야 한다. 그분의 구속 역사에서 주 예수님은 마귀의 모든 법적인 지위를 파하셨다. 마귀의 모든 법적인 통치는 구속을 통해 완전히 끝났다. 구속은 바로 사탄의 법적인 지위를 심판했으며, 이 심판의 집행의 책임은 교회에 있다. 하나님께서 보시기에 교회가 이 임무를 충분히 수행할 수 있다고 여기실 때, 왕국이 올 것이며, 새 하늘과 새 땅이 임할 것이다. 이사야서의 새 하늘과 새 땅은 계시록 안의 새 하늘과 새 땅으로 인도할 것이다.

오늘날 우리는 구속과 왕국의 가운데 서 있다. 뒤돌아보면 구속이고, 앞을 보면 왕국이다. 우리의 책임도 두 가지이다. 우리는 반드시 세상 사람들이 구원받도록 인도해야 할 뿐만 아니라, 왕국을 위해서 있어야 한다. 부디 우리에게 이상을 주사, 주님이 교회에게 위임하신 책임을 볼 수 있기 바란다.

거듭 말하거니와, 무엇을 하나님의 왕국이라고 말하는가? 하나님의 왕국은 하나님이 그분의 권위를 수행하실 수 있는 영역이다. 우리는 반드시 이러한 왕국을 우리 가운데 두어야 한다. 하나님께서 그분의 권위를 하늘들에서 수행하시도록 할 때, 우리는 반드시 우리자신 또한 통치하시도록 허락해 드려야 한다. 그분은 우리 가운데서 그분의 권위와 능력과 영광을 얻으셔야 한다. 그러므로 우리는 한 면으로 하나님 앞에서 에베소서 5장과 같은 생활을 추구해야 하며, 또 한 면으로는 에베소서 6장과 같은 생활을 추구해야 한다. 그럴 때 우리는 다만 영광스럽고 거룩하고 흠이 없는 교회가 될 뿐 아니라, 이 땅에 하나님의 왕국을 가져오고 사탄에게 손실을 입힐 수 있는 하나님의 협력자들이 될 것이다.

4

한 여인이 한 사내아이를 낳다

제4장

한 여인이 한 사내아이를 낳다

우리는 이미 창세기 2장의 여인을 보았다. 거기에서는 하나님의 영원한 뜻 안에서 하나님이 그분의 이름을 영화롭게 하시기 위해 어떠한 사람을 얻기 원하시는가를 말하고 있다. 에베소서 5장에는 다른 여인이 있는데, 그 여인은 바로 창세기 2장에 있는 여인의 실재이다. 그것은 사람이 타락한 이후에 하나님이 그분의 본래의 목적을 이루기 위해서 어떻게 일하시는가를 말한다. 이제 우리는 계시록 12장을 보겠다. 여기에 또 다른 여인이 있는데 우리는 반드시 그녀를 창세기 2장에 있는 여인과 연관시켜 보아야 한다.

계시록은 마지막 때의 일을 언급하고 있다. 이 서신은 모두 22장으로 구성되었지만, 11장 마지막에 이르러서 일이 이미 완성되었다고 말할 수 있다. 왜냐하면 10장 7절에서 "일곱째 천사가 소리내는 날 그 나팔을 불게 될 때에 하나님의 비밀이 그 종 선지자들에게 전하신 복음과 같이 이루리라."고 말하기 때문이다. 그러므로 11장에 이르러서 일곱째 천사가 나팔을 불 때에, 하나님의 비밀과 관계된 모든 일과 하나님과 관계된 모든 일들이 온전히 이루어진다. 11장 15절에서는 "일곱째 천사가 나팔을 불매 하늘에 큰 음성들이 나서 가로되 세상 나라가 우리 주와 그 그리스도의 나라가 되어 그가 세세토록 왕 노릇 하시리로다 하니"라고 말했다. 다시 말해서, 일곱째 천사가 나팔을 불매 영원 미래가 이미 시작되었다. 천년 왕국, 새 하늘과 새 땅 그리고 영원 미래 안의 일이 모두 이 한 구절 안에 포함되어 있다. 그러나 앞의 열한 장 이후에 또한 후반부 열한 장이 있다. 이것은 무엇 때문인가? 우리의 대답은 후반부 열한 장이 전반부 열한 장을 보충하기 위한 것이라는 것이다. 12장부터는 어떻게 세상 나라가 우리 주와 그 그리스도의 나라가 되고, 어떻게 하나님께서 그분의 아들로 세세토록 왕 노릇하게 하시는가를 말한다.

계시록 11장 19절에서는 일곱 천사가 나팔을 분 이후에 발생한 한 가지 일을 언급하고 있다. "이에 하늘에 있는 하나님의 성전이 열리니 성전 안에 하나님의 언약궤가 보이며 또 번개와 음성들과 뇌성과 지진과 큰 우박이 있더라." 계시록 안에는 수많은 이상들이 있는데, 이 수많은 이상들 가운데 두 개의 중심 이상이 다른 이상들의 근거이다. 하나는 보좌의 이상(계 4:2)으로서 4장부터 11장의 일곱째 천사가 나팔을 불 때까지의 모든 이상은 다 보좌에 근거하고 있다. 또 하나는 성전의 이상(11:19)으로서 12장부터 마지막까지의 모든 이상은 다 하나님의 성전에 근거하고 있다.

4장에서 요한은 하나님의 보좌를 보았고 또한 보좌를 둘러싼 무지개를 보았다. 이것은 곧 4장 이후의 일이 모두 보좌의 능력에 근거하고 있으며, 또한 하나님께서 지상의 모든 혈육을 가진 생물과 맺으신 언약을 상기하심에 근거하고 있음을 말한다. 무지개는 하나님께서 땅의 모든 혈육 있는 생물과 더불어 세우신 언약의 표시이다. 오늘날 우리는 둥글고 완전한 무지개를 볼 수 없고 기껏해야 절반을 볼 수 있을 뿐이지만, 보좌를 두르고 있는 무지개는 완전하며, 손상되지 않았다. 하나님은 미쁘신 분이므로, 그분의 언약을 기억하시고 지키실 것이다. 하나님은 그분이 땅 위의 모든 혈육을 가진 생물과 세우신 언약을 기억하고 계신다. 하나님이 사람에 대해서 하신 일은 모두 그분이 세우신 언약에 근거한다.

11장의 마지막에 이르러서 또 다른 이상은 바로 하나님의 성전이다. 하나님의 성전 안에서 하나님의 언약궤가 나타났다. 원래 하나님은 이스라엘 사람들에게 산 위의 식양에 따라서 언약궤를 만들어 회막의 지성소 안에 두라고 말씀하셨다. 후에 솔로몬은 성전을 건축했고 언약궤를 성전 안에 두었다. 그러나 이스라엘 백성이 바벨론으로 포로 되어간 이후에 언약궤를 잃어버렸다. 비록 땅 위의 언약궤는 잃어버렸지만 하늘의 언약궤는 여전히 존재하고 있다. 지상의 언약궤는 하늘의 언약궤에 따라서 지은 것이고, 땅의 그림자는 사라졌지만 하늘의 실체는 여전히 있다. 계시록 11장 마지막에서 하나님은 다시 한 번 언약궤를 우리에게 보여 주셨다.

무엇이 언약궤인가? 언약궤는 바로 하나님 자신을 표현하는 것이며, 하나님이 자신에 대해서 신실한 하나님이 되겠다고 맹세하시는 것이다. 보좌는 하나님이 우주의 통치권을 가지시는 곳이며, 성전은 하나님이 거하시는 곳이다. 보좌는 밖을 향해 있고 세상 사람에 대한 것이지만, 성전은 하나님 자신에 대한 것이다. 무지개가 보좌를 두르고 있는 것은 하나님께서 사람에게 해로운 일은 결코 하지 않으시리라는 것을 말하며, 언약궤가 성전 가운데 있는 것은 하나님께서 자신과 어긋나는 일은 결코 하지 않으시리라는 것을 말한다. 하나님은 어떤 일을 정하시면 반드시 성취하신다. 하나님이 하기 원하시는 어떤 일은 반드시 이루어진다. 언약궤는 단지 사람을 위해서 있을 뿐 아니라 또한 하나님 그분 자신을 위해 있다. 하나님은 그분 자신을 부인하실 수 없고 하나님은 그분 자신과 모순되실 수 없다. 하나님은 영원 과거 안에서 한 무리의 영광스러운 사람들이 나오도록 계획하셨고, 하나님은 세상 나라가 우리 주와 그 그리스도의 나라가 되도록 정하셨다. 우리는 교회의 상황을 보고서 하나님의 목적에 어떻게 이를 수 있겠느냐고 묻지 않을 수 없겠지만, 우리는 하나님이 결코 중도에서 그만두지 않으실 것임을 알아야 한다. 하나님에게 언약궤가 있고, 그분 자신이 언약하셨다. 공의의 하나님은 사람에 대해서 불의하실 수 없고, 또한 자신에 대해서도 불의하실 수 없다. 사람이 일을 하는 데 있어서 결코 그 자신과 모순될 수 없는데, 이는 사람이 인격을 갖고 있기 때문이다. 하나님 또한 그분 자신의 신격을 갖고 계시기 때문에 그분을 부인하실 수 없다. 하나님이 언약궤를 드러내어 우리에게 보여 주시는 것은 곧 그분이 하시려 하는 일을 반드시 성취하신다는 뜻이다.

여기에서 우리는 한 가지 중점을 보게 된다. 무엇으로 말미암아 그분 자신과 그분의 그리스도가 영원토록 왕 노릇 하실 수 있는가? 무엇으로 말미암아 세상 나라를 우리 주와 그 그리스도의 나라가 되게 하실 수 있는가? 하나님의 신격으로 말미암은 것이다. 하나님은 그분의 신격에 기초하여 이 일을 완성하신다. 하나님을 방해할 수 있는 것은 아무것도 없다. 우리는 하나님께 속한 것은 무엇이든 좌절될 수 없음을 배워야 한다. 그 언약궤는 여전히 하나님 자신과 하나님의 언약을 나타내면서 존속하고 있다. 하나님은 그분 자신으로 말미암아 이 일을 반드시 성취하실 것이다. 계시록의 12장부터 끝까지 하나님이 어떻게 그분 자신의 신실하심을 통하여, 그분 자신이 영원 과거에 예정하신 모든 일을 성취하실 것인가를 말씀하심을 인해 하나님께 감사드린다.

이상 중의 여자

계시록 12장 1절은 “하늘에 큰 이적이 보이니 해를 입은 한 여자가 있는데 그 발아래는 달이 있고 그 머리에는 열두 별의 면류관을 썼더라."고 말한다. 이 여자는 누구인가? 이것은 수많은 성경 해석가들이 논쟁해 온 문제이다. 어떤 이는 그녀가 주 예수님의 모친 마리아를 가리켜 말한 것이라고 하고, 또 어떤 이는 이스라엘 나라를 가리켜 말한 것이라고 한다. 그러나 성경을 볼 때, 이 여자는 주님의 모친 마리아라고 말할 수 없고, 또한 이스라엘이라고 말할 수도 없다. 그 이유는 다음과 같다.

(1) 이 이상은 하늘에서 보이신 것이고, 따라서 이 이상은 완전히 하늘에 속한 것이다. 그러나 마리아에게는 이러한 지위가 없고 이스라엘 나라에게도 이러한 지위가 없다.

(2) 이 여자가 사내아이를 낳은 이후에 그 결과는 어떠했는가? 그 이 후에 그녀는 광야로 도망쳤다. 만일 이 여자를 이스라엘 나라로 해석하고 그녀가 낳은 아들을 그리스도로 해석한다면, 사내아이의 승천을 그리스도의 승천으로 해석해야 하는데 이것은 사실에 맞지 않다. 이스라엘 나라가 비록 흩어졌지만, 이것은 그리스도께서 승천하셨기 때문이 아니다. 그리스도께서 승천하실 당시에 이스라엘 나라는 이미 흩어져 있었으며 더 이상 하나의 국가가 아니었다. 여기의 일은 사내아이가 하늘로 휴거된 이후에 발생된 일이다. 이스라엘 나라는 그리스도께서 승천하시기 전에 이미 멸망했었다. 그러므로 이것은 이스라엘 나라를 가리킨다고 말할 수 없고 더더욱 마리아를 가리킨다고도 할 수 없다.

(3) 이 여자는 사내아이를 해산할 때, 용을 만났다. 이 용은 일곱 머리와 열 뿔을 가지고 있다. 17장은 우리에게, 일곱 머리는 곧 일곱 왕인데, 다섯 왕은 이미 망했고 한 왕은 아직 존재하고 있으며 한 왕은 아직 나오지 않았다고 말한다. 열 뿔은 아직 왕국을 얻지 못한 열 왕이다. 그들은 장차 일어날 것이다. 우리가 알고 있듯이, 그리스도께서 승천하시기 전에 이러한 역사적인 사건은 발생하지 않았다. 그러므로 이 사내아이와 이 여자는 모두 장래의 일을 말한 것이므로, 그녀를 이스라엘 나라나 마리아라고 말하고, 사내아이를 주 예수님이라고 말하는 것은 모두 역사에 맞지 않은 것이다.

(4) 사내아이가 하나님께로 올라간 후에 하늘에는 전쟁이 있었고, 사탄은 하늘에서부터 땅으로 쫓겨났으며, 따라서 하늘에서 큰 소리가 있어 말하기를 "이제 우리 하나님의 구원과 능력과 나라와 또 그의 그리스도의 권세가 이루었으니 우리 형제들을 참소하던 자 곧 우리 하나님 앞에서 밤낮 참소하던 자가 쫓겨났고"라고 했다(계 12:10). 이 일이 아직 이루어지지 않았음을 우리는 알고 있다. 에베소서 6장에서, 교회는 이 땅에서 여전히 하늘에 있는 악의 영들과 권세자들과 통치자들과 싸워야 한다고 말한다. 사탄은 아직도 공중에 있다. 역사상 이러한 일이 발생되지 않았으므로 주 예수님의 때를 가리킨 것이라고 말할 수 없다.

(5) 용이 땅으로 쫓겨난 이후에, 그 용은 그 사내아이를 해산한 여인을 핍박했다. 아마도 이것이 마리아라고 말하는 사람들의 근거가

될 것이다. 그렇다. 마리아는 주 예수님을 해산한 후 애굽으로 도망갔었다. 그러나 주님이 승천하실 때에는 그녀가 애굽으로 도망가지 않았다. 14-16절에서는 말하기를 "그 여자가 큰 독수리의 두 날개를 받아 광야 자기 곳으로 날아가 거기서 그 뱀의 낯을 피하여 한 때와 두 때와 반 때를 양육 받으매 여자의 뒤에서 뱀이 그 입으로 물을 강같이 토하여 여자를 물에 떠내려가게 하려 하되 땅이 여자를 도와 그 입을 벌려 용의 입에서 토한 강물을 삼키니"라고 했다. 마리아를 말한 것이든 이스라엘 나라를 말한 것이든 그리스도가 승천하실 때에 역사상 이러한 일이 일어나지 않았다. 그러므로 마리아를 지칭한 것도, 이스라엘 나라를 지칭한 것도 아니다.

(6) 또 하나의 증거가 있다. 17절에서는 이렇게 말한다. "용이 여자에게 분노하여 돌아가서 그 여자의 남은 자손 곧 하나님의 계명을 지키며 예수의 증거를 가진 자들로 더불어 싸우려고." 이 여자는 사내아이를 해산했고, 이 사내아이가 보좌 앞으로 올려진 이후에도 많은 자녀들이 땅에 있었다. 그러므로 이것도 결코 마리아가 아님을 증명하고 있다. 게다가 이 남은 자들이 하나님의 계명을 지키고 예수의 증거를 가졌다고 말한다. 이스라엘 나라가 하나님의 계명을 지킨다고 말하는 것은 가능하지만, 이스라엘 나라가 예수의 증거가 된다고 말하는 것은 구약과 신약이 섞이는 것이 된다. 그러므로 이 여자는 마리아를 가리킨 것이라고 말할 수 없고 또한 이스라엘 나라를 가리켜 말한 것이라고 할 수도 없다.

그렇다면 이 여자는 누구인가? 구약 성경 중에서 오직 한 여자만이 뱀과 관련되어 있다. 즉 창세기 3장 속의 하와이다. 신약 성경에서도 오직 한 여자만이 뱀과 관련되어 있는데 바로 이 여자이다. 이 부분이 바로 성경의 전후가 상합되는 곳이다. 뿐만 아니라 하나님은 특별히 여기에서 큰 용이 바로 옛 뱀, 즉 창세기의 그 뱀이라고 지적하고 계신다. 하나님은 이미 분명히 보이셨다. 그 한 마리의 유일한 옛 뱀, 특별히 강조점이 그 옛 뱀의 '그'라는 단어에 있다. 그러므로 이 여자는 바로 창세기의 그 여자이다. 해, 달, 별이 창세기 1장에서 언급되었듯이 계시록도 해, 달, 별이 있으며, 창세기 3장에 뱀이 있듯이 계시록에도 뱀이 있다. 여자의 후손이 창세기 3장에서 언급된 것처럼 계시록에도 있다. 창세기 3장에서 해산의 고통을 언급했고 여기에서도 언급했다. 이 두 군데의 성경을 합해 보면, 계시록 12장의 이 여자는 바로 하나님이 영원한 뜻 가운데서 예정하신 여자라는 것이 분명해진다. 마지막 때에 와서 그녀에게 일어날 모든 일들이 거기에 기록되어 있는 것이다. 창세기 2장의 여자는 바로 하나님의 영원한 목적을 말하고 있고, 에베소서 5장의 여자는 장래 교회의 위치에 관해서 말하고 있으며, 계시록 12장의 여자는 마지막 때를 드러내고 있다. 또 한 여자가 영원 안의 일을 언급하고 있는데, 다음에서 보겠다.

이 여자가 이상 가운데 나타날 때 성경은 먼저 기록하기를, 그녀가 "해를 입은 한 여자가 있는데 그 발아래는 달이 있고 그 머리에는 열두 별의 면류관을 썼더라(12:1).”고 했다. 이것은 시대적인 의미를 갖고 있다.

(1) 이 여자는 해로 옷 입었다. 해는 주 예수님을 가리킨다. 그녀가 해로 옷 입었다는 것은 그 날 해가 가장 밝게 비췰 때에, 그녀의 몸을 비추었다는 것을 말한다. 하나님은 이 시대에 그녀를 통해서 자신을 계시하신다. 그러므로 이것은 그녀와 그리스도의 관계이고, 은혜 시대와의 관계이다.

(2) 이 여자의 발아래는 달이 있었다. 여기의 ‘발아래’라는 어구의 헬라어 의미는 밟고 있다는 뜻이 아니라, 달이 그녀의 발아래 숨어 있다는 것이다. 달빛은 반사되는 빛이며 달 자체가 발하는 빛이 아니다. 율법 시대에 있는 것은 모두 은혜 시대의 실재를 반사했으며 율법은 예표에 지나지 않았다. 성전의 언약궤도 예표이고, 성소 안의 향과 진설병도 예표이고, 제사장이 드린 제물도 모두 예표였다. 소나 양의 피도 모두 예표였다. 이 여인의 발아래 달이 있는 것의 의미는 율법 안의 것들이 다 그녀 아래 숨어 있고, 그녀에게 예속되어 있다는 뜻이다. 그러므로 이것은 그녀와 율법 시대와의 관계를 말하고 있다.

(3) 이 여자는 머리에 열두 별의 면류관을 쓰고 있었다. 열조 시대에 가장 중요한 인물은 아브라함에서부터 열두 지파까지의 인물이라고 말할 수 있다. 이 여자가 머리에 쓰고 있는 열두 별의 면류관은 바로 그녀와 열조 시대와의 관계를 말하고 있다.

이렇게 볼 때, 이 여자는 은혜 시대와 관계있을 뿐 아니라 또한 열조시대와 율법시대와도 관계가 있다. 다만 그녀와 은혜 시대와의 관계가 비교적 많다. 이 여자는 은혜 시대의 성도들을 포함하고 있을 뿐 아니라, 또한 열조 시대와 율법 시대의 성도들을 포함하고 있다.

사내아이의 탄생

12장 2절에서는 "이 여자가 아이를 배어 해산하게 되매 아파서 애써 부르짖더라."고 말한다. 여기의 '아이를 배어'는 상징적인 것이지 실제적인 것이 아니다. 무엇을 가리켜서 아이를 배었다고 말하는가? 그것은 곧 어린 아기가 모태 안에 있는 것이며, 그 의미는 바로 어린 아기와 그 어머니가 완전히 하나이고 한 몸이라는 뜻이다. 어머니가 먹으면 그 아기도 영양분을 얻고, 어머니가 병에 걸리면 그도 영향을 받으며, 어머니가 어떠하면 그 아기도 어떠하다. 어머니와 그는 하나로 연합된 것이다.

또 한 면으로, 이 어린 아기는 어머니와 다르다. 그는 어머니로부터 생명을 받았기 때문에 어머니와 하나이고 분명히 하나라고 말할 수 있지만, 그러나 그의 장래에 관한 한, 다른 존재이다. 그의 장래는 그의 어머니와 전적으로 다르다. 그는 태어난 후에 하나님의 보좌로 올려질 것이고 그의 어머니는 광야로 도피하게 될 것이다.

또 한 가지의 요점이 있다. 그 여자가 아이를 배었을 때, 우리가 볼 수 있는 것은 어머니뿐이다. 그 아이를 볼 수 없고 외면적으로 어머니를 볼 수 있을 뿐이다. 그러나 아들은 명백히 그의 존재를 가지고 있고 다만 그의 어머니 안에 포함되어 있을 뿐이다. 그는 존재하고 있으며 또한 그의 어머니 안에 포함되어 있는 것이다.

3절에서는 "하늘에 또 다른 이적이 보이니 한 큰 붉은 용이 있어 머리가 일곱이요 뿔이 열이라 그 여러 머리에 일곱 면류관이 있는데" 라고 말한다. 이 뱀은 몇 천 년이 지나면서 이전의 모습과 완전히 달라졌다. 본래는 한 마리 뱀이었지만 이제는 커졌고 용으로 변했다. 이 용의 형태는 어떠했는가? 그에게는 일곱 머리와 열 뿔이 있었고, 머리에는 일곱 면류관을 쓰고 있었다. 이것은 바다로부터 올라온 짐승과 같은 모습이었다. 13장 1절은 말하기를 "내가 보니 바다에서 한 짐승이 나오는데 뿔이 열이요 머리가 일곱이라 그 뿔에는 열 면류관이 있고 그 머리들에는 참람한 이름들이 있더라."고 했다. 이 바다에서 올라온 짐승에게도 일곱 머리와 열 뿔이 있으며 또한 면류관을 가지고 있다. 이것은 우리에게 사탄의 목적, 곧 그가 얻기 원하는 것이 바로 면류관이며 통치권을 차지하는 것임을 보여준다. 용과 짐승의 다른 점이 여기에 있다. 용의 면류관은 머리에 있으나 짐승의 면류관은 뿔 위에 있다. 머리는 결정권을 나타내고 뿔은 집행권을 나타낸다. 머리는 통제하고 뿔은 집행한다. 다시 말하면, 뿔은 머리의 말을 들으며 머리가 움직이면 뿔도 움직인다. 짐승이 한 모든 것은 모두 용의 통제에 의한 것이다.

12장 4절에서는 "그 꼬리가 하늘 별 삼분의 일을 끌어다가 땅에 던지더라."고 말한다. 이사야 9장 15절에서 꼬리는 거짓말하는 것, 사람을 속이는 것을 가리킨다고 말한다. 계시록 2, 3장에서 말한 별은 천사를 가리킨다. 여기에서도 하늘의 별들이 언급되고 있는데, 이들은 마땅히 천사를 가리키는 것이어야 한다. 하늘에 있는 삼분의 일의 천사들이 용의 속임을 받아서 용과 함께 타락했고 함께 쫓겨났다.

같은 절에서 계속 말하기를, "용이 해산하려는 여자 앞에서 그가 해산하면 그 아이를 삼키고자 하더니"라고 한다. 한 여자가 하나님의 영원한 뜻 안에 예정되었으며, 또한 하나님은 한 사내아이를 얻기 원하신다. 이 용은 하나님이 여자에게서 얻기 원하시는 것을 계속 방해하고 있고, 이 용은 이 여자가 곧 한 사내아이를 해산할 것을 알고 있으며, 그래서 그 용은 이 여자 앞에 서서 그녀가 해산한 후에 그녀의 아이를 삼키려고 기다리는 것이다.

5절에서는 "여자가 아들을 낳으니"라고 말한다. 이 사내아이와 여자의 관계를 알려면, 갈라디아서를 보아야 한다. 갈라디아서 4장 26절에서는 "오직 위에 있는 예루살렘은 자유자니 곧 우리 어머니라." 고 했다. 또한 27절 후반부에서는 "이는 홀로 사는 자의 자녀가 남편 있는 자의 자녀보다 많음이라."고 했다. 위에 있는 예루살렘은 바로 새 예루살렘이다. 새 예루살렘은 바로 하나님이 영원 미래 안에서 얻기 원하시는 목표인 여자이다. 그 여인은 바로 창조 안에서는 하와였고, 은혜 시대 중에서는 그리스도의 몸이며, 은혜 시대의 끝에는 계시록 12장에 있는 여자이며, 영원 안에서는 바로 새 예루살렘이다. 위에 있는 예루살렘이 많은 아들이 있다고 말할 때, 이것은 어머니와 아들들이 분리되었음을 말하지 않는다. 여기에서 의미하고 있는 바는 하나가 나누어져서 다수가 되고 다수가 합해져서 여전히 하나가 된다는 뜻이다. 즉 수많은 아들을 합할 때 한 어머니가 되는 것이다. 한 어머니가 다섯 아들을 낳으면 여섯 명이 되는 것이 아니라, 바로 다섯 아들이 더해져서 한 어머니가 되는 것이다. 각각의 아들들은 어머니의 일부분들이며, 한 어머니가 자신의 일부분을 떼어서 이 아들에게 주고, 또 일부분을 떼어서 저 아들에게 주는 것이다. 이것은 마치 그녀가 낳은 것 같지만 사실은 그녀 자신이다. 어머니는 아들 외의 한 개체가 아니라 수많은 아들의 총체인 것이다. 전체를 보면 어머니지만, 하나하나를 볼 때에 아들인 것이다. 하나님의 목적 가운데 있는 모든 사람들을 합해 보면 바로 한 여인이고, 하나를 몇으로 나누어서 보면 몇 아들들이다. 이것은 하나의 특별한 원칙이다.

계시록 12장에서 말하는, 여자가 한 사내아이를 해산하는 것도 이러한 의미이다. 이 여자가 한 사내아이를 해산함은 하나의 이상이자 하나의 상징이다. 여기의 '해산하다'는 그녀로부터 분리되어 나온다는 말이 아니라 그녀 안에 이러한 한 사람이 있다는 뜻이다. '여자가 아들을 낳으니'는 한 무리의 사람들이 이 여자 안에 포함되어 있다는 뜻이다.

모든 하나님의 백성들은 하나님의 영원한 계획 가운데 있는 하나님의 목적 안에서 다 분깃을 갖고 있다. 그러나 그들이 짊어져야 할 책임을 감당하지 않기 때문에, 그들 중에서 한 무리의 사람을 택하시는 것이다. 이 한 무리는 수많은 사람들 중의 일부분이고, 하나님이 선택해내신 무리이며, 사내 아이 곧 이 여자가 해산한 사내아이인 것이다. 전체는 어머니이고 소수는 바로 사내아이인 것이다. 여기의 사내아이는 바로 11절의 '여러 형제들'이다. 이것은 곧 한 사람이 아니라 상당히 많은 사람이고, 상당한 수가 합해져서 한 사내아이가 됨을 말한다. 다만 어머니와 비교할 때 이 사내아이는 적은 수이다. 이 무리를 전체와 비교해 볼 때 비록 숫자는 적지만, 하나님의 계획이 그들 위에 있고 하나님의 목적이 그들에게 있다.

5절에서는 "여자가 아들을 낳으니 이는 장차 철장으로 만국을 다스릴 남자라."고 말한다. 계시록에서 철장으로 만국을 다스린다는 말이 세 번이나 언급되었다. 첫 번째는 2장 26-27절로서 "이기는 이와 끝까지 내 일을 지키는 그에게 만국을 다스리는 권세를 주리니 그가 철장을 가지고 저희를 다스려 질그릇 깨뜨리는 것과 같이 하리라."고 말한다. 이것은 매우 분명히 교회 중의 이기는 이를 가리켜 말한 것이다. 마지막 한 번은 19장 15절에 나오는데 다음과 같이 말했다. "그의 입에서 이한 검이 나오니 그것으로 만국을 치겠고 친히 저희를 철장으로 다스리며 …." 이것은 주 예수님을 가리켜 말한 것이다. 그렇다면 12장에 언급된 부분은 누구를 가리켜 말한 것인가? 만일 교회의 이기는 이를 가리키는 것이 아니라면, 바로 주 예수님을 가리켜 말한 것이다. 여기에서 주 예수님을 가리켜 말할 가능성이 있는가? 없다(절대적으로 없다고 말하는 것은 아니다. 뒷부분에서 예수님도 여기에 포함된다는 것을 말하겠다). 왜 그럴 가능성이 없는가? 첫째, 이 사내아이는 해산하자마자 하나님의 보좌 앞으로 올라갔는데, 태어나자마자 곧 바로 보좌로 올라간 것은 주 예수님을 가리키는 것이 아님을 보여 준다. 왜냐하면 주 예수님은 삼십 삼 년 반을 사시고 죽고 부활하신 후에야 비로소 승천하셨기 때문이다. 따라서 우리는 이 사내아이가 교회 가운데의 이기는 이를 가리켜 말한 것임을 믿는다. 이 사내아이는 교회 중의 일부분이며, 이들이 바로 이기는 이들이다. 그러므로 사내아이는 그들을 가리키는 것이지, 주 예수님을 가리키는 것이 아니다(다만 사내아이는 주 예수님을 포함한다. 주 예수님은 첫 번째 이기는 이이셨으므로 모든 이기는 이는 주 예수님 안에 포함되어 있다). 사내아이와 어머니는 서로 다르지만 또한 하나이다. 이기는 이들은 교회와 다르지만 또한 교회 안에 있다.

사내아이의 휴거

12장 5절에서는 "그 아이를 하나님 앞과 그 보좌 앞으로 올려가더라."고 말한다. 여기의 휴거는 데살로니가전서 4장에서 말한 휴거와 다르다. 데살로니가전서 4장에서는 공중으로 휴거되는 것을 말했고, 여기에서는 하나님의 보좌가 있는 곳으로 휴거되는 것을 말했다. 왜 사내아이가 하나님의 보좌가 있는 곳으로 휴거되는가? 이는 이미 한 사람—교회의 머리—이 보좌에 있기 때문이다. 하나님의 목적은 한 사람만을 보좌에 있게 하시는 것이 아니라 수많은 사람들을 보좌에 있게 하시는 것이다. 하나님의 원래 목적은 수많은 사람들로 보좌에 올라오게 하시는 것이요, 수많은 사람들로 통치권을 갖게 하시는 것이다. 하나님은 그리스도와 교회가 함께 그분의 목적을 성취하기를 원하시지만, 교회 중 많은 사람들이 이때에 하나님의 보좌 앞으로 올라갈 수 있을 정도에 이르지 못하기 때문에, 소수의 사람들—이기는 이들—만이 하나님의 보좌 앞에 올라갈 수 있다. 그들은 하나님의 목적에 도달했기 때문에 하나님의 보좌 앞으로 휴거된 것이다.

사내아이가 휴거되자 곧 두 가지 일이 발생했다. "그 여자가 광야로 도망하매 거기서 일천 이백 육십 일 동안 저를 양육하기 위하여 하나님의 예비하신 곳이 있더라 하늘에 전쟁이 있으니 미가엘과 그의 사자들이 용으로 더불어 싸울새 용과 그의 사자들도 싸우나(6–7절)"라고 말한다. 우리는 여기서 두 개의 '그리고 곧(and)'(한국어 성경에서는 and의 의미를 살리지 못하고 있음—역자 주)이라는 말에 주의해야 한다. 5절에서는 사내아이가 하나님의 보좌 앞으로 휴거되었다고 말하고, 6절에서는 (그리고 곧) 그 여자가 광야로 도망갔다고 하며, 7절에서는 (그리고 곧) 하늘에 전쟁이 있다고 말한다. 여기에서 여자가 광야로 도망간 것은 사내아이의 휴거로 인한 것이고, 하늘의 전쟁도 역시 사내아이의 휴거로 인한 것임을 알 수 있다.

이제 하늘의 전쟁의 상황을 보기로 하자. 먼저 미가엘을 보자. 그의 이름의 뜻은 의미심장하다. '미가엘'의 뜻은 "누가 하나님과 같으냐?"이다. 이 한마디 질문은 너무나 멋진 표현이다. 사탄의 목적은 오직 하나님과 같아지려는 것인데, 미가엘은 누가 하나님과 같으냐고 묻는다. 사탄은 하나님과 같아지려고 하고, 또한 사람을 하나님과 같이 되라고 유혹하지만, 그러나 "누가 하나님과 같으냐?"는 이 질문은 사탄의 권위를 흔들어 버린다. "너는 하나님과 같이 되려고 하지만 어림없다. " 이것이 바로 미가엘의 이름이 계시하고 있는 바이다.

사내아이가 휴거되자 곧 하늘에서는 전쟁이 발생했다. 다시 말해, 하늘에서 전쟁이 일어난 이유는 바로 사내아이가 휴거되었기 때문이다. 여기에서 볼 때, 휴거는 다만 개인적인 문제일 뿐 아니라, 더욱 여러 시대에 걸쳐 내려온 전쟁, 즉 옛 뱀이 수천 년 동안 하나님과 원수가 되었던 것을 종결하기 위한 것이다. 하늘에서 전쟁이 시작되자 미가엘은 그의 사자들과 함께 용과 전쟁을 벌인다. 용은 바로 옛 뱀이다. 이 용은 하나의 뱀이 변화된 것으로서 그의 능력이 시간이 지남에 따라 커진 것이다. 그러나 사내아이가 들려 올라가자, 그 용은 더 이상 커질 수 없게 되었을 뿐 아니라 더욱이 그는 하늘에서부터 쫓겨났다. 그러므로 휴거는 사탄으로 하여금 더 이상 하늘에 있지 못하게 하는 일종의 집행이다.

미가엘이 그의 사자들과 함께 용과 전쟁을 벌였고 용도 그의 사자들과 함께 전쟁을 치렀는데, 그 결과는 어떠했는가? 8-9절을 보자.

"그들이 이기지 못하여 다시 하늘에서 저희의 있을 곳을 얻지 못한지라 큰 용이 내어 쫓기니 옛 뱀 곧 마귀라고도 하고 사단이라고도 하는 온 천하를 꾀는 자라 땅으로 내어 쫓기니 그의 사자들도 저와 함께 내어 쫓기니라." 이 전쟁의 결과로 용은 패배하였고 하늘에서 더 이상 있을 곳을 얻지 못하고 쫓겨났다. 본래 주 예수님의 죽으심은 사탄이 사람의 타락 가운데서 얻은 지위를 처리했다. 다시 말하면 구속이 사탄의 합법적인 지위를 이미 파괴한 것이다. 교회의 일은 바로 주님이 구속 안에서 이미 성취하신 것을 하나님의 왕국 안에서 집행하고 사탄이 사람의 타락으로 인해서 얻은 합법적인 지위를 끝내는 것이다. 구속은 타락에 대해서 그리스도께서 하신 처리이며, 하나님의 왕국은 타락에 대해서 교회가 한 처리이다. 심판의 일은 그리스도의 일이었지만, 심판의 집행은 교회의 일이다. 사탄은 구속 안에서 심판을 받았으며, 하나님의 왕국 안에서 형벌을 받고 있는 중이다.

용과 그의 사자들이 하늘에서 쫓겨난 이후, 10절에서는 "내가 들으니 하늘에 큰 음성이 있어 가로되 이제 우리 하나님의 구원과 능력과 나라와 또 그의 그리스도의 권세가 이루었으니 …."라고 말한다. 이것이 바로 왕국이다. 사탄이 쫓겨날 때, 사탄의 사자들도 쫓겨나고, 따라서 하늘에 더 이상 그들의 장소가 없게 될 때, 이것이 하나님의 구원이요, 능력이요, 왕국이요, 그리스도의 권세이다.

계시록의 두 구절을 함께 읽어 보자. "일곱째 천사가 나팔을 불매 하늘에 큰 음성들이 나서 가로되 세상 나라가 우리 주와 그 그리스도의 나라가 되어 그가 세세토록 왕 노릇 하시리로다(11:15).” 이것이 주제이다. “내가 또 들으니 하늘에 큰 음성이 있어 가로되 이제 우리 하나님의 구원과 능력과 나라와 또 그의 그리스도의 권세가 이루었으니(12:10)”라고 했다. 이것은 주제가 이미 실현된 것이고 이미 성취된 것이다. 이 성취의 열쇠는 사내아이의 휴거이다. 하늘에서 전쟁이 일어나고, 사탄이 쫓겨난 이유는 사내아이가 들림받았기 때문이다. 사탄이 쫓겨난 결과는 우리 하나님과 그의 그리스도의 나라가 임한 것이다. 이기는 이들의 휴거는 사탄을 쫓아내고 하나님의 나라를 가져온다. 이기는 이들의 일은 바로 하나님의 나라를 가져오기 위한 것이다. 주님의 일은 이미 완성되었으며, 따라서 그분은 이미 보좌에 앉아 계신다. 이제는 이기는 이들이 이것을 가져와야 한다.

누가복음 10장에 또한 여기와 일치되는 곳이 있다. 10장 17절에서는 “칠십 인이 기뻐 돌아와 가로되 주여 주의 이름으로 귀신들도 우리에게 항복하더이다.”라고 말한다. 이것은 제자들이 귀신을 쫓아냈음을 말한다. 18절을 보자. “예수께서 이르시되 사탄이 하늘로서 번개같이 떨어지는 것을 내가 보았노라.” 이것은 사탄이 하늘에서 떨어지는 것을 말한다. 이 일은 언제 이루어졌는가? 계시록 12장에서이다. 어떻게 해야 사탄을 하늘에서부터 떨어지게 할 수 있는가? 18절의 근거는 바로 17절이다. 사탄이 하늘 위에서 떨어지게 되는 것은 교회가 귀신을 쫓아냈기 때문이다. 17절에서 우리에게 보여 주는 것은, 한차례 귀신을 쫓아냄으로 끝날 것이 아니라, 교회가 이 땅에서 계속 귀신을 쫓아낼 때, 비로소 사탄이 하늘에서 떨어지게 된다는 것이다. 주 예수님의 죽으심으로 인해 사탄의 권위는 단번에 파괴되었다. 그러나 사탄으로 하여금 그의 권세를 완전히 잃게 하고, 그의 하늘에서의 권세를 잃게 하며, 그의 모든 권세를 끝내는 것은 하나님의 자녀들이 이 땅에서 계속해서 사탄을 처리함에 달려 있다. 주 예수의 이름으로 수차례 귀신이 정복당함으로써 사탄이 쫓겨나는 것이다.

예를 들어보자. 여기에 하나의 저울이 있다 하자. 한쪽에는 사탄이 있다. 우리는 사탄이 얼마나 무거운지를 모른다. 그래서 우리는 다른 쪽 저울 위에 계속 물건을 올려놓는다. 계속 더하고 또 더한다. 사탄을 한번 더 처리할 때마다 우리는 저울의 다른 쪽에다 물건을 더 놓는 것이다. 마침내, 마지막으로 조금 더 올려놓을 때 상대 쪽이 움직이기 시작하는 것이다. 처음에 우리가 저울의 다른 쪽에 계속 물건을 올려놓았을 때에는 아무 소용이 없는 것 같았다. 그러나 실지로는 매번 다 유효하다. 마지막 하나를 더할 때, 저울의 상대 쪽이 움직이기 시작한다. 마지막 하나는 누가 더했는지 모르지만, 그 앞서 더해진 하나하나가 마지막으로 더해진 하나와 합해져서 효력을 발휘한 것이다. 교회의 일은 바로 우리 모두가 사탄의 일을 대항하고, 우리 모두가 귀신을 쫓아내는 것이다.

귀신을 쫓아낸다는 것은 꼭 우리가 어느 귀신을 만나서 싸워야 한다는 것이 아니라, 마귀의 모든 일과 모든 권세를 다 쫓아낸다는 것이다. 우리가 주님의 권위를 굳게 붙잡고 각 위치에 굳게 서서, 한 형제가 중량을 조금 더하고 다른 형제가 또 중량을 조금 더한다면, 언젠가 사탄은 하늘에서 떨어지게 될 것이다. 사탄으로 하여금 하늘에서 떨어지게 하는 일은 하나님이 손수하시지 않는다. 하나님이 직접 하신다면 그것은 매우 쉬울 것이다. 그러나 하나님은 그렇게 하지 않으시고 교회로 하여금 하도록 하신다. 그러나 애석하게도 교회는 이 일에 실패했고 그것을 할 수 없게 되어버렸다. 그러므로 반드시 이기는 이들이 나와서 교회의 위치에 서서 수행할 필요가 있는 것이다. 이기는 이들이 교회의 위치에 굳게 서서 교회가 해야 할 일을 수행했으므로, 그 결과는 바로 "이제 우리 하나님의 구원과 능력과 나라와 또 그의 그리스도의 권세가 이루었으니"이다. 계시록 12장의 사내아이가 바로 교회의 위치에 서 있는 이기는 이들이며, 그렇기 때문에 이 사내아이가 휴거되자마자 사탄이 하늘에서부터 떨어지고 나라가 임하게 되는 것이다.

사내아이의 원칙

성경에서 이 사내아이는 "철장으로 만국을 다스릴 자라"고 했다. 하나님의 목적은 바로 여기에 있다. 교회의 일은 바로 사탄으로 하여금 권세를 상실케 하는 것이고, 하나님의 나라를 가져오는 것이다. 하나님이 원하시는 교회는 아비가일(삼상 25:3)의 성질, 즉 그리스도와 동역하는 성질을 가져야 한다. 그러나 교회는 결코 하나님의 목적에 이르지 못했고, 심지어 하나님의 목적조차도 모르고 있다. 이러한 상황 아래서 하나님은 어떻게 하시는가? 하나님은 한 무리의 이기는 이들—하나님의 목적에 도달할 수 있고 하나님의 요구를 성취할 수 있는—을 선택하신다. 이것이 바로 사내아이의 원칙이다.

이 원칙에 대해서 성경에는 많은 예들이 있다. 하나님은 구약 시대에 이스라엘 사람들을 무엇을 위해서 선택하셨는가? 출애굽기 19장에서는 하나님이 이스라엘 사람을 제사장 나라로 선택하셨다고 말한다. 무엇을 가리켜서 제사장 나라라고 하는가? 그 의미는 온 국민이 다 하나님을 섬기고 모두 제사장이 된다는 것이다. 그러나 이스라엘 백성 전체가 다 제사장이 되지 못했는데, 그 이유는 그들이 금송아지를 섬겼기 때문이다. 그들은 하나님을 섬기지 않고 도리어 우상을 숭배했던 것이다. 그 후에 모세는 이스라엘 백성에게 말하기를 "누구든지 여호와 편에 있는 자는 내게로 나아오라(출 32:26)."고 했다. 그래서 레위 자손들이 모두 그 앞에 모였다. 모세는 그들에게 말하기를 "이스라엘의 하나님 여호와께서 이같이 말씀하시기를 너희는 각각 허리에 칼을 차고 진 이 문에서 저 문까지 왕래하며 각 사람이 그 형제를, 각 사람이 그 친구를, 각 사람이 그 이웃을 도륙하라 하셨느니라(출 32:27)."고 했다. 우상을 숭배하는 것은 가장 큰 죄이므로 하나님은 그들로 하여금 칼로 형제들을 살육하도록 했다. 레위 자손들은 모세의 말대로 준행했다. 레위인들은 인정(人情)을 돌아보지 않고 하나님을 기꺼이 섬기기 원했으며, 그래서 하나님은 레위인을 제사장으로 선택하셨다. 그 이후부터 이스라엘 백성 전체가 제사장이 될 수 없었고, 레위 지파만이 제사장이 될 수 있었다. 전체 이스라엘 백성은 그 이후부터 레위인을 통해서 하나님께 가까이 나갈 수 있었다.

본래 전체 이스라엘 백성이 하나님을 섬겼지만, 전체가 실패함으로 인해서 하나님은 실패한 단체 중에서 한 무리를 선택하시어 전체 이스라엘 백성을 대신하게 하셨는데, 이들을 이기는 이들이라고 부른다. 우리는 기억해야 한다. 레위인들은 자신을 위해서 하나님을 섬기지 않았고, 또 자기 자신들이 원해서 이기는 이들이 될 수도 없었으며, 또한 그들 자신이 누구보다 더 뛰어나다고 여기지도 않았다. 만일 그러했다면 레위인도 끝났을 것이다. 레위인이 하나님에 의해서 제사장으로 선택된 것은 바로 전체 이스라엘 백성의 제사장 됨을 대신한 것이다. 본래 이스라엘 백성이 드려야 할 바를 이제는 레위인이 그들을 대신하여 드리는 것이다. 레위인의 하나님 앞에서의 봉사는 이스라엘 백성의 하나님 앞에서의 봉사로 간주되었다. 제사장은 레위인들만이 될 수 있었지만, 이들의 봉사로 유익을 받는 것은 전체 이스라엘 백성이었다. 그러므로 이기는 이들의 일도 교회를 위한 것이다. 일은 그들이 했지만, 일의 유익을 얻는 것은 교회이다. 이기는 이의 영광은 여기에 있다. 일은 이기는 이들이 한 것이지만, 영광은 전체가 다 누리는 것이다.

사사 시대에 이르러서, 이스라엘 백성은 미디안 사람들에 의해서 압박을 받고 매우 어려운 상황 아래 떨어지게 되었다. 그 후에 하나님은 한 지파 중에서 기드온을 일으켜 한 무리의 사람을 이끌어 대적을 몰아내도록 하셨으며, 이것은 온 나라로 자유를 얻게 했다. 전쟁은 원래 온 나라의 일이었지만, 혹자는 두려워하고 혹자는 태만했기 때문에 소수의 무리를 일으켜 전쟁을 하도록 했고, 그 결과 온 전체가 유익을 얻게 되었다.

이스라엘 백성이 포로 됨에서 돌아올 때도 이와 같은 원칙이 적용되었다. 본래 하나님은 이스라엘 백성에게 약속하시기를, 포로 된 지 칠십 년 만에 모두 본토로 돌아가리라고 하셨다. 그런데 이스라엘 백성이 전부 돌아오지 않았고 오직 소수 사람들, 즉 에스라, 느헤미야, 스룹바벨, 여호수아 등등 여호와의 인도함을 받은 자들만이 돌아와서 성전을 건축하고 예루살렘 성을 중건했다. 그들 소수의 무리가 한 일이 이스라엘 온 나라가 한 일로 간주되었고, 이스라엘 온 나라가 부흥되는 것으로 간주되었으며, 이스라엘 전체가 돌아온 것으로 간주되었다.

그러므로 이기는 이의 원칙은, 특별히 신령한 개인이 장차 면류관을 얻고 영광을 얻는 것이 아니다(장래 개인이 면류관을 얻고 영광을 얻을 수 없다는 말이 아니라, 비록 그들이 면류관을 얻고 영광을 얻을 것이지만 그것은 개인을 위한 것이 아니라는 것이다). 이기는 이가 이기는 이로서 일을 수행하는 이유는 자신이 영광을 얻고 면류관을 얻기 위함이 아니라, 바로 교회가 서야 할 위치에 서서 교회를 위해서 일을 하는 것이다. 교회는 하나님 앞에서 그 합당한 상태에 있어야 하고, 마땅히 해야 할 일을 해야 하며, 감당해야 할 책임을 감당해야 하고, 서 있어야 할 위치에 서 있어야 한다. 그러나 교회는 실패했고, 합당한 상태에서 벗어났고, 마땅히 해야 할 일을 하지 않았으며, 마땅히 감당해야 할 책임을 지지 못했을 뿐만 아니라, 마땅히 서 있어야 할 위치에 서 있지 못했던 것이다. 다만 한 무리의 사람들이 그 위치에 서서 교회를 대신해서 그러한 일을 하고 있고 그러한 책임을 지고 있는데, 이 무리가 이기는 이들인 것이다. 이기는 이들이 한 일은 온 교회가 한 일로 간주된다. 만일 이기는 이들이 될 무리가 있다면, 하나님의 목적은 성취되며, 그분은 만족하신다. 이것이 바로 사내아이의 원칙이다.

우리가 사내아이의 문제를 고려하는 이유는 바로 하나님이 그분의 영원한 뜻 가운데서 한 무리의 이기는 이들을 필요로 하시기 때문이다. 우리는 역사적으로 볼 때 교회가 실패했음을 인정하지 않을 수 없다. 그러므로 하나님은 교회를 대신해서 서 있을 수 있는 이기는 이를 부르기 원하시는 것이다. 여기의 사내아이는 특별히 마지막 시대의 이기는 이들을 가리켜 말한 것이다. 사내아이는 해산되자마자 곧 하나님의 보좌 앞으로 올라갔고, 즉시 하늘에서는 전쟁이 벌어졌으며, 사탄이 하늘에서 쫓겨났다. 이것은 곧 하나님의 어려움이 사내아이의 휴거로 인해서 해결되었다는 것이다. 이는 마치 사내아이가 나오면 하나님의 목적이 더 이상 방해받을 수 없는 것 같다. 이것이 오늘날 하나님이 부르고 계시는 것이며, 관심하시는 것이다. 하나님은 그분의 본래의 목적을 성취할 수 있는 한 무리의 사람을 얻기 원하신다.

이기는 이의 근거와 태도

계시록 3장 21절을 보자. "이기는 그에게는 내가 내 보좌에 함께 앉게 하여 주기를 내가 이기고 아버지 보좌에 함께 앉은 것과 같이 하리라." 여기에서 사내아이가 보좌에 앉을 수 있는 것은 그가 이미 승리를 얻었기 때문이다. 이제 우리는 그들이 어떻게 승리를 얻었는지, 동시에 또한 그들이 어떠한 태도를 가지고 있는지를 보기로 하자.

계시록 12장 11절을 보자. "또 여러 형제가 어린양의 피와 자기의 증거하는 말로 인하여 저를 이기었으니 그들은 죽기까지 자기 생명을 아끼지 아니하였도다."

"여러 형제가 … 저를 이기었으니." '저'는 사탄이다. 그들은 사탄이 그들에게 아무것도 할 수 없게 함으로써 사탄을 이겼다. 그들이 이길 수 있었던 원인은 첫째로, 어린양의 피로 인함이고, 둘째로, 그들의 증거하는 말로 인한 것이다. 또 한 면으로, 그들은 죽기까지 자신의 생명을 아끼지 않는 태도를 지녔다.

(1) 어린양의 피

첫째로, "여러 형제가 어린양의 피와 … 저를 이기었으니." 영적인 전쟁에서 승리를 얻을 수 있는 근거는 어린양의 피에 달려 있다. 피는 죄 사함과 구원을 위한 것일 뿐 아니라, 또한 사탄을 이기는 근거이다. 아마도 어떤 이들은 성장한 그리스도인들에게는 피가 크게 소용되지 않을 것이라고 생각할지도 모른다. 마치 그들은 어느 정도 성장하면 피의 한계를 넘을 수 있다고 말하는 것 같다. 우리는 이러한 일은 있을 수 없다고 말해야 한다. 어떠한 사람도 피를 뛰어넘을 수 있을 정도로 성장하는 사람은 없다. 하나님은 말씀하시기를, "여러 형제가 어린양의 피로 … 저를 이기었으니"라고 말씀하신다.

그리스도인들에 대한 사탄의 주된 활동은 참소(고소)하는 일이다. 사탄은 흉악한 살인자인가? 그렇다. 사탄은 거짓말쟁이인가? 그렇다. 사탄은 유혹하는 자인가? 그렇다. 사탄은 공격하는 자인가? 그렇다. 이뿐 아니라 또한 사탄의 주된 일은 참소하는 것이다. 12장 10절은 말하기를 "우리 형제들을 참소하던 자 곧 우리 하나님 앞에서 밤낮 참소하던 자가 쫓겨났고"라고 한다. 사탄은 주야로 형제들을 참소하고 있다. 그는 하나님 앞에서 참소하는 자이며, 또한 우리 양심 안에서 참소하는 자이다. 사탄의 참소는 사람으로 하여금 약해지고 무력해지게 할 수 있다. 사탄은 사람을 참소하여 사람으로 자신이 아무 쓸모없는 사람이라고 상상하게 하며, 사람을 사탄과 전쟁할 위치를 상실하는 정도에까지 이르게 한다. 우리는 그리스도인이 죄를 처리하는 것이 필요하지 않다고 말하는 것이 아니다. 그리스도인은 죄에 대해서 마땅히 느낌이 있어야 하지만, 사탄의 참소를 받아들일 필요는 없다.

하나님의 자녀들이 사탄의 참소를 받아들이면 온종일 자신이 틀렸다고 느끼게 된다. 아침에 일어나자마자 자신이 틀렸다고 생각하고, 무릎을 꿇고 기도할 때에도 자신이 틀렸다고 느끼므로 자신의 기도가 하나님의 응답하심을 얻게 될 것인지를 의심하게 된다. 연단에 올라가서 말씀을 전하고서도 자신이 틀렸기 때문에 소용이 없다고 생각한다. 주님께 연보를 드리고서도 하나님은 이와 같이 잘못된 사람의 헌금은 받지 않으실 거라고 생각하여 헌금했던 것을 후회한다. 이러한 그리스도인들은 주로 주 예수님이 얼마나 영광스러운지, 주 예수님이 어떠한 승리를 얻으셨는지 등을 생각하지 않고, 도리어 자신의 잘못됨, 즉 자신의 모든 것이 잘못되었다고 여기며 온종일 자신의 잘못됨을 생각한다. 일할 때에도, 휴식을 취할 때에도, 길을 걸어갈 때에도, 성경을 읽을 때에도, 기도할 때도 자신이 잘못됐다고 생각하며, 자신을 좋다고 생각하는 때는 한번도 없는 것이다. 이것이 바로 사탄의 참소이다. 사탄이 만일 우리를 이러한 상황에 빠뜨렸다면, 사탄이 우리를 이긴 것이다. 이러한 상태에 있는 사람은 사탄 앞에서 연약하다. 사탄의 참소를 받아들이는 모든 사람은 사탄 앞에서 이기는 이가 될 수 없다. 많은 경우에, 우리는 계속적으로 자신의 잘못됨을 생각하면서 이것을 또한 그리스도인의 겸손이라고 생각하는

데, 이것이 바로 사탄의 참소를 받아들이는 것임을 누가 알리요. 그렇다. 만일 우리에게 죄가 있다면, 우리는 자백해야 하고 처리해야 하지만, 우리가 배워야 할 또 하나의 공과는 바로 우리 자신을 보지 말고 오직 주 예수만을 바라보아야 한다는 것이다. 아침부터 저녁까지 온종일 자신에 관한 생각에 빠져 있다면, 이것은 일종의 병적인 상태이며 이러한 상태는 사탄의 참소로 말미암아 발생된 것이다.

어떤 하나님의 자녀들의 양심은 죄의 느낌이 부족하다. 이러한 사람들은 어떤 영적인 용도가 없다. 그러나 또한 수많은 하나님의 자녀들은 양심이 연약하여 예수님의 일을 인식하지 못하는 지경에 이르게 된다. 우리가 그들에게 대체 무슨 특별한 죄가 있느냐고 묻는다면, 그들은 특별한 죄가 있음을 말해내지 못한다. 그런데도 그들은 항상 자신은 틀렸고 약하며 아무 소용이 없다는 느낌을 가지고 있다. 그는 자신을 만지고서 불안을 느끼고 즐거움을 잃는다. 이것이 바로 사탄의 참소를 받아들이는 것이다. 사탄이 매번 우리에게 이러한 느낌을 줄 때마다 우리는 약해지고 그를 대적할 수 없게 된다.

그러므로 우리는 사탄의 참소를 가볍게 여겨서는 안 된다. 사탄의 주된 일은 바로 참소이다. 사탄은 밤낮을 가리지 않고 참소하고 있다. 그는 하나님 앞에서 참소하고 우리의 양심 안에서 참소하며, 우리의 양심을 연약하게 하고 담대하지 못하게 한다. 그리스도인의 생활과 일에서 양심은 실로 중요한 것이다. 바울은 고린도전서 8장에서, 만일 사람의 양심이 파괴되면 그는 침륜하게 된다고 말했다. 여기에서 말한 침륜은 영원한 멸망이 아니라, 바로 개인이 세워지지 못하고 연약하게 되어 쓸모없게 된다는 뜻이다. 디모데전서 1장에서도, 사람이 양심을 버리면 믿음에 대해서 파선(破船)한 것과 같다고 했다. 배가 파선되면 항해를 할 수 없다. 그러므로 한 그리스도인이 하나님 앞에서 서 있을 수 있느냐 없느냐의 열쇠는 곧 그의 양심에 거리낌이 있느냐 없느냐에 달려 있다. 그가 만일 사탄의 참소를 받아들인다면, 그의 양심은 즉시 손상을 받게 될 것이고, 양심이 손상을 받으면 일을 할 수 없게 될 것이며, 하나님을 위해서 전쟁을 할 수 없게 될 것이다. 그러므로 우리가 알아야 할 것은, 사탄의 주된 방해 공작 중의 하나가 바로 참소이므로 우리가 반드시 이겨야 한다는 것이다.

어떻게 사탄의 참소를 이길 수 있는가? 하늘에 소리가 있어 말하기를 "여러 형제가 어린양의 피로 … 저를 이기었으니"라고 했다. 피는 승리를 얻는 근거이며, 사탄을 이기는 도구이다. 사탄은 참소할 수 있지만, 우리는 "그의 아들 예수의 피가 우리를 모든 죄에서 깨끗하게 하실 것이요."라고 선포할 수 있다(요일 1:7). '모든 죄'란 큰 죄나 작은 죄를 무론하고 그분의 아들의 피가 깨끗하게 하신다는 것이다! 사탄은 우리가 틀렸다고 하지만 우리에게는 주 예수님의 피가 있다. 주 예수님의 피가 우리를 수많은 죄에서 씻으실 것이다. 이것은 하나님의 말씀이다. "그의 아들 예수의 피가 우리를 모든 죄에서 깨끗하게 하실 것이요."

우리는 이유 없는 참소를 거절해야 할 뿐 아니라, 이유 있는 참소도 받아들이지 말아야 한다. 하나님의 자녀들이 설사 어떤 일에서 틀렸다 하더라도, 다만 그분의 아들 예수의 피가 필요할 뿐 사탄의 참소는 필요치 않다. 죄가 필요로 하는 것은 보혈이지 참소가 아니다. 하나님은 죄가 있으면 참소가 필요하다고 말씀하지 않으셨다. 문제는 단지 여기에 있다. 우리가 죄를 범하고서 죄를 자백하는가, 자백하지 않는가? 우리가 자백한다면 또 무슨 할 말이 있겠는가? 만일 우리가 죄를 짓고도 자백하지 않는다면 우리는 참소받을 만하다. 그러나 죄가 없다면, 참소받아야 할 이유 또한 없는 것이다. 만일 우리가 죄를 짓고 자백했다면, 우리는 참소받지 말아야 한다.

만일 당신에게 죄가 있어서 당신이 머리를 숙이고 하나님을 향해서 죄를 자백한다면, 주 예수님의 피가 즉시 당신을 깨끗게 하실 것이다. 우리가 자신에게 죄가 있음을 조금 더 많이 생각하고 느낀다고 해서 조금 더 거룩해지리라고 생각하지 말라. 우리는 다만 자신에게 다음과 같은 한마디를 물어보아야 한다. "나는 어떻게 주 예수님의 피를 대하고 있는가?" 그렇다. 우리는 죄가 있지만, 그분의 피가 우리의 모든 죄를 씻었다. '모든 죄'는 이렇게 해석할 수 있다. 큰 죄든지 작은 죄든지, 기억하고 있는 죄든지 기억하고 있지 않은 죄든지, 보았던 죄든지 보지 않았던 죄든지, 자신이 사함 받을 수 있다고 여기는 죄든지, 사함 받을 수 없다고 여기는 죄든지를 막론하고, 모든 죄가 그 안에 포함되어 있다는 것이다. 하나님의 아들 예수의 피는 한두 가지의 죄나 단지 수많은 죄들을 씻는 것이 아니라, 모든 죄를 씻어 버리는 것이다.

우리는 우리가 죄 없다고 말하지 않고 죄가 있다고 말하지만, 그러나 이것과 상관없이 사탄의 참소를 받아들이지는 않는다. 우리에게는 보혈이 있으므로 하나님 앞에서 깨끗하다. 우리는 보혈을 믿는 것보다 사탄의 참소를 더 믿어서는 안 된다. 범죄는 이미 하나님의 영광을 손상시켰지만, 우리가 보혈을 믿지 않는다면 더욱 하나님의 영광을 손상시킬 것이다. 범죄는 수치스러운 일이지만, 보혈을 믿지 않음은 더욱 수치스러운 일이 될 것이다. 우리는 어린양의 피를 믿는 것을 배워야 한다.

로마서 5장 9절을 보자. "그러면 이제 우리가 그 피를 인하여 의롭다 하심을 얻었은즉 …." 왜 수많은 사람들이 하나님 앞에 나올 때마다 계속 마음에 불안과 자신의 잘못됨과 자신이 틀렸음을 느끼는가? 이것은 그들의 소망이 틀렸기 때문이다. 그들은 적극적인 것을 하나님에게 바치기를 소망했으나 자신에게 결코 하나님께 드릴만한 그러한 적극적인 것이 없음을 발견하기 때문에 사탄의 참소를 받는 것이다. 그 참소는 다음과 같다. "너는 이러한 사람이다. 너에게는 하나님께 드릴만한 좋은 것이 있을 수 없다." 그러나 우리는 하나님 앞에서 우리 자신에게는 적극적인 선함이 없고, 원래 하나님께 드릴 수 있는 어떤 좋은 것도 없다는 것을 기억해야 한다. 우리는 오직 한 가지—피—를 하나님 앞에 놓을 수 있고 오직 피를 통해서만 의롭게 될 수 있다. 우리 자신에게는 적극적인 의가 없고 다만 구속으로 인하여 얻은 의가 있을 뿐이다. 우리가 매번 하나님의 은혜의 보좌 앞에 나오는 것은, 이 보좌가 은혜를 주는 곳이지 공의를 요구하는 곳이 아니므로 은혜를 얻기를 앙망하기 때문이다. 우리가 매번 하나님 앞에 나아갈 수 있는 첫 번째 자격은 곧 우리의 구속받은 신분 때문이지 우리가 진보한 그리스도인이 되었기 때문이 아니다. 어떤 그리스도인이라도 "나는 요 며칠간 아주 좋았기 때문에 기도할 담력을 갖고 있다."라고 말할 수 있는 사람은 없다. 우리가 매번 하나님 앞에 나갈 때마다 우리의 지위, 우리의 근거는 모두 피에 있다. 우리는 어떤 영적인 성장도 보혈의 효능을 대치할 수 없고, 어떤 영적인 체험도 피로써 성취된 일을 대치할 수 없음을 알아야 한다. 비록 어떤 사람의 영적인 분량이 사도 바울 같고, 사도 요한과 같고, 사도 베드로와 같을지라도, 그들이 하나님 앞에 서기 위해서는 여전히 보혈이 필요하다. 때로 우리에게 죄가 있으면 사탄이 와서 참소한다. 그러나 우리에게 죄가 없을 때에도 사탄은 와서 참소한다. 때로는 우리에게 죄가 있느냐 없느냐의 문제 때문이 아니라, 우리에게 하나님께 드리는 적극적인 의가 없기 때문에 사탄은 여전히 우리를 참소하는 것이다. 그러나 우리는 다른 어떤 것이 아닌 오직 피로써 하나님 앞에 나아갈 수 있다. 우리가 깨끗하게 되는 것도 피로 인함이요, 우리가 의롭다 함을 받음도 피로 인함이다. 우리는 결코 사탄의 참소를 받지 않는다.

보혈이 영적 전쟁의 근거이다. 우리가 피의 가치를 모른다면 전쟁을 할 수 없다. 우리의 양심이 약해진다면 우리는 전쟁을 할 수 없다. 우리 자신이 흠 없는 양심, 청결한 양심을 지키지 못한다면 우리는 사탄과 싸울 수 없다. 사탄은 수천 가지의 이유로 우리에게 말할 것이고, 우리가 만일 그것을 받아들인다면 우리는 실패하게 된다. 사탄은 수천 가지의 이유로 우리에게 말하지만, 우리의 유일한 대답은 바로 피이다. 사탄의 어떠한 이유라도 피로써 대답할 수 없는 것은 없다. 영적 전쟁에는 흠 없는 양심이 필요한데, 오직 피만이 우리에게 그러한 양심을 줄 수 있다.

히브리서 10장 2절은 "… 단번에 정결케 되어 다시 죄를 깨닫는 일이 없으리니 …"라고 했다. 그리스도인의 양심은 보혈이 있기 때문에 죄의 느낌을 가지지 않을 수 있다. 당신이 이 위치에 서기만 하면, 당신이 피를 믿기만 하면, 사탄은 당신에게서 일할 수 없게 된다. 우리의 생각은 우리가 죄를 범했기 때문에 사탄과 전쟁을 할 수 없다고 말하지만, 주님은 우리에게 죄가 있음을 아시고 피를 예비하신 것이다. 주님은 죄 있는 사람에 대해서는 피가 있기 때문에 방법이 있지만, 계속 사탄의 참소를 받는 사람에 대해서는 주님께도 방법이 없다. 그것은 사람이 사탄의 참소를 받아들이는 것은 보혈의 능력을 부인하는 것이 되기 때문이다. 보혈을 믿으면서 동시에 사탄의 참소를 받아들이는 믿는 이는 없다. 반드시 둘 중에서 하나가 나가야 한다. 참소가 들어오면 피가 나가야 하고, 피를 믿으면 참소가 나가야 한다.

주 예수님은 우리를 위해서 대제사장과 중보자가 되셨다(히 2:17-18, 4:14-16, 7:20-28, 8:6, 9:15. 요일 2:1). 그분은 변함없이 대제사장이시고 언제나 중보자이시다. 그분이 이와 같이 되신 것은 우리를 사탄의 참소에서 보호하시기 위함이다. 그것은 사람이 그분을 구주로 영접하는 것은 순간적인 일이지만, 사람이 사탄의 참소를 받는 것은 일생 동안 직면해야 할 일이기 때문이다. '중보자'라는 단어는 헬라어에서 '변호를 위임받은 자'라는 뜻이다. 주님은 우리의 중보자이시며, 우리의 변호자이시고, 우리를 대신해서 말씀하신다. 우리는 참소자의 편에 서 있는가, 아니면 중보자의 편에 서 있는가? 만일 중보자가 우리를 위해서 변호하고 있을 때에, 우리가 도리어 참소자의 말을 믿는다면, 이것은 우습지 않겠는가? 우리는 주 예수님이 우리의 중보자이시고, 주 예수님이 우리를 위해 변호하심을 알아야 한다. 우리는 피가 사탄을 처리하는 근거임을 보아야 한다. 우리가 만일 피의 가치를 안다면, 이 땅에 평안하고 즐거운 그리스도인들이 얼마나 증가하게 될지 모른다.

"여러 형제가 어린양의 피로 … 저를 이기었으니." 이 말씀은 얼마나 귀한가! 형제들이 그를 이김은 그들의 장점으로 인함이 아니고, 그들의 성장으로 인함도 아니고, 그들의 체험으로 인한 것도 아니다. 형제들이 저를 이김은 어린양의 피가 있기 때문인 것이다. 사탄의 참소가 있을 때마다 우리는 피를 사용해서 처리해야 한다. 우리가 피를 받아들이자마자 사탄의 능력은 소멸될 것이다. 우리의 모든 것은 피를 의지해서 해야 하므로, 매일 우리에게는 피가 필요하다. 우리가 구원받는 그날 피를 의지하고 피를 믿은 것같이, 그 이후에도 날마다 우리는 피를 의지하고 피를 믿어야 한다. 피는 유일한 근거이다. 하나님은 우리를 수많은 이유 없는 참소로부터 벗어나도록 구원하기 원하신다. 하나님은 이 쇠사슬을 부수기 원하신다. 우리는 매일 참소를 받는 것이 겸손이라고 생각해서는 안 된다. 우리는 참소를 이기는 것을 배워야 한다. 우리가 참소를 이기지 못한다면 이기는 이가 될 수 없다. 이기는 이는 반드시 피의 가치를 알아야 한다. 우리는 피의 가치가 얼마나 큰지는 모르지만, 다음과 같이 말할 수 있다. "주여, 당신이 평가한 피의 가치에 따라 나에게 적용하소서." 우리가 평가한 가치가 아니라 주님이 평가한 피의 가치에 따라서 사탄의 능력을 처리해야 한다.

(2) 자기의 증거하는 말

두 번째는, "여러 형제들이 … 자기의 증거하는 말을 인하여 저를 이기었으니."이다. 양심이 흠이 없기 때문에 입에서 증기가 나오는 것이다. 양심에 흠이 있다면 입으로 어떤 말도 해낼 수 없고 말할수록 소리가 작아질 것이다. 여기의 증거는 다른 이에게 하는 말이지 자신에게 하는 것이 아니다.

당신은 하나님 앞에서 피가 있기 때문에 담대함을 가지며, 사람 앞에서 또한 증거할 수 있게 된다. 당신은 죄인이 사함 받고, 사람이 그리스도를 통하여 하나님께 열납됨을 증거할 수 있을 뿐 아니라, 더욱 하나님의 왕국을 증거할 수 있다. '증거'는 그리스도 안에 있는 것을 다른 이에게 말하는 것이며, 증거의 말은 반드시 말해내야 하는 것이다. 이기는 이들은 반드시 자주 그리스도의 승리를 선포해야 한다. 이 사실을 말하고 또 말하는 것을 사탄은 가장 두려워한다. 왕국이 임한다는 것은 하나의 사실이다. 주님이 왕이 되심도 하나의 사실이다. 그리스도는 승리자요, 영원히 승리하신 분이라는 것도 사실이다. 사탄이 패배했음도 사실이다. 그 강한 자가 이미 결박되어서 합법적으로 정죄되었음도 하나의 사실이다. 그리스도께서 십자가 위에서 사탄의 모든 행위를 파괴하신 것도 사실이다. 이 사실을 선포하는 것이 바로 증거이다. 그리스도는 이러한 분이시고, 또한 저런 분임을 선포하는 것이 곧 증거하는 것이다.

증거하는 말은 사탄이 두려워하는 것이다. 사탄은 당신과 논쟁할 때 두려워하지 않지만, 당신이 그 사실들을 선포할 때 두려워한다. 사탄은 당신이 신학을 말하거나, 성경을 해석하는 것은 두려워하지 않지만, 당신이 영적인 사실들을 선포할 때 두려워한다.

'예수는 주시다.'는 영적인 사실이다. 수많은 사람들이 예수님이 주시라고 연설하고 예수님이 주시라고 설명하지만, 사탄은 조금도 두려워하지 않는다. 그러나 어떤 사람이 믿음으로 '예수님이 주시다.' 라고 선포할 때에 사탄은 무서워하게 된다. 사탄이 두려워하는 것은 메시지나 신학이 아니고, 증거하는 말이다.

여기에 예수의 이름은 모든 이름 위에 뛰어난 이름이라는 하나의 영적인 사실이 있다. 우리는 믿음으로 사람에게 선포할 뿐 아니라 또한 사탄에게 선포해야 한다. 많은 때에 우리는 사탄이 듣도록 말하고 고의로 그가 듣도록 말하는데, 이것이 증거하는 말이다. 당신 혼자서 방 안에 있을 때에도 큰 소리로 말할 수 있다. 당신은 "예수는 주시라.", "주 예수님은 강한 자보다 더 강하시다.", "하나님의 아들이 이미 사탄을 묶으셨다." 등등의 말을 선포할 수 있다. 이것이 바로 증거하는 말이다.

그리스도인은 무엇이든지 기도에 의지해야 한다. 그러나 때로는 증거하는 말이 기도보다 더욱 능력이 있다. 마가복음 11장 23절에서 주님은 말씀하시기를 "누구든지 이 산더러 들리어 바다에 던지우라 하며 그 말하는 것이 이룰 줄 믿고 마음에 의심치 아니하면 그대로 되리라."고 하셨다. 주 예수님은 여기에서 그가 간구하는 대로 이루어 주신다고 말씀하시지 않고 그가 말하는 대로 이루어 주신다고 하셨다. 중국에 '출구성장(出口成章 : 입으로 나오는 것이 글이 된다는 뜻임)'이라는 성어(成語)가 있다. 우리 그리스도인 가운데서는 '출구성시(出口成事 : 입으로 나오는 것이 성취된다는 뜻임)'라고 말할 수 있다. 하나님은 천지를 창조하실 때에 한마디 말씀으로 창조하셨다. 마가복음 11장 23절의 일은 산에게 말하는 것이라고 볼 수 있다. 단지 믿음으로 말하기만 하면 사실이 될 수 있다. 많은 경우에 기도의 힘은 선포하는 힘만큼 강하지 않다. 우리는 증거하는 말로 사탄을 처리해야 한다.

우리가 사도행전을 읽어 보면, 그 안에 많은 증거하는 말이 있음을 보게 된다. 3장에서 베드로와 요한이 성전 문 입구에서 어느 앉은뱅이를 보았을 때, 베드로가 한 바는 그에게 "은과 금은 내게 없거니와 내게 있는 것으로 네게 주노니 곧 나사렛 예수 그리스도의 이름으로 걸으라(3:6)."고 말한 것뿐이었다. 이것을 곧 증거하는 말이라고 한다. 하나님이 그 상황을 처리하시도록 간구하는 것이 아니라, 주님의 이름으로 선포함으로써 직접 그것을 처리한 것이다. 또한 16장에서 바울은 귀신을 쫓아냈는데, 역시 선포하는 말을 사용했다. "예수 그리스도의 이름으로 내가 네게 명하노니 그에게서 나오라(16:18)." 그 귀신은 이렇게 명할 때 즉시 나왔다.

우리는 다음의 예를 들어 말할 수 있다. 복음을 전파하는 두 자매가 있었다. 어느 날 그들이 시골 마을에 가서 며칠 머물렀을 때였다. 그곳에 한 귀신 들린 여자가 있었는데 그녀의 가족들이 이 두 자매를 초청했다. 그들은 기도한 후에, 그들이 가야 한다고 느꼈다. 거기에 도착해서 그 여자를 보았는데 그녀는 옷을 바르게 입고 있었으며 모든 것이 다 좋았다. 그래서 그들이 이 여자가 정말 귀신 들린 사람인가 하며 의심할 정도였다. 그들이 그 여자에게 메시지를 전할 때에도 그녀는 매우 분명하게 들었다. (사실 분명하게 들은 것이 아니라 잘 듣는 척했던 것이다.) 그들은 조금 이상하다고 느끼고 그 여자에게 물었다. "당신은 주 예수를 믿습니까?" 그 여자는 "나는 믿은 지 수년이 되었습니다."라고 대답했다. 두 자매는 그녀로 인해 어리둥절하게 되었고 대체 어떻게 된 영문인지 알 수가 없었다. 자매들이 다시 그 여자에게 "당신은 예수가 누구신지 아십니까?"라고 물었다. 그러자 그 여자는 "예수가 누구인지 당신들이 와서 보십시오."라고 말했다. 그러고서 그 여자는 앞쪽의 큰 객실에서 뒤쪽의 어느 방으로 자매들을 인도했다. 그 여자는 거기에 있는 한 우상을 가리키면서, "이분이 예수입니다. 나는 수년 동안 믿어 왔습니다. "라고 말했다. 그때 한 자매가 증거의 말을 해야 한다고 느꼈다. 주의하기 바란다! 그녀가 한 말이 바로 우리가 여기에서 말한 증거하는 말이다. 그 자매는 그녀의 손을 잡고 말하기를, (사람에게 말한 것이 아니라 귀신에게 말함) "너는 천구백 여 년 전에 하나님의 아들이 하늘에서 와서 사람이 되셨고, 삼십삼 년 반 동안을 사시며 너와 같은 귀신들을 얼마나 많이 쫓아냈는지 기억하느냐? 너희들이 하나님의 아들을 해치려고 했던 것을 너는 기억하고 있지? 너희와 너희에게 속한 무리들이 모두 일어나서 그분을 살해하려고 했고, 과연 너희들에 의해서 그분은 십자가에 못 박히셨다. 그때 너희들은 정말로 기뻐했을 것이다. 그러나 삼 일 후에 그분은 죽음에서 부활하셨다! 너희들의 모든 권세가 그분에 의해서 깨어졌지 않느냐? 너는 사탄 수하의 악한 영일 뿐이다. 그분이 음부에서 나오시던 그날, 하나님이 하늘에서 소리를 발하여 모든 생물들과 모든 영들에게 말씀하시기를, '오늘 이후로 예수의 이름이 나타날 때마다, 모든 혀가 자백할 것이요, 모든 무릎이 꿇을 것이라.'고 하신 것을 너는 기억하느냐! 내가 너에게 말한다. 내가 이 예수의 이름으로 명하노니, 이 여자에게서 나가라!" 그녀가 이렇게 선포하자마자 이 귀신은 즉시 여자를 땅에 거꾸러뜨리고는 도망가 버렸다. "너는 기억하느냐?"라는 이 말씀은 매우 중요하다. 그녀는 계속 이 한마디 말을 사용했다. 이것이 바로 증거이다. 우리가 사탄에게 설교한다면, 사탄도 많은 설교를 할 것이다. 우리가 만일 사탄과 논쟁을 벌인다면, 그의 '이론'은 많고도 많다. 그러나 우리가 사실을 말한다면, 특별히 영적인 사실을 말한다면 그에게는 방법이 없다.

우리는 성경 안의 사실을 알아야 하고 또한 이러한 사실을 믿어야 한다. 우리는 사탄의 공격을 받지 않도록 보혈의 덮여짐 아래 있어야 하고 그런 다음 사탄에게 증거해야 한다. 사탄이 두려워하는 것은 우리가 그에게 증거하는 말이다. 그리스도인의 체험 중에서, 때때로 우리는 매우 약해짐을 느끼며 심지어 하나님 앞에 나가서 기도조차도 할 수 없음을 느낀다. 이때에 우리는 영적 사실들, 주님의 승리의 사실을 기억해야 한다. 사탄에게 주 예수님이 승리하셨음을 선포해야 하고 예수님이 주이심을 선포해야 한다. 선포함이 증거하는 것이요, 증거함이 선포하는 것이다. 우리는 예수님의 주 되심을 선포하고, 주님이 이미 승리자이심을 선포하며, 사탄이 주님의 발아래 이미 짓밟혔음을 선포한다. 주님이 이미 우리에게 뱀과 전갈을 밟고 또한 그들의 모든 권세를 이길 수 있는 권세를 주셨음을 선포하는 것이다. 이것이 바로 증거하는 말이며, 이것은 사탄으로 그의 입지를 잃게 한다. 우리가 증거의 말을 할 때 사탄에게 치명적인 타격을 주는 것이다. 주님의 일은 우리에게 우리를 보호하는 보혈을 주셨을 뿐 아니라 더욱 사탄을 패배시킬 수 있는 증거하는 말을 주셨다.

(3) 생명을 아끼지 아니함

위에서는 승리를 얻는 근거에 관해서 말했다. 그러나 이기는 이들 자신이 겪는 일은 무엇인가? 그들 자신은 시련을 받고 또한 수많은 어려움을 당한다. 그러나 "그들은 죽기까지 자기 생명을 아끼지 아니하였도다(계 12:11)." 이것은 이기는 이의 전쟁 중에서의 태도이다. 여기의 '생명'은 두 가지 뜻을 갖고 있다. 하나는 육체의 생명을 가리키고 다른 하나는 혼의 능력을 가리킨다('생명'을 '혼'으로 번역할 수 있다). 우리는 먼저 혼의 능력—천연적인 능력—에 관해서 보겠다.

사탄이 우리를 다루는 가장 좋은 방법은 바로 우리 자신의 힘을 사용하도록 하는 것이다. 사탄은 우리가 우리 자신 안에서 움직이게 한다. 그는 우리가 하나님을 위해 일할 때 우리의 천연적인 능력과 육적인 힘을 사용하도록 부추긴다.

무엇을 천연적인 능력이라고 하는가? 천연적인 능력은 우리가 원래부터 가지고 있는 것, 아직 십자가의 처리를 통과하지 않은 능력, 즉 우리 사람의 인격 안에 포함된 것을 말한다. 어떤 사람의 천연적인 능력은 그의 총명함일 수 있다. 그는 무엇이든지 자기의 총명에 의지하여 한다. 어떤 사람은 말주변이 그의 천연적인 능력이어서, 특별한 성령의 능력을 얻지 않고서도 매우 말을 잘한다. 그러나 사람은 십자가로 천연적인 능력을 처리함이 없이는 하나님을 섬길 수 없다. 교회의 실패는 사람이 그의 천연적인 재능을 교회에 가져오는 데에 있다. 우리는 반드시 두려워하고 떨면서 주님을 떠나서는 아무것도 할 수 없는 사람이 되는 정도로 하나님의 다루심을 받아야 한다(입으로만 말하는 것이 아니라 분명히 그러한 사람이 되어야 한다). 이럴 때 비로소 하나님 손에서 유용하게 될 것이다.

우리는 어떤 이를 거룩한 척하는 사람으로 만드는 것이 아니다. 그것은 그리스도에게서 나온 것이 아니므로, 그렇게 하는 것은 아무 소용이 없다. 우리가 말하고자 하는 바는, 사람의 천연적인 모든 것이 파쇄되고 사람 자신에게서 나오는 그러한 것들이 다 제거되어야만 그리스도가 표현될 수 있다는 것이다. 우리는 반드시 하나님으로 하여금 십자가를 통해서 우리 '자아'를 제거하시도록, 반드시 어느 날 우리의 천연적인 생명의 척추뼈를 부러뜨리시도록 해야 한다는 것이다. 우리는 부분적으로 항목별로 처리해서는 안 된다. 우리가 이와 같이 부분적으로 외적인 일들만을 처리하고, 그 안의 천연적인 생명을 여전히 방치해 둔다면, 이것은 소용이 없고 도리어 우리로 교만하게 하며, 자신을 매우 훌륭하다고 여기게 하여 우리 안의 천연적인 상황을 더욱 처리하기 어렵게 만든다. 반드시 어느 날 우리의 '잘해 보겠다' 는 선한 마음, 하나님을 섬길 수 있다는 우리의 능력이 파쇄됨으로 하나님 앞과 사람 앞에서 우리는 아무것도 할 수 없다고 자백하는 데 이르러야 한다. 그런 다음에야 비로소 그리스도께서 우리에게서 그분의 능력을 표현하실 수 있게 될 것이다. 우리는 반드시 하나님에 의해서 우리가 천연적인 힘으로는 교회 안에서 아무것도 할 수 없다는 단계에까지 이끌려야 한다. 많은 사람이 목적만 옳으면 된다고 생각한다. 그렇지 않다. 당신은 일을 한다고 말한다. 그러나 주님은 당신에게 무엇을 사용해서 일을 하는가를 물으실 것이다. 당신이 열심이 있다고 하면, 주님은 "그 열심이 어디서 왔느냐?"고 물으실 것이다. 당신은 능력이 있다고 말하지만, 주님은 "그 능력이 어디서 왔느냐?"고 물으실 것이다. 문제는 당신이 무엇을 하느냐에 있지 않고 당신이 무엇으로 하느냐에 있다. 문제는 선한가 선하지 않은가에 있지 않고 이 선한 것이 어디에서부터 출발했느냐에 있다.

우리는 십자가를 체험적으로 배워야 한다. 십자가는 우리를 처리하여 우리로 자신을 의지하여 움직이지 못하도록 한다. 우리가 단지 십자가의 교리를 말하는 것은 소용이 없고, 단지 십자가의 교리를 듣는 것도 소용이 없다. 하나님이 원하시는 바는 십자가를 통과하고, 십자가의 처리를 받은 사람이다. 우리가 전한 메시지가 옳은 것만으로는 부족하다. 우리는 우리 자신이 어떤 사람인가를 물어야 한다. 사도 바울도 이렇게 말했다. "내가 너희 중에서 예수 그리스도와 그의 십자가에 못 박히신 것 외에는 아무것도 알지 아니하기로 작정하였음이라 내가 너희 가운데 거할 때에 약하며 두려워하며 심히 떨었노라 내 말과 내 전도함이 지혜의 권하는 말로 하지 아니하고 …(고전 2:2-4)." 전반부는 그의 메시지를 말했고 후반부는 그가 어떠한 사람인가를 말하고 있다. 우리는 바울과 같은 사람은 연단에 올라가면 아주 여유가 있었을 것이라고 생각할 것이다. 그러나 바울 자신은 어떠했는가?

그가 전한 메시지는 십자가에 관한 것이었고, 그 자신은 약하고 두려워하고 심히 떨었다고 말했다. 우리가 십자가를 알 때, 우리는 연약하고 두려워하고 심히 떨게 된다. 우리가 십자가의 처리를 받았다면, 우리는 자신에 대한 확신이 없고 감히 교만하지 않게 될 것이다. 우리가 교만하고 자기가 할 수 있다고 생각한다면, 우리는 근본적으로 십자가가 무엇인지 모르는 것이다.

이러한 면에서 볼 때, 우리 안에서 십자가의 주관적인 일은 하나님에게서 나오지 않은 것은 제거하고 오직 하나님에게서 나온 것만을 남겨두는 것이다. 하나님에게서 나온 것은 십자가를 만나도 흔들림이 없지만, 사람에게서 나온 것은 십자가를 만나기만 하면 무용하게 된다. 어떤 형제는 다음과 같이 말했다. "나는 이전에는 이렇게 저렇게 사람을 구원시켰는데, 십자가를 통해 이렇게 처리받고 저렇게 처리받아 십자가에 의해서 완전히 처리되고 나니 할 수 있는 것은 아무것도 없는 것같이 되어 버렸다." 이것은 그가 예전에 한 바가 모두 자신에게서 나왔다는 것을 증명하고 있다. 왜냐하면 하나님에게서 나온 것은 십자가에 의해서 죽을 수 없고, 만일 십자가로 죽일 수 있는 것이라면 반드시 사람 자신에게서 나온 것이기 때문이다. 십자가를 통과해도 여전히 일어나는 것은 하나님에게서 나온 것이다. 십자가를 통과할 때 일어나지 못하는 것은 바로 사람에게서 나온 것이다. 주 예수님은 하나님에게서 나왔기 때문에, 십자가를 통과했어도 여전히 일어나실 수 있었다. 모든 혼의 생명, 육의 생명에 대해서 우리는 그것을 사랑하지 말아야 하며, 죽음에 이르게 해야 한다. 우리는 반드시 이 생명의 어떤 부분도 남겨 두어서는 안 된다. 우리가 승리하는 근거는 어린양의 피와 증거하는 말과 어떤 방식으로든 우리 자신에 의해 살지 않겠다는 우리의 태도이다. 즉 우리 자신의 능력은 아무런 가치가 없으며 어떤 자기 확신도 갖지 않겠다는 태도를 가져야 한다. 우리는 두렵고 떨림으로 행해야 하며, 자신이 얼마나 연약한 창조물인지 깨달아야 한다.

'자기 생명을 아끼지 아니함'의 또 다른 의미는 육체의 생명을 사랑하지 않는다는 것이다. 우리는 죽더라도, 자신의 생명을 잃어버릴지라도 하나님을 위해 서 있어야 한다. 욥기 2장에서 사탄이 하나님 앞에서 말하기를 "… 가죽으로 가죽을 바꾸오니 사람이 그 모든 소유물로 자기 생명을 바꾸올지라(2:4)."고 했다. 사탄은 여기에서 사람이 모든 것보다 생명을 중시한다고 말했다. 그러나 하나님은 말씀하시기를, 이기는 이는 자기의 생명을 아끼지 않아야 한다고 하신다. 이기는 이의 태도는, 사탄이 내 몸에서 무엇을 하든지 설령 내 생명을 원할지라도 개의치 않으며, 나는 결코 사탄에게 굴복하지 않고 오직 변함 없이 하나님께 충성을 다한다는 것이다. 이기는 이의 태도는 주님에게, "주여, 나는 당신을 위해서 있습니다. 어떤 것도, 심지어 내 생명까지도 당신을 위해서 버릴 수 있습니다. "라고 말할 수 있는 것이다.

5

거룩한 성,
새 예루살렘

제5장

거룩한 성, 새 예루살렘

앞에서 우리는 창세기 2장의 여인이 바로 에베소서 5장의 여인이고, 또한 계시록 12장의 여인임을 보았다. 이제 우리는 또 다른 한 여인을 보겠다. 바로 계시록 21장과 22장에 있는 여인이다.

계시록의 마지막 두 장과 창세기의 처음 세 장은 비록 그 사이의 간격이 멀리 떨어져 있지만 서로 일치한다. 창세기에서 하나님은 천지를 창조하셨는데, 여기 계시록에도 새 하늘과 새 땅이 나온다. 창세기에 생명나무가 있고 여기에도 생명나무가 있다. 창세기에서 강물이 에덴으로부터 흘러나오며, 계시록에서도 생명 강물이 하나님과 어린양의 보좌로부터 흘러나온다. 창세기에 정금과 진주(베델리엄)와 각종 보석(호마노)이 있고 계시록에도 정금과 진주와 각종 보석이 있다. 창세기

2장에 아담과 아담의 아내인 하와가 있고, 계시록 21장에도 어린양이 있고 또한 어린양의 아내가 있다. 이 어린양의 아내가 바로 새 예루살렘이며, 하나님은 이 여인에게서 영원한 목적을 이루신다. 창세기 3장에서 사람은 타락했고, 따라서 사망, 질병, 고통, 저주가 들어왔다. 그러나 계시록 21장에 이를 때 새 예루살렘이 하늘에서 내려왔는데, 거기에는 더 이상 사망이나 슬픔이나 애곡함이나 고통이 없다. 왜냐하면 이전 것은 모두 지나갔기 때문이다. 우리가 성경을 자세히 읽어본다면, 창세기 1장부터 3장과 계시록 21장, 22장이 정확히 일치하는 것을 볼 것이다. 그들은 시간의 영역의 두 끝에서 서로 마주보고 있다.

우리는 네 명의 여인을 보았다. 창세기 2장의 하와, 에베소서 5장의 아내(교회), 계시록 12장의 이상 중의 여인, 계시록 21장의 어린양의 아내이다. 이 네 명의 여인은 사실상 한 여인인데 다만 그녀의 역사가 네 단계로 나뉘었을 뿐이다. 그녀가 하나님의 계획 안에 있을 때에는 하와라고 불렸고, 그녀가 땅에서 구속함을 받고 그리스도를 표현했을 때에는 교회라고 불렸다. 그녀가 큰 용에 의해 핍박을 받았을 때에는 하늘의 큰 이상 중의 여인이고, 영원 미래 안에서 완전히 영광을 얻었을 때에는 바로 어린양의 아내이다. 이 네 명의 여인은 하나님께서 영원 과거와 영원 미래 사이에서 하시는 일을 우리에게 보여 준다. 창세기 2장의 그 여인은 하나님이 영원 과거 안에서 마음 속에 정하신 한 여인이다. 계시록 21장의 그 여인은 영원 미래 안에서 하나님의 목적에 도달한 여인이다. 이 두 여인 사이에 다른 두 여인이 있다.

한 명은 하나님이 그리스도를 위하여 예비하신 교회이고, 다른 한 명은 마지막 시기에 사내아이를 해산한 그 여인이다. 다시 말하면, 이 네 명의 여인은 한 여인의 역사의 네 단계이다. 한 단계는 영원 과거 안에 있고, 그다음의 두 단계는 영원 과거와 영원 미래 사이에 있고, 마지막 한 단계는 영원 미래 안에 있다. 이 네 여인이 비록 서로 다르지만, 함께 모아보면 여전히 같은 여인이다. 어린양의 아내는 에베소서 5장의 그 여인이다. 주 예수님이 곧 어린양이시므로 에베소서 5장의 여인이 어린양의 아내가 아닌 다른 이의 아내가 되는 것은 불가능하다. 에베소서 5장에서 말하는 그 여인은 하와와 같고, 하와는 또한 계시록 21장의 어린양의 아내와 같다. 이기는 이가 전체 교회의 일을 대신한 후에 계시록 12장의 그 여인은 계시록 21장의 여인을 이끌어 올 것이다. 결국 하나님은 영원 미래 안에서 틀림없이 사탄을 완전히 처리하고 통치권을 가진 한 여인을 얻으실 것이다. 하나님은 실로 어린양을 위해 아내를 얻으실 것이고, 그분의 목적은 성취될 것이다.

이제 우리는 계시록 12장의 여인이 어떻게 21장의 여인이 되는지를 보겠다.

바벨론의 멸망

계시록 17장 1-3절과 21장 9-10절에는 두 여인이 있는데, 하나는 큰 음녀라 불리고 다른 하나는 신부라 불린다.

17장 1절 : "또 일곱 대접을 가진 일곱 천사 중 하나가 와서 내게 말하여 가로되 이리오라 많은 물 위에 앉은 큰 음녀의 받을 심판을 네게 보이리라."

21장 9절 : "일곱 대접을 가지고 마지막 일곱 재앙을 담은 일곱 천사 중 하나가 나아와서 내게 말하여 가로되 이리 오라 내가 신부 곧 어린양의 아내를 네게 보이리라."

17장 3절 : "곧 성령으로 나를 데리고 광야로 가니라 내가 보니 여자가 …."

21장 10절 : "성령으로 나를 데리고 크고 높은 산으로 올라가 하나님께로부터 하늘에서 내려오는 거룩한 성 예루살렘을 보이니."

성령이 사람을 감동시켜 성경을 쓸 때에 특별히 두 여인을 지적하여 대조를 이루도록 쓴 것은 우리에게 분명한 인상을 주기 위해서이다.

먼저 음녀에 관해 보기로 하자. 계시록 17장과 18장에서 언급된 음녀는 바벨론이다. 그녀가 한 행위는 하나님이 기뻐하시지 않았다. 왜 하나님은 그녀의 행한 일을 기뻐하지 않으셨는가? 바벨론이 대표한 것은 무엇인가? 바벨론의 원칙은 무엇인가? 하나님은 왜 계속 바벨론을 처리하고 계시는가? 왜 바벨론이 심판을 받고 난 이후에야 비로소 어린양의 아내가 나왔는가? 하나님이 우리의 눈을 열어 주사 우리로 하여금 성경 안의 바벨론이 대체 어떠한 모습인지 보게 하시기 바란다.

'바벨론'이라는 명사는 '바벨'에서 파생되었다. 우리는 마땅히 성경 중에서 바벨탑의 이야기를 기억해야 한다. 바벨탑의 원칙은 바로 땅에서 하늘까지 닿도록 건축하는 것이다. 그때 사람들은 벽돌로 바벨탑을 쌓았다. 벽돌과 돌은 근본적으로 다르다. 돌은 하나님이 지으신 것이고 벽돌은 사람이 만든 것이다. 벽돌은 사람이 발명한 것이며 사람의 산물이다. 바벨론의 의미는 사람이 자기의 방법을 사용해서 하늘과 직통하는 한 탑을 세우는 것이다. 바벨론이 대표하고 있는 바는 인간의 능력이다. 바벨론은 거짓 기독교를 대표한다. 거짓 기독교는 성령으로 권위를 갖도록 하지 않으며, 성령의 인도를 구하지도 않고, 사람의 노력에 의지하여 모든 일을 한다. 모든 것이 사람이 구운 벽돌이고, 모든 것이 시람의 행위이다. 사람이 자신의 한계를 보지 못하고 도리어 천연적인 재능으로 주님의 일을 할 수 있다고 생각하는 것이다. 그들은 진실로 주님께, "주여, 당신이 은혜를 주시지 않으시면 우리는 아무것도 할 수 없습니다." 라고 말할 수 있는 위치에 서 있지 않은 사람들인 것이다. 그들은 사람의 능력으로 영적인 일을 충족시킬 수 있다고 생각한다. 그들의 목적은 오직 땅에서 하늘까지 닿을 수 있는 어떤 것을 세우는 것이다. 그들은 이쪽에서 저쪽으로 통하는 한 다리를 만드는 것이 아니라, 땅에서 하늘까지 직통하는 한 탑을 세우려고 하는 것이다.

그러나 이러한 일은 하나님이 용납하실 수 없다. 어떤 이는 자신에게 재능이 있어서 조금만 신학을 공부하면 설교할 수 있다고 생각한다. 이것이 무엇인가? 바로 벽돌이다! 어떤 사람은 매우 총명하여 약간의 도움을 받고 약간의 지식을 축적하게 되면 즉시 복음을 전하는 설교자가 된다. 이것이 무엇인가? 바로 벽돌이다! 어떤 사람은 일을 처리하는 능력이 매우 뛰어나기 때문에 그를 청하여 교회의 사무를 보도록 한다. 이것이 무엇인가? 바로 벽돌이다! 사람의 능력으로 하늘까지 통하려고 하는 모든 것이 벽돌이다.

우리는 교회 안에 사람을 위한 지위가 없다고 다시 한번 강조해야 한다. 하늘에 속한 것은 오직 하늘에서 내려오며, 땅 위의 것은 결코 하늘로 올라갈 수 없다. 사람의 문제는 바로 사람이 심판 아래 있음을 보지 못하고, 자신이 재와 같고 진흙과 같음을 보지 못하는 데 있다. 사람은 높이 세우려고 하지만, 하늘은 사람보다 훨씬 높다. 사람이 세운 탑이 아무리 높아도 사람은 여전히 하늘을 만질 수 없고, 하늘은 여전히 사람 위에 있다. 사람이 아무리 기어오르고, 아무리 높이 세운다 해도, 그리고 설령 그가 떨어지지 않는다 해도, 그는 여전히 하늘을 만질 수 없다. 하나님께서 바벨탑을 만들고자 하는 사람의 계획을 파괴하신 것은 바로 사람 자신은 영적인 일에 있어서 소용이 없고 아무것도 할 수 없다는 것을 보여 주시려는 데 있다.

구약에서 이 바벨의 원칙을 잘 보여주는 한 가지 일이 있다. 이스라엘 백성이 가나안 땅으로 들어온 후에, 첫 번째로 범죄한 사람은 아간이었다. 그는 무슨 죄를 범했는가? 그는 이렇게 말했다. “내가 노략한 물건 중에 시날산의 아름다운 외투 한 벌과 … 탐내어 취하였나이다(수 7:21)." 바벨론은 시날 땅에 있었고, 시날을 언급하는 것은 바로 바벨론을 가리켜 말한 것이다. 바벨론의 외투 한 벌이 아간으로 하여금 죄를 범하게 한 것이다. 무엇을 가리켜서 아름다운 외투라고 했는가? 아름다운 옷은 보기 좋게 하기 위해서 입는 옷을 말한다. 사람은 아름다운 옷을 입으며, 자신을 단장하고, 자신의 체면을 세우고, 조금 더 돋보이려고 한다. 바벨론의 옷을 탐했던 것은 바로 치장하고, 체면을 세우고, 돋보이게 하기 위해서였다. 이것이 바로 아간이 범한 죄이다.

신약에 와서 교회가 시작될 때에 첫 번째로 죄를 범한 사람은 누구인가? 성경은 그들이 아나니아와 삽비라임을 말해 준다. 그들은 무슨 죄를 범했는가? 그들은 성령을 속였다. 그들은 그다지 주님을 사랑하지 않으면서도 주님을 지극히 사랑한 것처럼 가장했다. 그들은 자원함으로 기꺼이 모든 것을 하나님께 드리기를 원하지 않았으면서도, 사람 앞에서 완전히 하나님께 드린 것처럼 행동한 것이다. 이것이 바로 시날의 옷이다.

그러므로 바벨론의 원칙은, 실지로는 그렇지 않으면서도 그런 것처럼 위장하는 것이고, 사람 앞에서 사람의 영광을 얻기 위하여 그런 척하는 것이다. 하나님의 자녀들에게 있는 하나의 위험은 바로 외면적으로 신령한 모양을 가장하는 것이다. 수많은 영적인 태도들이 다 위선적이며, 수많은 긴 기도들도 위선적이며, 수많은 기도하는 듯한 목소리도 위선적인 것이다. 실지로는 그렇지 않으면서 외면적으로 그렇게 가장하는 이것이 바벨론의 원칙이다. 언제든지 우리가 자신에게 맞지 않은 옷을 입을 때, 이것이 바로 바벨론의 원칙 아래 있는 것이다. 하나님의 자녀들이 사람들의 영광을 얻기 위해서 얼마나 많은 위선을 행하는지 모른다. 이것은 신부와는 전적으로 다르다. 위선적인 일은 음부(淫婦)의 원칙에 따라서 한 것이지, 신부의 원칙에 따라서 한 것이 아니다. 하나님의 자녀들이 사람 앞에서 외식하는 데에서 구원될 수 있다면, 이것은 위대한 일일 것이다. 바벨론의 원칙은 사람 앞에서 영광을 얻으려고 외식하는 것이다. 교회 안에서 사람의 영광을 얻으려고 하는 것, 사람의 지위를 얻으려고 하는 것은 바로 시날산의 외투의 죄이고, 이것이 바로 아나니아와 삽비라가 범한 죄이다. 거짓 헌신이 죄이고, 거짓된 신령함도 죄이다. 무릇 참된 예배는 영과 실재로 드리는 것이다. 오직 하나님이 우리를 진실한 사람으로 만들어 주시기 원한다.

계시록 18장 7절에서는 바벨론의 또 하나의 상황을 말한다. "그가 마음에 말하기를 나는 여황으로 앉은 자요 과부가 아니라." 그녀는 황후의 지위에 앉았으며 완전히 과부의 모습을 잃었고, 조금도 주 예수님이 죽임을 당하셨고 십자가에 못 박히셨음을 느끼지 않는다. 그녀는 이렇게 말한다. "나는 여황으로 앉은 자요." 그녀는 정결함을 잃어버렸고, 합당한 목표를 잃어버렸다. 이것이 바로 바벨론의 원칙이며, 이것이 바로 부패한 기독교인 것이다.

18장에서는 또한 바벨론에 그녀가 사치스러운 누림을 얻는 한 무더기의 물건들이 있음을 보여 준다. 여기에서 우리는 자신을 깨워야 한다. 한 면으로 우리는 과학의 발명들을 신뢰한다. 우리는 필요할 때 많은 물건들을 사용할 수 있다. 마치 바울이 "세상 물건을 쓰는 자들은 다 쓰지 못하는 자같이 하라(고전 7:31)."고 말했듯이 우리의 목적은 다만 그것들을 사용하는 데 있다. 그러나 모든 사치스러운 향락은 다른 문제이다. 모든 사치품들을 거절하고, 육체로 과도한 누림에 빠지게 하는 일체의 것들을 거절하는 소수의 그리스도인들이 있다. 우리는 물건을 사용하지 말라고 하는 것이 아니라 과도하게 사용하는 것은 사치라는 것이다. 의복, 음식, 거처 등을 막론하고 과분하거나 필요를 초과한 것은 바로 바벨론의 원칙이다. 필요한 모든 것은 하나님이 허락하시지만, 필요 이상은 하나님이 허락하시지 않는다. 우리가 필요의 원칙에 따라서 생활하면 하나님은 우리를 축복하실 것이다. 그러나 만일 우리가 사욕에 따라서 생활한다면, 바벨론의 원칙 아래 있게 되며, 하나님이 우리를 축복하실 수 없게 된다.

우리는 이미 바벨론의 원칙을 보았다. 그것은 육체적인 것과 영적인 것이 함께 섞인 것이고, 사람에게서 나온 것을 하나님에게서 나온 것으로 위장하는 것일 뿐 아니라, 사람의 영광을 얻기 위한 것이며, 사람의 사욕을 만족시키기 위한 것이다. 그러므로 바벨론은 혼란한 기독교이자 또한 부패한 기독교이다. 우리는 바벨론에 대해서 어떠한 태도를 가져야 하는가? 계시록 18장 4절을 보자. "또 내가 들으니 하늘에서 다른 음성이 나서 가로되 내 백성아 거기서 나와 그의 죄에 참여하지 말고 그의 받을 재앙들을 받지 말라."

고린도후서 6장 17-18절에서도 다음과 같이 말한다. "너희는 저희 중에서 나와서 따로 있고 부정한 것을 만지지 말라 내가 너희를 영접하여 너희에게 아버지가 되고 너희는 내게 자녀가 되리라 …." 하나님의 말씀에 따르면, 하나님의 자녀는 바벨론의 성질을 띤 어떤 일에도 참여해서는 안 된다. 하나님은 우리에게 사람의 능력과 하나님의 능력이 함께 섞여 있는 것, 사람의 재능과 하나님의 일이 함께 섞여 있는 것, 사람의 의견과 하나님의 말씀이 함께 섞여 있는 모든 상황에서 나오라고 말씀하신다. 우리는 바벨론의 성질을 띤 어떤 일에도 참여할 수 없다. 우리는 거기서 나와야 한다. 하나님의 자녀는 그들의 영의 깊은 것들에서 그들 스스로를 바벨론과 분별시키고, 바벨론의 모든 행위를 심판하는 것을 배워야 한다. 이렇게 할 때 우리는 바벨론과 함께 정죄받지 않을 것이다.

바벨론은 바벨탑에서 시작되었고, 나날이 그 세력이 커졌다. 그러나 최후에 이르러서는 하나님이 심판하실 것이다. 계시록 19장 1-4절 : "이 일 후에 내가 들으니 하늘에 허다한 무리의 큰 음성 같은 것이 있어 가로되 할렐루야 구원과 영광과 능력이 우리 하나님께 있도다 그의 심판은 참되고 의로운지라 음행으로 땅을 더럽게 한 큰 음녀를 심판하사 자기 종들의 피를 그의 손에 갚으셨도다 하고 두 번째 가로되 할렐루야 하더니 그 연기가 세세토록 올라가더라 또 이십 사 장로와 네 생물이 엎드려 보좌에 앉으신 하나님께 경배하여 가로되 아멘 할렐루야 하니." 하나님이 음녀를 심판하시고, 그녀의 모든 일과 그녀의 인격과 음녀의 원칙을 모두 산산이 흩어버리실 때에, 하늘에서는 할렐루야의 찬양이 터질 것이다. 전체 신약 안에서 오직 계시록에만 몇 번의 할렐루야가 있는데, 그것은 그리스도의 말씀을 혼잡하게 한 바벨론이 심판을 받았기 때문이다.

18장 2절부터 8절까지의 한 단락에서는 바벨론이 멸망하고 심판받은 원인을 말한다. 즉 바벨론의 죄행과 그녀가 받은 심판의 결국을 선포하고 있다. 하나님과 같은 마음을 가진 사람들은 모두 할렐루야를 외칠 것이다. 왜냐하면 하나님이 바벨론을 심판하셨기 때문이다. 실질적인 심판은 장래에 하나님이 집행하시겠지만, 영적인 심판은 오늘 우리가 집행해야 한다. 만일 하나님의 자녀가 수많은 영적이지 않은 것들을 교회 안으로 가져온다면, 당신은 어떻게 생각하겠는가? 그들 모두가 하나님의 자녀이기 때문에 그래도 사랑을 가져야 하고, 하나님의 심판으로 인해서 할렐루야라고 외치지 말아야 한다고 생각하지는 않는가? 이것은 사랑의 문제가 아니라, 하나님의 영광의 문제임을 알아야 한다. 바벨론의 원칙은 혼란이요, 부정함이다. 그래서 음녀라고 부르는 것이다. 계시록에서 하나님은 몇 군데의 성경 구절을 사용해서 바벨론의 일을 말씀하셨다. 여기에서 하나님은 바벨론을 대단히 증오하신다는 것을 알 수 있다. 11장 18절에서는 "땅을 망하게 하는 자들"이라고 했고, 19장 2절에서는 "땅을 더럽게 한 큰 음녀"라고 했다.

하나님은 바벨론의 원칙을 대단히 증오하신다. 우리는 하나님 앞에서 주의해야 한다. 우리 존재 안에 절대적이지 않은 부분이 얼마나 많이 차지하고 있는지를 보아야 한다. 절대적이지 못하고, 어중간한 모든 부분이 다 바벨론이다. 하나님께서 빛을 주사 우리로 빛 가운데서 우리 자신의 절대적이지 못한 모든 것들을 심판할 수 있게 하시기 원한다. 우리가 이와 같이 우리 자신을 심판할 때에, 바로 우리가 바벨론의 원칙을 증오한다는 것을 고백하는 것이 된다. 주께서 우리에게 은혜를 주사 우리로 하여금 그리스도 밖에서 영광을 구치 않고, 그리스도 밖에서 존귀를 구치 않게 하시기 바란다. 주님은 우리가 바벨론의 원칙 안에서 살지 않고, 절대적인 사람이 되고자 기뻐 구하는 사람이 되기를 원하신다.

계시록 19장 5절에서는 "보좌에서 음성이 나서 가로되 하나님의 종들 곧 그를 경외하는 너희들아 무론 대소하고 다 우리 하나님께 찬송하라 하더라."고 한다. 계시록 안에서 한 가지 매우 특별한 것이 있다. 바로 하늘의 선포이다. "하늘에서 큰 소리가 나서", "보좌에서 음성이 나서 가로되" 등은 하늘의 선포이다(18:4, 19:5). 이것은 하나님이 말씀하시는 때요, 하나님이 말씀하시는 곳이며, 하나님이 강조하시는 부분이다. 19장 5절에서 하나님이 선포하시는 데에는 그 원인이 있다. 한 면으로는 큰 음녀가 이미 심판을 받았고, 또 한 면으로는 어린양의 혼인날이 이르렀기 때문에 보좌 위에서 하나님을 찬미하라고 선포한 것이다. 하나님은 영원 과거부터 일을 해 오셨고 오랜 시간 동안 일을 하셨는데, 그것은 찬미를 얻기 위해서이다. 에베소서에서 하나님은 성도들 가운데 그분의 기업을 두었다고 하셨다. 무엇이 성도들 가운데 두신 하나님의 기업인가? 사람이 하나님에게 무엇을 드릴 수 있겠는가? 사람이 하나님에게 드릴 수 있는 오직 한 가지는 바로 찬미이다. 찬미는 바로 하나님이 성도 가운데서 얻으신 기업이다. 하늘에서 음성이 있어서 선포하기를, "하나님의 종들 곧 그를 경외하는 너희들아 무론 대소하고 다 우리 하나님께 찬송하라."고 한다. 하나님의 목적은 기필코 이루어져야 하며, 더욱 속히 이루어져야 할 것이다. 하나님은 그분이 얻기 원하시는 바를 얻기 원하신다. 그러므로 우리는 하나님을 찬미해야 한다.

보좌에서 음성이 있어서 말하기를, 하나님을 찬미하라고 선포했고, 그러므로 우주에는 수많은 화답하는 소리가 울려 퍼졌다. 19장 6절 : "또 내가 들으니 허다한 무리의 음성도 같고 많은 물소리도 같고 큰 뇌성도 같아서 가로되 할렐루야 주 우리 하나님 곧 전능하신 이가 통치하시도다." 한편으로는 보좌 위에서 나는 선포하는 소리가 있었고, 또 한편으로는 수천만 무리의 화답하는 소리가 있었다. 요한이 그 소리를 들었는데, 한 사람의 소리가 아니라 허다한 무리의 소리이며, 마치 많은 물소리와도 같았고 큰 뇌성과도 같았다. 여러분이 폭포에 가서 떨어지는 물소리를 들어보고 큰 바다의 파도치는 소리를 들어본다면, 많은 물소리가 얼마나 큰지 알 것이다. 뇌성은 굉장히 큰 소리이다. 이 강하게 울려 퍼지는 소리와 그 웅장한 소리로 모두 할렐루야를 외치고 있다! 하늘 위에서는 선포가 있고, 우주 가운데는 화답이 있고, 모든 소리마다 할렐루야를 외치고 있다. 그것은 하나의 우주적인 일, 곧 '주 우리 하나님 곧 전능하신 이가 통치하시는' 일이 발생되었기 때문이다.

이 선포를 읽을 때, 우리의 마음은 어디에 있는가? 여기에서 당신이 왕이 되기 때문에 즐거워하고 기뻐하라고 말하지 않았다. 당신이 면류관을 얻게 될 것이므로 하나님을 찬양하라고 말하지 않았다. 여기에서는 "주 우리 하나님 곧 전능하신 이가 통치하시도다."라고 말했다. 하나님의 마음의 뜻은 바로 하나님이 왕이 되시고 하나님이 통치하시는 것이다. 하나님께서 통치하시는 것은 그리스도께서 통치하시는 것이다. 다시 돌아가서 11장 15절의 말씀을 보자. "세상 나라가 우리 주와 그 그리스도의 나라가 되어 그가 세세토록 왕 노릇 하시리로다." 여기에서 '우리 주'는 하나님을 가리켜 말하고, '그 그리스도'는 그리스도를 가리켜 말한다. 그러나 '그(he)'라는 대명사는 매우 기묘하게 사용되었다. 위에서 '우리 주와 그 그리스도'라고 했으므로 그 아래에서는 마땅히 '그들'이 세세토록 왕 노릇 하실 것이라고 해야 맞는다. 그러나 그 아래에서는 '그가' 세세토록 왕 노릇 하신다고 말했다. 여기에서 하나님이 통치하심은 곧 그리스도가 통치하심이고, 그리스도가 통치하심은 곧 하나님이 통치하심이며, 하나님의 나라가 바로 그리스도의 나라이고, 하나님이 왕 되심이 바로 그리스도가 왕 되심임을 알 수 있다. 하나님께서 왕이 되셨고 그리스도께서 왕이 되셨기 때문에, 그들은 즐거워하고 기뻐하며 할렐루야를 외치는 것이다.

19장 7절에서는 "우리가 즐거워하고 크게 기뻐하여 그에게 영광을 돌리세 …."라고 말한다. 이것은 하나님께서 영광을 받으실 때이다. 이 구절은 계속해서 "어린양의 혼인 기약이 이르렀고 그 아내가 예비하였으니"라고 한다. 하나님의 통치가 이미 시작되었으므로 왕국이 시작되었을 뿐 아니라, 또한 하나님이 얻기 원하시던 그 '단체적인 사람', 그 영원한 하와를 이미 얻으셨다. 어린양의 혼인 기약이 이르렀으며 아내도 예비되었다. 그러므로 여기에 찬양해야 할 두 가지가 있다. 하나는 하나님이 통치권을 얻으셨기 때문에 할렐루야를 외쳐야 하고, 또 하나는 하나님이 영원 과거 안에서 예정하신 것을 이미 얻으셨기 때문에 할렐루야를 외쳐야 한다. 우리는 즐거워하고 기뻐해야 한다. 하나님이 얻기 원하시는 것은 반드시 어느 날 그분이 얻으실 것이기 때문이다. 어린양의 혼인 잔치 때가 이르면, 아내는 이미 예비되어 있을 것이다.

그러나 종종 우리가 자신을 자세히 살펴볼 때마다, 그리스도께서 교회를 자신 앞에 영광스럽고 거룩하고 흠 없이 세우실 그러한 날이 우리에게 도래하지 않을 것 같다. 그렇다면 우리가 어떻게 할렐루야를 외칠 수 있겠는가? 여러분은 기억하기 바란다. 어제와 오늘, 얼마나 많은 연약한 사람들이 있었는가에 관계없이, 하나님이 얻으시려고 정하신 것은 그날 반드시 얻으실 것이다. 이것을 잊지 말라. 그날이 이를 때 어린양의 아내는 예비될 것이다. 그러므로 우리는 영광을 그분께 돌려야 하며, 할렐루야를 외쳐야 할 것이다.

7절을 다시 보기로 하자. "우리가 즐거워하고 크게 기뻐하며 그에게 영광을 돌리세 어린양의 혼인 기약이 이르렀고 그 아내가 예비하였으니." 우리는 여기에서 어린양의 신부를 말하지 않고, 어린양의 아내를 말하고 있음을 주의해야 한다. 더 나아가 21장 1-2절을 보자. "또 내가 새 하늘과 새 땅을 보니 … 또 내가 보매 거룩한 성 새 예루살렘이 하나님께로부터 하늘에서 내려오니 그 예비하신 것이 신부가 남편을 위하여 단장한 것 같더라." 19장에서 말한 아내가 예비되었다고 한 것은 언제인가? 그것은 천년왕국 이전이다. 21장에서 말한 신부가 예비되었다고 한 것은 언제를 가리켜 말한 것인가? 천년왕국 이후이다. 새 예루살렘이 새 하늘과 새 땅이 도래할 때에 비로소 어린양의 신부가 될 수 있다고 했는데, 어떻게 천년왕국 이전에 어린양의 아내가 이미 예비되었다고 말할 수 있는가? 19장에서는 어린양이 그를 신부로 취했다고 말하지 않고, 다만 어린양의 혼인 기약이 이르렀다고 말하고 있다. 뒤를 돌아보면 음녀가 멸망했고, 앞을 바라보면 새 하늘과 새 땅이 보이므로 어린양의 혼인 기약이 이르렀다고 선포한 것이다. 그러나 사실상 그 사이에는 천 년이 놓여 있고, 천 년이 지나서야 비로소 어린양의 혼인 잔치가 이루어지는 것이다. 이 여인이 실지로 그리스도의 아내가 되는 것은 천년왕국 시대가 아닌 새 하늘과 새 땅에서이다.

또 한 가지 주의해야 될 일이 있다. 12장에는 사내아이를 가진 한 여인이 있고 그 외에도 수많은 자녀들이 있는데, 어떻게 19장에서는 오직 한 아내만 있고 나머지 수많은 자녀들과 사내아이는 보이지 않는가? 어떻게 그 한 여인과 그 한 사내아이와 다른 수많은 자녀들이 여기의 어린양의 아내가 되었는가?

우리는 분명해지기 위해 사내아이의 원칙을 보아야 한다. 사내아이가 전체 교회를 대표해서 모든 것을 성취했음을 기억하라. 계시록 19장에서 아내가 이미 예비되었다고 선포한 것은 이기는 이들을 보고서 말한 것이다. 교회의 온몸은 새 하늘과 새 땅에 이르러서야 비로소 신부가 되며, 그날이 되어야 완전히 예비될 것이다. 그러면 일천 년 전에 어린양의 아내가 이미 예비되었다고 말했는데, 이것은 무엇이 예비되었다는 말인가? 이것은 이기는 이가 예비된 것을 가리켜 말한 것이다. 이기는 이 외에 다른 사람은 아직 예비되지 않았다. 이기는 이가 다 예비되었으므로 아내가 이미 예비되었다고 선포할 수 있는 것이다.

우리는 이기는 이가 자신을 위해서 성취한 것이 아니라 온 교회를 위해서 성취한 것임을 알아야 한다. 어느 한 지체가 영광을 얻으면 온몸이 영광을 얻는다고 했다(고전 12:26). 이것은 하나님의 말씀이다. 이기는 이는 온몸을 대신해서 사탄과 전쟁을 한 것이다. 그들의 승리는 온몸으로 유익을 얻게 한다. 그러므로 19장에서 말한 예비되었다는 것은 생명의 문제이다. 이기는 이가 생명 안에서 성숙했기 때문에 예비되었다고 말한 것이다. 이기는 이가 하나님 앞에서 완전히 예비되었기 때문에 온몸이 예비된 것으로 간주한 것이다.

이 사실의 귀중함을 알고 있는가? 우리는 반드시 다음 한 가지 사실을 기억해야 한다. 모든 추구와 모든 성장은 다 개인을 위한 것이 아니라 몸을 위한 것이다. 각 지체들이 하나님으로부터 얻은 모든 것은 다 몸 전체를 위한 것이다. 당신의 귀가 들었는데 당신은 듣지 않았다고 할 수 없다. 왜냐하면 귀와 몸이 연합되어 있기 때문이다. 당신의 입이 틀리게 말하면, 당신이 틀리게 말하지 않았다고 할 수 없다. 왜냐하면, 입과 몸은 연합되어 있기 때문이다. 이기는 이들이 얻은 것은 바로 몸 전체가 얻은 것이다. 우리 주님은 교회의 머리이시므로, 그분이 십자가 위에서 성취하신 모든 것은 다 교회의 것이라고 할 수 있다. 우리가 머리로부터 유익을 받는 것처럼 우리는 또한 몸으로부터 유익을 얻는다. 우리가 주님이 성취하신 것을 얻는 것처럼 다른 지체가 얻은 것을 우리도 얻는다. 하나님은 이기는 이가 다 예비된 것을 보실 때, 온 교회가 예비된 것으로 간주하시는 것이다. 그러므로 아내가 예비되었다고 말한다.

여기에서 또한 아내가 예비되었다고 말한 것은 특별히 아내의 옷을 가리킨 것이다. 19장 8절에서는 말하기를 "그에게 허락하사 빛나고 깨끗한 세마포를 입게 하셨은즉 이 세마포는 성도들의 옳은 행실이로다."라고 했다. 성경에서 그리스도인에게는 두 종류의 옷이 있음을 보여 준다. 하나는 주 예수님으로서 그분이 우리의 옷이시다. 다른 하나는 여기에서 말한 빛나고 깨끗한 세마포이다. 우리가 하나님 앞에 나아갈 때에, 주 예수님이 우리의 옷이 되시고, 우리의 의가 되시므로 우리는 그분을 입고 하나님 앞에 나아갈 수 있다. 이 옷은 우리가 공통적으로 입는 것이다. 우리 각 성도들이 하나님 앞에 나아갈 때에 벌거벗은 채로 갈 수 없고 이 옷을 입어야 한다. 그러나 또 한 면으로는, 우리가 그리스도 앞에 세워질 때에, 우리는 성도의 옳은 행실인 빛나고 깨끗한 세마포를 입어야 한다. 이 '의'는 원문에서 복수로 나타나 있으며, '의들 (righteousnesses)'이라고 번역할 수 있다. 이것은 하나하나의 의를 말하며, 이 모든 의로운 행실들이 우리의 세마포이다. 우리는 구원받은 이후부터 한 벌의 세마포 옷—성도들이 의로운 행실로 단장함—을 준비해 가는 것이다.

시편 45편에서도 그리스도인에게 두 종류의 옷이 있음을 볼 수 있다. 13절에서 "왕의 딸이 궁중에서 모든 영화를 누리니 그 옷은 금으로 만들어졌도다."라고 말한다(원문 직역, 한국어 성경에서는 '금으로 수놓았다'로 번역되어 있으나 이것은 '금으로 만들었다'로 번역해야 한다. 그 의미는 금으로 된 것, 금을 쳐서 만든 것이라는 뜻이다). 그러나 14절에서는 "수놓은 옷을 입은 저가 왕께로 인도함을 받으며"라고 했다. 13절의 옷과 14절의 옷이 다른 것을 알 수 있다. 13절의 옷은 금으로 만든 것이지만, 14절의 옷은 수놓은 옷이다. 계시록 19장에서 말한 세마포 옷은 수놓은 옷이지 금으로 만든 것이 아니다.

무엇이 금으로 만든 것인가? 주 예수님이 금이시다. 왜냐하면 그분은 완전히 하나님께로부터 나왔기 때문이다. 주 예수님이 우리에게 주신 그 의는 우리가 구원받을 때에 우리에게 입혀진 옷이며 금으로 된 것이다. 또 다른 옷은, 우리가 구원받은 날로부터 계속 수놓아 온 옷이다. 이것은 바로 성도들의 의로운 행실이다. 다시 말하면, 금으로 된 옷은 하나님이 주 예수님을 통해서 우리에게 주신 것이지만, 수놓은 옷은 주 예수님이 성령을 통해서 우리에게 주신 것이다. 우리가 주님을 믿을 때에, 하나님은 주 예수님을 통해서 우리에게 금으로 된 옷을 주셨다. 이것은 주 예수님 자신이며, 우리의 행위와는 조금도 관계가 없이 그분이 우리에게 다 만들어서 주신 것이다. 그러나 수놓은 옷은 우리의 행실과 관계가 있다. 이것은 성령이 매일 우리 안에서 한 땀 한 땀 수놓으신 것이다.

수를 놓는다는 것은 무엇을 의미하는가? 그 의미는 다음과 같다. 본래는 거기에 아무것도 없는 한 조각의 천이 있었는데, 실로 어떤 것을 수놓음으로써 본래의 천과 실이 하나가 되는 것이다. 이것은 하나님의 성령이 우리에게 일하시어 그리스도께서 우리 안에 조성되시는 것이다. 이것이 바로 수놓는다는 것의 의미이다. 우리는 금으로 만들어진 한 벌의 옷을 입어야 할 뿐 아니라, 또한 성령에 의해 수놓아진 옷을 입어야 한다. 이럼으로써 그리스도께서 우리 안으로 조성되시고, 우리에게서 그리스도가 표현되실 것이다. 이 수놓아진 옷이 바로 성도들의 의로운 행실이다. 이러한 수놓아짐은 한 번에 그치는 것이 아니라, 계속해서 날마다 수놓아지고, 하나님이 "예비되었다"고 말씀하실 때까지 계속되는 것이다.

여기에서 말한 '의'는 무엇을 가리키는지 묻는 사람이 있을 것이다. 사복음서 안에는 많은 의가 있다. 마리아와 같이 주님을 사랑한 연고로 향유를 쏟아 부은 것도 바로 여기에서 말하는 의인데, 아마도 이것은 세마포 옷의 수많은 씨줄과 날줄의 한 가닥일 것이다. 또한 구사의 아내 요안나와 다른 많은 여자들이 있는데, 그들은 주님을 사랑한 연고로 주 예수님과 그분의 제자들에게 물질적인 것을 공급했다. 이것 또한 의이다. 주님의 사랑에 의해 마음이 감동됨으로써 외적으로 어떤 표현이 나오는데, 이것이 바로 의이고 세마포 옷이며, 오늘날 우리에게 수놓아지고 있는 것이다. 우리에게는 하나의 표시, 즉 주님을 사랑함으로 갖는 표시가 있다. 이것은 성령으로 말미암아 행함으로 나타나는 것이며, 수천만 바늘 땀 중의 한 땀이다. 성경은 누구든지 단지 냉수 한 그릇을 어린아이에게 주더라도 상을 얻게 된다고 했다. 주님을 사랑함에서 나온 것이 바로 의이다. 우리가 주님에 대한 사랑의 표시나 행함을 갖게 될 때, 이것이 바로 의이다.

계시록 7장 9절에서 이 옷은 흰 옷이라고 말한다. 흰 옷은 바로 어린양의 피 안에서 정결케 되고 희게 된 것이다. 우리는 기억해야 한다. 우리의 죄는 반드시 피로 씻어야만 희게 되고, 우리의 행위도 피 안에서 깨끗하게 씻어야 희게 될 수 있다. 그리스도인의 어느 한 가지 행실도 본래부터 흰 것은 없다. 설령 우리에게 의가 있다 하더라도, 그것은 섞인 것이지 순수한 것이 아니다. 우리는 종종 다른 사람들에게 친절하려고 하지만, 그러나 우리 안에서 원치 않을 때도 있다. 많은 경우에 우리는 사람에 대해서 다소 인내하지만, 집에 돌아와서는 한두 마디 불평을 할 때도 있다. 그러므로 우리가 의를 행한다 할지라도 여전히 보혈의 씻음이 필요하다. 우리는 우리가 범한 죄들에서 우리를 깨끗게 하는 주 예수님의 보혈이 필요하며, 또한 우리의 의로운 행실들을 깨끗게 하기 위해서도 주님의 보혈이 필요하다.

우리는 영원히 흰 옷을 만들 수 없다. 만일 우리가 구십구 퍼센트의 흰 옷을 만들었다 해도 여전히 일 퍼센트의 혼합물이 있다. 하나님 앞에서 어떤 사람도 전적으로 흠이 없을 수 없다. 설령 주님을 사랑함으로 나온 좋은 행위일지라도 여전히 피로 씻어야 한다. 예전에 어느 영적인 사람이 말하기를, 그가 하나님 앞에서 죄로 인해서 흘린 눈물조차도 피로 씻어야 한다고 했다. 오, 회개하여 흘린 눈물조차도 보혈의 씻음이 필요하다니! 그러므로 계시록 7장 14절에서 말한 그 흰 옷은 어린양의 피로 씻어서 된 것이다. 우리에게는 자랑할 만한 것이 없고, 우리의 안팎으로 온전히 순수한 것은 없다. 우리가 우리 자신을 알면 알수록, 얼마나 자신이 더러운지를 깨닫게 될 것이다. 가장 뛰어난 행동과 가장 뛰어난 의도에도 오염물이 섞여 있다. 그러므로 피의 정결케 함이 없이는 희게 될 수 없다.

여기의 옷은 희기만 한 것이 아니라, 또한 광채가 있다(19:8). 광채가 있다는 것은 밝은 빛을 낸다는 것이다. 흰 것은 점점 흐려지고, 엷어지고, 평범해지는 경향이 있다. 그러나 이 옷은 단지 희기만 할 뿐 아니라, 빛이 난다. 하와가 범죄하기 전에 희었지만, 그녀에게 광채가 있었다고 말할 수는 없다. 하와가 타락하기 전에 죄가 없었다는 것은 사실이지만, 그것은 순수한 것이었을 뿐이지 거룩한 것은 아니었다. 하나님이 우리에게 원하시는 것은 흰 것만이 아니라, 또한 빛을 내는 것이다. 흰 것은 수동적인 것이고 정지해 있는 것인 반면, 빛나는 것은 적극적이며 능동적인 것이다.

그러므로 우리는 고난을 두려워하지 말아야 하며 결코 평탄한 길을 사모해서도 안 된다. 고난의 날들은 우리로 하여금 빛을 내게 할 수 있다. 어떤 그리스도인은, 당신이 볼 때 죄가 없고 그의 모든 것이 합당하고 모든 것이 다 좋지만, 어떤 광채도 없음을 느낄 수 있다. 그들의 좋은 것은 평범한 선이며, 비록 그들이 희기는 하지만 아무런 빛이 없다. 그러나 다른 한 무리의 성도들은 자주 시련을 통과하고, 자주 고통을 당하며, 그들은 몇 번이나 곧 넘어질 것 같았으나 여전히 서 있다. 일정한 기간이 경과한 후에, 그들의 성품 안에서 빛이 발하는 것을 보게 된다. 단지 흴 뿐 아니라 또한 빛난다. 순결할 뿐 아니라 광채가 있다.

하나님은 우리 안에서 계속 일하심으로 우리를 희어지게 하시며 또한 빛을 내도록 하신다. 그분은 우리가 광채를 발하기 원하신다. 그러므로 우리는 큰 대가를 지불해야 하고, 온갖 고난을 감내해야 한다. 그렇지 않으면 광채를 발할 수 없게 된다. 하나님이 요구하시는 것은 단지 흰 것만으로는 부족하고, 적극적으로 빛나는 것이다. 고난을 두려워하고, 곤란함을 걱정하고, 앞길이 평탄하기를 바라며, 일이 쉽게 성사되기를 바라는 것은 우리로 하여금 빛을 잃게 한다. 고통과 고난을 당할수록 더욱더 빛을 낼 수 있다. 쉽고 평범하게 생활하는 사람은 희게 될 수는 있지만 결코 빛을 낼 수는 없다.

이 옷은 세마포로 되어 있다. 성경에서 양모(羊毛)와 세마(細麻)는 다르다. 양모는 주 예수님의 일을 가리키고, 세마는 성령의 일을 가리킨다. 이사야 53장 7절에서는 주님이 털 깎는 자 앞에 잠잠한 양 같다고 말하는데, 이것은 양모가 구속의 성질을 가지고 있음을 가리킨다. 그러나 세마포 옷에는 구속의 성질이 없다. 세마포에는 피가 없다. 이것은 식물(植物)에서 나온 것이며 성령이 사람 안에서 일하여 산출된 것이다. 이 세마포 옷은, 하나님께서 사람이 하나님의 의를 소유해야 할 뿐 아니라 또한 사람 자신의 의로운 행실을 갖기 원하심을 말해 준다. 하나님은 우리 안에서 하나님의 의를 얻기 원하실 뿐 아니라 또한 우리 안에서 많은 의들을 갖기 원하신다.

“그에게 허락하사 빛나고 깨끗한 세마포를 입게 하였은즉(계 19:8).” 모든 행실과 모든 외적인 의는 은혜로부터 온 것이다. “그에게 허락하사 …” 이 행실은 성령이 사람 안에서 일하신 결과이지, 천연적인 사람이 만들어 낸 것이 아니다. 그러므로 우리는 주님을 앙망하며, “주여, 당신이 나에게 허락하소서. 내게 은혜를 주소서.”라고 말하기를 배워야 한다. 이 옷은 은혜를 입음으로 소유하는 것이니 얼마나 좋은가! 이 옷이 우리 자신에 의해 만들어진 것은 사실이다. 그러나 또 한 면으로는 하나님이 우리에게 주신 것인데, 이는 우리 자신에 의해서는 이 옷을 만들어 낼 수 없고, 오직 주님이 성령을 통해서 우리 안에 이루시는 것이기 때문이다.

때때로 우리는 우리의 짐이 너무 무겁다고 생각하여 도피하려 하며, "주여, 당신이 나를 해방하소서."라고 기도하는 지경에 이른다. 그러나 우리는 마땅히 다음과 같이 기도를 바꾸어야 한다. "주여, 당신이 나에게 힘을 주사 이 짐을 감당하게 하소서. 당신이 나로 능히 이 짐을 질 수 있게 하소서. 주여, 나를 희게 하시며 빛나는 옷을 입게 하소서."

19장 9절에서는 "천사가 내게 말하기를 기록하라 …."라고 말한다. 하나님은 말씀하셨고 또한 요한에게 기록하라고 하셨다. 무엇을 기록하라고 했는가? 요한은 "어린양의 혼인 잔치에 청함을 입은 자들이 복이 있도다."라고 기록했다. 천사는 또 말하기를 "이것은 하나님의 참되신 말씀이라."고 했다. 아, 이 어린양의 혼인 잔치에 청함을 입은 권리보다 더 큰 특권이나 지위는 없다. "이것은 하나님의 참되신 말씀이라." 이것이 그분의 참되신 말씀임을 하나님께서 분명히 하셨다. 그러므로 우리는 이것을 받아들이고, 중요시하고, 기억해야 한다.

어린양의 혼인 잔치에 청함을 받은 자들과 신부와는 어떤 차이가 있는가? 그 차이점은 여기에 있다. 신부는 은혜를 입은 한 단체—새 사람—이고, 어린양의 혼인 잔치에 청함을 받은 사람들은 수많은 개인들—이기는 이들—이다. 어린양의 혼인 잔치는 왕국 시대를 언급하는 것으로서, 청함을 입은 자들은 주님과 함께, 다른 사람들이 누리지 못하는 유일하고 특별한 교통을 누릴 것이다. 주님은 천사를 통해 말씀하시기를, "어린양의 혼인 잔치에 청함을 입은 자들이 복이 있도다. … 이것은 하나님의 참되신 말씀이라."고 하셨다. 부디 하나님이 그분을 위하여 우리가 이 특별한 교통을 누릴 수 있게 하시기 원한다. 우리를 겸손하게 그분의 갈망을 만족게 하는 사람이 되게 하시기를 간구한다. 또한 교회를 위하여 생명을 공급하는 사람이 되게 하시기를 간구한다. 우리로 왕국을 위한 이기는 이가 되게 하시기를!

새 하늘과 새 땅

이제 계시록 21장 1절을 보기로 하자. "또 내가 새 하늘과 새 땅을 보니 처음 하늘과 처음 땅이 없어졌고 바다도 다시 있지 않더라." 여기서 다시 우리는 거리를 두고 창세기의 맞은편에 서 있다. 창세기 1장의 하늘과 땅은 본래의 하늘과 땅이지만, 이 구절에는 새 하늘과 새 땅이 있다. 창세기에는 바다가 있었지만 여기에는 더 이상 바다가 없다.

2절에서는 "또 내가 보매 거룩한 성 새 예루살렘이 하나님께로부터 하늘에서 내려오니 그 예비한 것이 신부가 남편을 위하여 단장한 것 같더라."고 했다. 19장에는 어린양의 혼인 기약이 이르렀고 아내가 예비되었다는 선포가 있는데 비해, 여기에서는 새 예루살렘이 마치 신부가 신랑을 위하여 단장하고 기다리는 것처럼 예비되었다고 말했으며, 또한 실제로 이 땅에 내려왔다. 우리는 이미 계시록에 많은 선포가 있음을 보았다. 특별히 중요한 것은 11장 15절의 선포이다. 사건이 발생한 차례에 따라 말한다면, 사내아이가 보좌로 올려가고, 용이 하늘에서 떨어지는 사건 등이 11장 15절 이후에 일어났다. 그런데 왜 11장 15절에서는 "세상 나라가 우리 주와 그 그리스도의 나라가 되어 그가 세세토록 왕 노릇 하시리로다."라고 말하는가? 이것은 그 일이 모두 이루어진 후에 말한 것이 아니라, 시작하는 지점에서 말한 것이다. 이것은 이제 한 전환점에 이르렀다는 것을 의미한다. 하나님의 영원한 계획을 향해 분명한 전환이 있을 때, 하나님은 하늘에서 선포하실 수 있다. 19장에도 한 선포가 있다. 그 내용은 어린양의 혼인 기약이 이르렀고 아내도 예비되었다는 것이다. 이것도 그 출발하는 시점에서 선포한 것이다. 그것은 이기는 이가 하나님 앞에서 충분히 신부를 대표할 수 있고, 이 한 무리가 그분 앞에서 이미 예비되었기 때문에, 하나님은 아내가 예비되었고 어린양의 혼인 기약이 이르렀다고 선포하실 수 있었던 것이다. 그러나 '이르렀다'라는 말씀은 실제로 새 하늘과 새 땅에서 이루어진다. 계시록 21장 2절에서 요한은 분명히 새 예루살렘이 하늘에서 내려오는 것을 보았으며, 이것은 신부가 예비된 것을 보여 준다. 이것은 단지 19장에서 선포된 예비만이 아니라, 실제적으로 이미 예비되었다는 것이다.

이제 우리는 반드시 에베소서 5장 26절과 27절로 되돌아와야 한다. "이는 곧 물로 씻어 말씀으로 깨끗하게 하사 거룩하게 하시고 자기 앞에 영광스러운 교회로 세우사 티나 주름잡힌 것이나 이런 것들이 없이 거룩하고 흠이 없게 하려 하심이니라."

"자기 앞에 영광스러운 교회로 세우사"라는 말씀은 계시록 21장에서 이루어졌으며, 이제는 한 신부가 하나님 앞에서 주님께 드려지기 위해서 예비되었다. "신부가 남편을 위하여 단장한 것 같더라."는 말씀은 이제 이해하기 어렵지 않다. 이것은 우리에게, 왕국 시대 마지막에 온 교회가 모두 그러한 단계에 이를 것임을 말해 준다. 오늘날 우리가 보지 못했던 것도 그날에는 모두 보게 될 것이다. 아마도 오늘 우리는, 하나님이 교회에 정하신 표준이 너무 높아서 '교회가 어떻게 그 단계에 도달할 수 있겠는가'라고 생각할지도 모른다. 우리는 하나님이 어떻게 하실지는 모르지만, 새 하늘과 새 땅의 시대에 교회가 그 위치에 이를 것임은 분명히 안다. 어떤 사람은 교회가 에베소서 5장의 상황에 이르는 시기는 왕국 이전이라고 말한다. 그러나 주님은 그렇게 말씀하시지 않았다. 계시록 21장에 이르러서야 교회는 비로소 그 표준에 도달한다. 새 하늘과 새 땅에 이르러서는 한 무리뿐 아니라 동서고금의 모든 성도들이 온전히 하나님 앞에 있게 되고 영광스럽게 하나님 앞에 서게 될 것이다.

21장 3절에서는 "내가 들으니 보좌에서 큰 음성이 나서 가로되 보라 하나님의 장막이 사람들과 함께 있으매 하나님이 저희와 함께 거하시리니 저희는 하나님의 백성이 되고 하나님은 친히 저희와 함께 계셔서"라고 말한다. 이 말씀은 새 하늘과 새 땅의 상황이 어떠한가를 보여 주고 있다. 새 하늘과 새 땅은 영원한 축복 아래 있을 것이다. 여기에서는 적극적인 축복을 언급하고 있다. 그 아래에서는 더 이상 이런저런 소극적인 것이 없다고 말했다. 여기에서 말한 적극적이고 영원한 축복은 무엇인가? 바로 하나님이 우리와 함께하심이다. 하나님이 우리와 함께하심이 축복인 것이다. 성경에서 말하는 영원 안에서의 축복은 바로 이 말씀—하나님이 우리와 함께하심—이다. 하나님의 임재가 없는 것이 가장 고통스러운 것이다. 영원 미래 안의 모든 누림은 바로 하나님의 임재이다. 솔로몬은 일찍이 말하기를 "하나님이 참으로 땅에 거하시리이까 하늘과 하늘들의 하늘이라도 주를 용납지 못하겠거든 하물며 내가 건축한 이 전이오리이까."라고 했다(왕상 8:27). 하늘과 하늘들의 하늘이라도 하나님의 거처로는 부족하다. 그러나 우리는 새 예루살렘이 그분의 거처라고 말할 수 있다. 왜냐하면 하나님은 새 예루살렘에 거하시고, 하나님의 보좌가 새 예루살렘 안에 세워지기 때문이다.

새 예루살렘은 바로 그 여인이다. 창세기에서 우리는 하나의 동산과 한 여자를 보았다. 그 이후에 여자는 죄를 범했고, 하나님은 그녀를 동산에서 쫓아내셨다. 새 하늘과 새 땅이 도래했을 때에는, 여인과 거룩한 성이 하나이고 더 이상 둘이 아니다. 왜냐하면 새 예루살렘이 그 여인이기 때문이며, 또한 어린양의 아내이기 때문이다. 그러므로 여인과 거룩한 성은 하나이다. 이뿐 아니라 하나님의 보좌는 새 예루살렘에 세워지고, 하나님 자신이 그 여인 안에 거하시며, 전능하신 이가 그 여인 안에 거한다고 말할 수 있다. 그러므로 밖에 얼마나 큰 세력이 있고, 얼마나 큰 시험이 있는가는 별 문제가 되지 않는다. 사탄의 악한 세력이 더 이상 들어올 수 없을 것이며, 사람도 더 이상 타락하지 않을 것이다. 왜냐하면 하나님이 그녀 안에 사시기 때문이다. 새 하늘과 새 땅 안의 축복은 바로 하나님의 임재이다. 무릇 조금이라도 하나님의 임재를 체험한 사람이라면, 하나님의 임재하심이 실로 하나의 큰 축복이며, 이것보다 더 크고 더 귀한 축복은 없음을 알 것이다.

3절 후반부를 다시 한번 읽어 보자. "하나님이 저희와 함께 거하시리니 저희는 하나님의 백성이 되고 하나님은 친히 저희와 함께 계셔서" 당신은 여기에서 하나님과 사람 사이의 관계를 알 수 있는가? 우리가 하나님의 백성이 된다는 것은 무엇을 말하는가? 하나님이 우리와 함께 거하시고 우리로 하여금 하나님의 백성이 되게 하신다는 뜻이다. 하나님이 우리의 하나님이 되신다는 것은 무엇을 의미하는가? 하나님이 우리와 함께하신다는 것이다. 하나님이 우리와 함께하시므로 하나님이 우리의 하나님이 되신다. 만일 우리가 하나님의 임재를 멀리 떠난다면 하나님은 우리의 하나님이 되실 수 없다. 영원 미래 안에서 가장 높은 축복은 바로 하나님의 임재이고, 영원 미래 안에서 가장 좋은 축복은 바로 하나님이 우리의 하나님이 되심이다.

4절에서는 "모든 눈물을 그 눈에서 씻기시매 다시 사망이 없고 애통하는 것이나 곡하는 것이나 아픈 것이 다시 있지 아니하리니 처음 것들이 다 지나갔음이러라."고 말한다. 사람이라면 누구나 다 눈물을 흘린 적이 있겠지만, 새 하늘과 새 땅에서는 이 축복—하나님이 모든 눈물을 그 눈에서 씻기시는—을 받을 것이다. 사망은 온전히 타락의 결과이다. 그러나 새 하늘과 새 땅에는 더 이상 사망이 없고, 최후의 대적도 끝날 것이다. 애통은 마음의 아픔이고 우리 속의 고통스런 느낌이다. 애곡하는 것은 큰 소리로 외치는 것이며 외적인 표시이다. 고통은 우리의 신체적인 고통이다. 하나님은 옛것, 즉 눈물, 사망, 애통, 애곡, 고통과 같은 몇 단어를 종결지으신다. 이제는 더 이상 이러한 것들이 없을 것이며 모든 것이 다 지나갈 것이다.

5절에서 말하기를 "보좌에 앉으신 이가 가라사대 보라 내가 만물을 새롭게 하노라."고 했다. 오늘날 우리가 직면하는 어려움은, 우리가 다 새 창조이지만, 여전히 옛 창조 안에서 살고 있다는 것이다. 그러나 그날에 가서는 모든 것이 다 새롭게 될 것이고, 모든 것이 다 새 창조로 변할 것이다. 내면이 새롭게 될 뿐 아니라 외면도 새롭게 변할 것이고, 주위의 만물도 다 새롭게 될 것이다. 이것을 곧 영원이라고 부른다. 새 창조는 우리를 위한 것이고, 오직 새 창조 안의 모든 것만이 비로소 우리의 마음을 만족케 할 수 있다. 이사야 6장에서는 우리에게 있는 한 고통을 말해 주는데, 그것은 바로 "나는 입술이 부정한 자"라는 것이다. 그 외에도 또 하나의 고통이 있다고 했는데, 그것은 "내가 입술이 부정한 사람 가운데 거한다."는 것이다. 그날이 이르

때 주위의 모든 것들이 새 창조일 것이며, 그날은 절대적으로 영광스러운 날이다.

21장 5절에서는 계속해서 "또 가라사대 이 말은 신실하고 참되니 기록하라."고 했다. 이 말씀은 얼마나 좋은지! 하나님은 요한에게 말씀을 전하셨고 또한 그에게 기록하게 하셨다. 기록된 말씀은 일점일획도 폐할 수 없다. 이 말씀은 신실하며 참되다! 우리의 최종적인 믿음은 바로 하나님의 최종적인 승리를 보는 것이다.

6절에서는 "내게 말씀하시되 이루었도다."라고 했다. 하나님이 모두 이루셨다고 했는데, 그것은 어디에 근거한 것인가? "나는 알파와 오메가요 처음과 나중이라."고 말씀하신 것에 근거한다. 하나님의 일은 종종 실패한 것처럼 보이지만 그분은 "나는 알파와 오메가요."라고 하신다. 처음 정하신 분이 하나님이시요, 궁극적으로 완성하시는 분도 하나님이시다. 하나님께 감사하자. 하나님은 알파이시고 모든 것을 시작하신 분이시다. 창세기 1장 1절에서는 말하기를 "태초에 하나님이 …"라고 했다. 하늘과 땅과 연한과 만물을 정하신 분이 하나님이시고, 만물의 시작이 하나님이시다. 이뿐만 아니라, 그분은 또한 오메가이시다. 사람은 실패할 수 있고 또한 실패할 것이지만, 그분은 오메가이시다. 사람이 이것저것을 말할 수 있지만, 마지막 한 마디는 하나님이 말씀하신다. 왜냐하면 그분은 오메가이시기 때문이다.

하나님은 왜 이렇게 말씀하셨는가? 왜냐하면 그분은 그분의 계획을 성취해야 하고, 그분의 목적을 이루셔야 하며, 그분이 시작하신 것을 이루셔야 함을 우리에게 말씀하기 원하시기 때문이다. 우리는 사탄의 일이 하나님의 일을 방해했던 것을 인정한다. 그러나 우리는 더욱더 하나님이, 처음에 정하시는 알파이실 뿐 아니라 또한 결국에 이루시는 오메가이심을 인정한다. 하나님은 결코 포기하지 않으시며, 그분의 목적이 이뤄지지 않은 채로 놔두지 않으신다. 교회가 체험적으로 어떠한 상태이든지, 하나님의 목적 가운데 있는 교회는 조금도 티나 주름 잡힌 것이나 이런 것들이 없으며, 더욱이 영광으로 옷 입고 그분의 아들 앞에 세워질 것이다.

우리는 하나님의 자녀들이 믿음에 있어서, 진리에 있어서, 실행에 있어서 많은 다른 점이 있음을 볼 수 있는데, 그들에게서 에베소서 4장에서 말한 바와 같은 "하나님의 아들을 믿는 것과 아는 일에 하나가 되어"가 어떻게 이루어질 수 있겠는가? 때때로 우리는 탄식의 한숨을 내쉬며 말하기를 "아마 이천 년을 더 기다려도 이루어질지 모르겠다!"라고 한다. 그러나 하나님은 말씀하시기를 "나는 오메가이다!"라고 하신다. 언젠가는 반드시 그분 앞에 서 있는 영광스러운 교회를 얻게 되실 것이다. 그분은 물을 사용하시거나 불을 사용하셔서라도 반드시 영광스러운 한 교회를 얻으실 것이다. 우리는 하나님을 저지할 수 없다. 그분은 반드시 그분의 만족을 얻으실 것이다. 우리가 아무리 약할지라도, 우리가 아무리 냉담할지라도, 우리가 아무리 강퍅할지라도, 어느 날 하나님은 우리를 산산조각으로 부수실 것이며, 그분이 우리로 도달하기 원하시는 표준에 이르게 하실 것이다.

하나님은 오메가이시다! 하나님은 하시려고 하는 바를 끝까지 하시며, 얻기 전까지는 늦추지 않으실 것이다. 기쁨과 즐거움으로 하나님을 찬미하자. 그분의 목적은 반드시 이루어질 것이다.

6절에서는 계속 이렇게 말씀하신다. "내가 생명수 샘물로 목마른 자에게 값없이 주리니." 이것은 구속에 강조점을 둔 것이 아니라, 우리에게 하나님이 필요하다는 것에 강조점을 두었다. 목마르다는 뜻은 바로 하나님이 필요함을 말하고 있다. 하나님이 부족한 것은 마치 물이 부족한 것과 같다. 그러므로 생명샘의 물은 목마른 자의 만족을 위한 것이다.

우리는 7절의 말씀을 주의해야 한다. 여기에 특별히 보배로운 한 가지 일이 있음을 찬양한다. 바로 '이기는 이'들이 어떻게 되는지를 보여 주는 것이다. 여기에서 언급한 이기는 이는 계시록 2, 3장의 이기는 이와는 다르다. 계시록 2, 3장의 이기는 이는 교회의 일부분이지만, 여기의 이기는 이는 '목마른 자'와 연관되어 있다. 상반절에서는 "내가 생명수 샘물로 목마른 자에게 값없이 주리니"라고 했고, 7절에서는 계속해서 "이기는 이는 이것들을 유업으로 얻으리라 나는 저의 하나님이 되고 그는 내 아들이 되리라."고 했다. 다시 말하면, 무릇 생명샘의 물을 마시는 자들은 모두 여기에서 말한 이기는 이들이고, 이 이기는 이들은 생명샘의 물을 마시지 않는 사람들과 분별되는 것이다. 여기의 이기는 이는 요한일서의 이기는 이와 같다. 요한일서 5장 4절은 "대저 하나님께로서 난 자마다 세상을 이기느니라 세상을 이긴 이김은 이것이니 우리의 믿음이니라."고 말한다. 하나님께로서 난 자가 바로 믿음이 있는 사람이다. 주님에게 속한 사람은 믿음이 있고, 주님에게 속하지 않은 사람은 믿음이 없다. 우리로 세상을 이기게 하는 것은 바로 이 믿음이다. 이것이 우리로 하여금 즐거움과 기쁨으로 할렐루야를 외치게 한다. 새 하늘과 새 땅에서 우리 모두는 다 이기는 이들이다. 왕국 시대에서는 소수의 사람들만이 사내아이가 되었지만, 새 예루살렘 시대에는 전체가 다 이긴다. 새 예루살렘에서의 문제는 단지 당신에게 믿음이 있느냐 없느냐이다. 믿음이 있는 자가 곧 이기는 이이다.

그날에는 하나님이 그들의 모든 눈물을 닦아주시며, 더 이상 사망이나 애통이나 곡하는 것이나 아픈 것이 없을 것이다. 왜냐하면 이전의 것들은 다 지나갔기 때문이다. 그러나 이것들은 소극적인 방면이다. 또한 적극적인 면이 있는데, 즉 "하나님이 저희와 함께 거하시리니 저희는 하나님의 백성이 되고(3절)", "나는 저의 하나님이 되고 그는 내 아들이 되리라(7절)"이다. 그러므로 우리 그리스도인에게는 하나님 앞에서 지위가 있다. 하나님의 아들일 뿐 아니라 또한 백성이다. 백성일 뿐 아니라 또한 아들이다. 하나님은 영광 안에 들어오는 수많은 아들들을 얻기 원하신다. 하나님께 감사하자. 하나님을 찬양하자. "나는 저의 하나님이 되고 그는 내 아들이 되리라." 영원 세계에 있어서 이보다 더 높은 축복은 없을 것이다.

8절에서는 "그러나 두려워하는 자들과 믿지 아니하는 자들과 흉

악한 자들과 살인자들과 행음자들과 술객들과 우상 숭배자들과 모든 거짓말하는 자들은 불과 유황으로 타는 못에 참예하리니 이것이 둘째 사망이라."고 했다. 영원한 세계에서의 축복은 하나의 사실이며, 영원한 세계에서의 형벌도 하나의 사실이다. 사랑이신 하나님이 가하시는 형벌은 다시 거둘 수 없으며 누구도 도피할 수 없으니, 이것이 얼마나 큰 경고인가!

하늘에서부터 내려오는 거룩한 성

이제 우리는 거룩한 성, 새 예루살렘이 대체 어떠한 모습인지 보겠다.

계시록 21장 9-10절: "일곱 대접을 가지고 마지막 일곱 재앙을 담은 일곱 천사 중 하나가 나아와서 내게 말하여 가로되 이리 오라 내가 신부 곧 어린양의 아내를 네게 보이리라 하고 성령으로 나를 데리고 크고 높은 산으로 올라가 하나님께로부터 하늘에서 내려오는 거룩한 성 예루살렘을 보이니."

17장 1-3절에서는 천사가 그 큰 음녀를 요한에게 보여주기 위해서 요한을 광야로 인도했다. 하나님의 시야에서 볼 때 그리고 성령의 감동을 받은 요한의 안목에서 볼 때, 음녀는 광야, 즉 생명이 없고 열매가 없는 황량한 곳에서 살고 있다. 사람들은 도처에서 웅장한 예배당과 훌륭한 예배 의식과 그곳에서 사람의 뛰어난 재능을 볼 수 있다.

그러나 하나님이 보시기에 바벨론에서 나온 이 모든 것은 모두 광야에 있는 것이고 모두 버려진 것들이다.

그러나 여기에서 천사가 어린양의 아내인 신부를 요한에게 보여주려고 할 때에는 요한을 크고 높은 산으로 이끌었으며, 거기에서 하나님으로부터 내려오는 거룩한 성 새 예루살렘을 그에게 보여 주셨다. 요한은 크고 높은 산에서 신부를 보았다. 여기에서 우리는 한 가지 사실을 볼 수 있는데, 그것은 곧 만일 하나님의 그 영원한 이상을 보기 원한다면, 반드시 하나님에 의해서 크고 높은 산으로 인도되어야 한다는 것이다. 만일 영적인 크고 높은 산에 서 있지 못한다면 이러한 이상을 볼 수 없다. 광야에 살고 있는 사람들은 새 예루살렘을 볼 수 없고, 하나님이 최종적으로 하시려는 바를 볼 수 없다. 모세가 요단 강변에 이르렀을 당시, 하나님은 어떻게 하셨는가? 하나님은 그에게 비스가 산 정상에 올라가서 하나님의 약속의 땅을 바라보라고 하셨다. 이것이 우리에게 보여주는 것은, 높은 산으로 올라가야만 비로소 이상을 볼 수 있고, 계시를 볼 수 있고, 하나님의 계획을 볼 수 있다는 사실이다.

우리는 하루하루 평범하게 그리스도인의 생활을 하고, 무슨 큰 죄를 범하지만 않으면 된다고 생각하지 말아야 한다. 우리가 이러한 낮은 위치에 서 있는다면, 하나님의 영원한 계획은 우리에게 모두 교리요, 지식일 뿐이다. 우리는 영적인 등반을 해야 하고, 영적인 달성을 갖기를 소망해야 한다. 우리는 높은 산을 오르기를 바라야 한다. 오직 이렇게 할 때 새 예루살렘을 볼 수 있을 것이다.

하나님은 그분이 원하시는 바를 반드시 얻으실 것이다. 하나님은 영원 과거에 정하신 것을 영원 미래에 반드시 얻으실 것이다. 먼저 왕국을 가져오는 이기는 이가 있어야 하고, 그 후에 새 하늘과 새 땅을 가져올 이기는 이가 있어야 한다. 문제는 누가 이기는 이가 될 수 있느냐이다. 이기는 이가 되려면 반드시 계시가 있어야 한다. 계시가 없으면 어떤 것을 가르침으로 받기 쉽다. 우리는 기억해야 한다. 지식은 열매를 맺을 수 없고 오직 계시만이 열매를 맺을 수 있다. 계시를 얻으려면 높은 산으로 올라가야 하며 평지에 머물러서는 안 된다. 산을 오르는 것은 우리의 힘을 들여야 하는 것이므로 매우 힘들다. 우리가 노력하지 않고서는 최고봉에 이를 수 없다. 하나님이 우리에게 영적인 성취를 주시어 우리가 낮은 평지를 벗어나도록 구원하시기 원한다. 구원받은 것으로 충분하다고 생각하고 다른 것들은 필요 없다고 여기지 말라. 하나님은 우리를 낮은 생활에서 구원하셔야 하고, 그분의 마음의 갈망을 우리에게 보여 주셔야 한다. 우리가 높은 산 위에 올라갈 때, 우리는 계시를 얻게 된다.

요한은 새 예루살렘을 보고서 한 가지 어리석은 행동을 했는데, 그것은 천사에게 경배한 것이었다(계 22:8). 그의 어리석은 행동은 매우 재미있다. 요한은 열두 사도 중에서 가장 나중에 세상을 떠난 사람이다. 그의 지식과 행함과 사랑과 체험은 우리보다 훨씬 뛰어나다. 그러나 계시록에서 요한은 두 번이나 어리석은 행동을 했다. 그는 두 번이나 천사에게 경배하려고 했다. 한 번은 여기에서이고 또 한 번은 19장 10절에서이다. 요한의 이러한 행동은 "그리하지 말고(22:9)"라고 천사가 말한 것처럼, 해서는 안 되는 것이었지만, 그는 감정을 억누르지 못했기 때문에 이러한 행동을 했던 것이다. 비록 그것은 잘못된 행위였으나 반면에 합당한 마음을 나타내고 있다. 이것은 하나님의 이상을 본 사람의 태도가 어떠해야 하는지를 말해준다. 하나님이 우리에게 이상을 주사, 우리로 높은 곳에 올라가서 새 예루살렘을 볼 수 있게 하시고, 또한 우리의 모든 것이 다른 것을 위하지 않고 이 이상을 이루는 데 드려지게 하시기를 바란다.

천사가 요한에게 말하기를 "내가 신부 곧 어린양의 아내를 네게 보이리라(21:9)."고 했다. 천사는 어린양의 아내를 요한에게 보여 준다고 했는데, 그 이후에 요한이 본 것은 무엇이었는가? "하나님께로부터 하늘에서 내려오는 거룩한 성 예루살렘을 보이니(21:10)." 요한이 본 것은 어린양의 아내, 곧 거룩한 성 새 예루살렘이었다. 그 아래의 말씀은 그 성의 모습, 곧 어린양의 아내의 모습을 설명하고 있다. 성의 모습은 상징으로 표현되었다. 그 성을 통하여 하나님이 창세 전에 얻기 원하셨던 그 단체의 사람이 어떤 특징을 갖고 있고, 영적인 모습이 어떠한지를 말하고 있다.

이 성은 하나님이 계신 곳으로부터, 하늘로부터 내려온다. 하나님은 그 단체의 사람이 어디로 가게 되는가를 주의하실 뿐 아니라, 또한 그 단체의 사람이 어디에서 오는가를 주의하신다. 장래의 문제일 뿐 아니라 또한 근원의 문제이다. 어린양의 아내는 하늘에서 내려온다. 땅에서 오지 않고 하늘에서 내려온다. 이것이 새 예루살렘이다. 하나님은 여기에서, 어떤 죄지은 사람이 나중에 구원 받게 되었음을 말씀하고 계시는 것이 아니다. (그렇다고 해서, 우리가 죄지은 일이 없고, 회개할 필요가 없고, 은혜로 구원받은 것이 아니라고 말하는 것이 아니다.) 이 부분의 성경에서는 다만 우리에게 하나님에게서 나오는 부분을 보여 주고 있으며, 에베소서 5장에서 언급한 그리스도 앞에 세워지는 영광스러운 교회를 보여주고 있는 것이다.

구약 안에는 특별히 그리스도께 드려지는 교회를 예표하는 리브가가 있다. 아브라함은 그의 노종에게 말하기를 "너는 나의 거하는 이 지방 가나안 족속의 딸 중에서 내 아들을 위하여 아내를 택하지 말고 내 고향 내 족속에게로 가서 내 아들 이삭을 위하여 아내를 택하라(창 24:3-4)"고 했다. 리브가는 요단 강 서편 사람이 아니라 바로 이삭의 본토 사람이다.

하나님이 원하시는 '단체의 사람'은 바로 그리스도의 본토 사람이다. 그리스도는 바로 하늘에서 내려오셨기 때문에 교회도 역시 하늘에서 내려와야 한다. 그러므로 히브리서 2장 11절에서 말하기를 "거룩하게 하시는 자와 거룩하게 함을 입은 자들이 다 하나에서 난지라 그러므로 형제라 부르시기를 부끄러워 아니하시고."라고 했다. 누가 형제들인가? 형제는 같은 어머니와 같은 아버지에게서 출생한 자들이다. 우리가 한 면으로는 주님의 보혈에 의해 산 바 되었고, 또 한 면으로는 참으로 하나님에게서 출생하였으니, 얼마나 주님께 감사한지! 그리스도인의 역사에는 두 면이 있다. 하나는 외적으로 하나님께서 우리를 사오신 역사이고, 다른 한면은 내적으로 우리가 하나님으로부터 출생한 역사이다. 죄의 역사를 말할 때에는 밖에서 사온 바 되었지만, 죄 없는 역사를 언급할 때에는 하나님에게서 태어난 것이다. 왜냐하면 하나님으로부터 난 것은 죄를 범할 수 없기 때문이다. 따라서 이 분깃은 죄의 시작도 죄의 역사도 없다. 새 예루살렘은 하나님께로부터 내려온다. 이것은 마치 교회가 지금까지 한 번도 이 땅에 있었었던 적이 없고, 처음으로 이 땅에 내려오고 있다고 말하는 것 같다. 이것은 결코 우리가 죄인으로서 하나님께 나오지 않았다는 말이 아니라, 한 면에서 우리 안에 하나님에게서 나온 부분, 곧 선적으로 하나님에게서 나온 부분이 있다는 말이다. 새 예루살렘이 하나님으로부터 하늘에서 내려오다니, 우리는 하나님께 감사드리지 않을 수 없다.

이 성은 17장에서 말한 그 성과 크게 다르다. 그 성은 큰 성이라고 부르지만, 이 성은 거룩한 성이라고 부른다. 바벨론의 특징은 위대함에 있지만 새 예루살렘의 특징은 거룩함에 있다. 그리스도인들 중에 위대한 것을 취하는 사람이 있으나 또한 거룩한 것을 주의하는 사람도 있다. 위대함을 주의하는 것은 바벨론의 원칙이고, 거룩함을 주의하는 것은 새 예루살렘의 원칙이다. 무엇을 거룩이라고 부르는가? 우리는 이렇게 말할 수 있다. 오직 하나님만이 거룩하시기 때문에 하나님에게서 나온 것만이 거룩하다. “거룩하게 하시는 자와 거룩하게 함을 입은 자들이 다 하나에서 난지라." 이 의미는 그리스도가 그 하나에서 나왔기 때문에 거룩하시고, 우리 또한 그 하나에서 나왔기 때문에 거룩하다는 뜻이다. 오직 그 하나에서 나온 자들이라야 거룩하다. 오직 하나님에게서 나온 것이라야 가치가 있고, 오직 하나님에게서 나온 것만을 새 예루살렘이라고 부른다. 사람에게서 나온 것은 무엇이든 새 예루살렘이 될 수 없다. 휴거의 관건은 바로 여기에 있다. 왜 어떤 이는 남아 있게 되는가? 그것은 수많은 부분들이 그리스도에게서 나온 것이 아니기 때문이다. 그리스도에게서 나오지 않은 것은 무엇이든지 하늘로 가지고 갈 수 없다. 어느 것도 하늘에서 나오지 않은 것은 하늘로 돌아갈 수 없다. 땅에서 나온 것은 모두 땅에 남겨져야 하고 오직 하늘에서 나온 것만이 하늘로 돌아갈 수 있다.

(1) 거룩한 성의 빛

21장 11절에서는 "하나님의 영광이 있으매 그 성의 빛이 지극히 귀한 보석같고 벽옥과 수정같이 맑더라"고 말한다. 벽옥은 계시록 4장에서 이미 한번 언급되었다. 즉 요한은 보좌에 앉아 계시는 하나님의 모습이 마치 벽옥과 같고 홍보석과 같은 것을 보았던 것이다. 그러므로 벽옥은 바로 요한이 본 보좌 위의 하나님의 모습이다. 다시 말하면, 벽옥이 의미하는 바는 보여진 하나님이라는 것이다. 사람이 보좌 앞에 서서 본 하나님은 마치 벽옥과 같다. 이것은 이 땅에서 인식할 수 있는 것이 아니라, 보좌에 가서 인식할 수 있는 모습이다. 우리가 오늘날 여기에서 인식하는 하나님은 모호하고 투명하지 않은 부분이 많지만, 그 성 안에는 벽옥과 같은 빛을 발하는 하나님의 영광이 있다. 이 의미는, 새 예루살렘이 이 땅에 내려 올 때 우리는 하나님 자신을 볼 수 있고, 그분을 더 이상 오해하지 않게 되고, 더 이상 이것이 어떻게 된 일이냐고 묻지 않게 된다는 뜻이다. 새 예루살렘의 빛은 투명하여 수정과 같이 정결하며 이물질이 조금도 혼합되지 않은 것이다. 그 날에는 모든 것이 다 투명하여 모든 것을 다 볼 수 있을 것이다. 그 날 우리는 하나님을 볼 수 있을 것이며 하나님을 인식할 수 있을 것이다.

(2) 거룩한 성이 포함한 사람들

12-14절을 읽어 보자. "크고 높은 성곽이 있고 열두 문이 있는데 문에 열두 천사가 있고 그 문들 위에 이름을 썼으니 이스라엘 자손 열두 지파의 이름들이라 동편에 세 문, 북편에 세 문, 남편에 세 문, 서편에 세 문이니 그 성에 성곽은 열두 기초석이 있고 그 위에 어린양의 열두 사도의 열두 이름이 있더라."

이 '단체의 사람'이 포함한 사람들은 얼마나 되는가? 여기에서 열두 문 위에는 열두 지파의 이름이 기록되어 있고, 열두 기초석 위에는 열두 사도의 이름이 기록되어 있다. 이 성은 구약과 신약의 성도들을 모두 포함하고 있는 것이다. 몇 군데 성경 구절들을 더 보면서 이 사실을 증명해 보자. 누가복음 13장 28-29절에서는 말하기를 "너희가 아브라함과 이삭과 야곱과 모든 선지자는 하나님 나라에 있고 오직 너희는 밖에 쫓겨난 것을 볼 때에 거기서 슬피 울며 이를 갊이 있으리라 사람들이 동서남북으로부터 와서 하나님의 나라 잔치에 참석하리니."라고 했다. 여기에서 하나님의 나라가 포함하고 있는 바는 아브라함, 이삭, 야곱으로 대표되는 구약의 모든 성도들이고, 또한 동에서, 서에서, 남에서, 북에서 오는 성도들이다. 이 두 무리들은 하나님의 나라에 참여할 뿐 아니라, 또한 반드시 함께 새 예루살렘으로 들어가게 될 것이다.

히브리서 11장 8-10절을 보자. "믿음으로 아브라함은 … 약속하신 땅에 우거하여 동일한 약속을 유업으로 함께 받은 이삭과 야곱으로 더불어 장막에 거하였으니 이는 하나님의 경영하시고 지으실 터가 있는 성을 바랐음이니라." 이 성은 바로 새 예루살렘을 가리켜 말한 것이다. 오직 이 성만이 기초가 있는 성인데, 하나님이 경영하시고 건축하시는 성이다. 13절에서는 "이 사람들은 다 믿음을 따라 죽었으며"라고 말한다. '이 사람들'은 아벨, 에녹, 노아, 아브라함, 이삭, 야곱 등의 사람들이다. 16절에서는 "저희가 이제는 더 나은 본향을 사모하니 곧 하늘에 있는 것이라. 그러므로 하나님이 저희 하나님이라 일컬음 받으심을 부끄러워 아니하시고 저희를 위하여 한 성을 예비하셨느니라."고 했다. 여기의 '저희'는 13절에서 말한 '이 사람들'이다.

이렇게 볼 때, 구약의 성도들은 새 예루살렘에서 반드시 분깃을 소유하게 된다. 아벨부터 그 이후의 구약의 성도들에게 계속해서 하나님은 그들을 위해 한 성, 즉 새 예루살렘을 예비하셨다. 그들에게는 다 그 성 안에 분깃이 있다. 더 나아가서 39-40절을 보자. "이 사람들이 다 믿음으로 말미암아 증거를 받았으나 약속을 받지 못하였으니 이는 하나님이 우리를 위하여 더 좋은 것을 예비하셨은즉 우리가 아니면 저희로 온전함을 이루지 못하게 하려 하심이니라." 하나님은 구약의 성도들을 기다리게 하셨고 그들은 아직 그 성을 얻지 못했다. 하나님은 그들로 하여금 우리와 함께 얻도록 하시기 위하여 기다리게 하셨다. 우리는 구약과 신약의 성도들이 모두 거룩한 성 새 예루살렘 안에 있음을 알 수 있다.

에베소서 2장 11-14절에서는 이렇게 말한다. "그러므로 생각하라 너희는 그 때에 육체로 이방인이요 … 무할례당이라 칭함을 받는 자들이라 그 때에 너희는(에베소의 그리스도인들—역자 주)그리스도 밖에 있었고 이스라엘 나라 밖의 사람이라 약속의 언약들에 대하여 외인이요 세상에서 소망이 없고 하나님도 없는 자이더니 이제는 전에 멀리 있던 너희가 그리스도 예수 안에서 그리스도의 피로 가까와졌느니라 그는 우리의 화평이신지라 둘로 하나를 만드사 중간에 막힌 담을 허시고." 11절부터 13절까지에서는 '너희'라는 대명사가 사용되었으나 14절에서는 '우리'라는 대명사로 바뀌어 사용되었다. '너희'라고 말할 때에는 에베소 성도들을 가리켜 말한 것이지만, '우리'라고 말할 때에는 유대의 성도와 에베소의 성도들을 함께 가리킨 것이며, 구약의 성도들과 신약의 성도들을 포함해서 말한 것이다. 그분이 우리를 화목하게 하셨고, 둘로 하나를 만드사 중간에 막힌 담을 허셨다. 다시 15절을 읽어 보자. "원수 된 것 곧 의문에 속한 계명의 율법을 자기 육체로 폐하셨으니 이는 이 둘로 자기의 안에서 한 새사람을 지어 화평하게 하시고." 여기의 '둘'은 13절에서 말한 '둘'과 마찬가지로 구약과 신약의 성도들을 가리켜 말한 것이지 사람과 하나님을 가리키는 것이 아니다. 하나님과 우리, 이 둘을 한 새사람으로 만들 수 있는가? 할 수 없다. 여기에서는 이방 성도와 유대 성도들을 가리켜 말한 것이고, 구약의 성도들과 신약의 성도들을 가리켜 말한 것이다.

16절에서는 말하기를 "또 십자가로 이 둘을 한 몸으로 하나님과 화목하게 하려 하심이라 원수 된 것을 십자가로 소멸하시고"라고 했다. '둘을 한 몸으로' 하나님과 화목하게 하셨다. 이것은 구약의 성도들과 신약의 성도들이 모두 하나님과 화목되었다는 뜻이다. 17-19절에서는 말하기를 "또 오셔서 먼 데 있는 너희에게 평안을 전하고 가까운 데 있는 자들에게 평안을 전하셨으니 이는 저로 말미암아 우리 둘이 한 성령 안에서 아버지께 나아감을 얻게 하려 하심이라 그러므로 이제부터 너희가 외인도 아니요 손도 아니요 오직 성도들과 동일한 시민이요 하나님의 권속이라."고 했다. 에베소 성도들은 더 이상 외인이 아니고 성도들과 동일한 시민이요 하나님의 권속이 되었다.

20-22절은 "너희는 사도들과 선지자들의 터 위에 세우심을 입은

자라 그리스도 예수께서 친히 모퉁이 돌이 되셨느니라 그의 안에서 건물마다 서로 연결하여 주 안에서 성전이 되어가고 너희도 성령 안에서 하나님의 거하실 처소가 되기 위하여 예수 안에서 함께 지어져 가느니라."고 말한다. 하나님의 거처는 구약과 신약의 성도들을 포함하고 있다. 아브라함, 이삭, 야곱이 그 안에 있으며 우리도 그 안에 있다. 결론적으로, 새 하늘과 새 땅의 시대에는 하나님의 생명이 있는 모든 사람들이 새 예루살렘 안에 포함될 것이다.

(3) 성과 성문과 성곽

이제 계속 계시록 21장을 보기로 하자. 우리는 여기의 성곽을 특별히 주목해야 한다. 12절에서는 "크고 높은 성곽이 있고 …"라고 했다. 15절에서는 "내게 말하는 자가 그 성과 그 문들과 성곽을 척량하려고 금 갈대를 가졌더라."고 말한다. 17절은 "그 성곽을 척량하매 일백사십사 규빗이니 사람의 척량 곧 천사의 척량이라."고 말한다.

원래 하나님이 에덴에 동산을 세우셨을 당시에는 뱀이 그 동산으로 들어와서 하와에게 말할 수 있었으며, 이것으로 미루어 보아 동산 주위에는 성곽이 없었음을 알 수 있다. 하나님은 본래 아담으로 하여금 이 동산을 지키게 하셨다. 다시 말해서, 하나님의 의도는 아담이 이 동산의 성곽이 되게 하는 것이었다. 그러나 아담은 지키지 못했으며 사탄이 들어왔다. 이제 새 예루살렘은 어떠한가? 새 예루살렘에는 성곽이 있다. 성곽은 한 면으로는 포함하는 것이고, 다른 한 면으로는 거절하는 것이다. 성곽은 성 안에 있는 모든 것을 포함하고 있으며, 또한 성 밖에 있는 모든 것들을 거절하고 있다. 성곽이 있으면 성 안과 성 밖이 구별되고 분별된다. 새 예루살렘은 바로 하나님이 얻기 원하시는 새사람이다. 이 새사람은 하나님 앞에 있고, 외부와 분별되어 있다. 그러므로 뱀은 또다시 그 안으로 들어올 수 없다. 이제는 성곽이 있고, 구별되었고, 분리되었다. 그러므로 뱀이 다시 그 안으로 들어올 가능성은 없어진 것이다.

여기에서는 새 예루살렘의 광경을 말한다. 하나님의 영광보다도 먼저 언급된 것이 성곽이다. 그러므로 분별은 그리스도인의 생활 가운데 가장 중요한 원칙 중 하나이다. 분별이 없으면 그리스도인의 가치를 잃게 된다. 반드시 하나의 경계선—무엇이 영에 속한 것이고 무엇이 육에 속한 것인가를 구별짓는—이 있어야 한다. 새 예루살렘은 분별되어 있고, 하나의 경계선이 있다. 우리는 여기에서 하나의 공과를 배워야 한다. 바벨론에서 나온 모든 것은 거절해야 하고, 하나님에게서 나온 모든 것들은 보호해야 한다. 성곽을 세우는 것은 쉬운 일이 아니다. 사탄이 가장 미워하는 것이 바로 성곽이다. 느헤미야가 예루살렘으로 돌아와서 성곽을 건축하려고 할 때, 산발랏과 도비야 등이 와서 온갖 방해를 했다. 그래서 느헤미야는 한 손으로 무기를 잡고, 한 손으로는 성곽을 건축했던 것이다. 그러므로 우리는 우리가 어떻게 영적인 무기를 가지고 공중의 권세 잡은 악한 자와 전쟁하며,

어떻게 분별의 원칙을 지켜야 하는지를 보여 달라고 하나님께 간구해야 한다.

이 성에는 열두 문과 열두 기초석이 있다. 기초석 위에는 어린양의 열두 사도의 이름이 있는데, 이것은 이 성 안의 모든 것이 사도들이 전한 하나님의 왕국의 원칙에 근거하고 있음을 말한다. 우리는 이미 에베소서에서 "너희는 사도들과 선지자들의 터 위에 세우심을 입은 자라."는 말씀을 보았다(2:20). 그 뜻은 바로 사도들이 얻은 계시가 새 예루살렘의 기초임을 말한다.

문은 출입을 위한 것이다. 왜 문 위에 열두 지파의 이름이 기록되어 있는가? 주 예수님이 말씀하시기를 구원은 유대인에게서 나온다고 하셨다(요 4:22). 하나님의 일에 관하여 우리는 모두 이스라엘에게서 배웠다. 율법도 이스라엘에게서 얻은 것이고, 구속도 이스라엘에게서 알았고, 구원도 이스라엘에게서 나온 것이다. 그러므로 문 위에 이스라엘 열두 지파의 이름이 새겨져 있는 것이다.

이 성은 동쪽에 세 문, 북쪽에 세 문, 남쪽에 세 문, 서쪽에 세 문으로 동서남북에 각각 세 문씩 있었다. 문은 출입하기 편리한 곳에 내게 되는데, 이것은 곧 이 성이 중심에 위치해 있으며, 이 성이 모든 것의 중심이 된다는 뜻이다. 새 예루살렘은 하나님의 마음 중심에 있는 걸작품이다.

문 위에는 또한 문을 지키는 자—"문에 열두 천사가 있고(계 21:12)"—가 있다. 하나님께 감사하자. 전에는 그룹들이 생명나무를 지켰지만, 이제는 생명나무가 성 중앙에 있고 천사들이 성문을 지키고 있다. 천사들은 시종드는 영이며(히 1:14), 그날에 천사들은 교회의 발아래에서 순종하게 될 것이다. 계시록 21장 15절에서는 말하기를 "내게 말하는 자가 그 성과 그 문들과 성곽을 척량하려고 금갈대를 가졌더라."고 했다. 성경에서는 하나님에게서 나오는 모든 것을 금으로 대표하고 있다. 금갈대를 자로 하여 척량한다는 의미는 바로 이 성이 하나님의 표준에 의해서 척량될 수 있고, 하나님의 표준에 적합하다는 것을 말한다. 우리는 하나님께 영광을 구하고, 그날에 우리가 척량될 때 하나님의 표준에 적합하기를 소망해야 한다.

16절은 "그 성은 네모가 반듯하여 장광이 같은지라 그 갈대로 그 성을 척량하니 일만 이천 스다디온이요 장과 광과 고가 같더라."고 말한다. 성경 중에서 장, 광, 고가 같은 것이 또 하나 있다. 바로 성전 안의 지성소이다. "그 내소의 속이 장이 이십 규빗이요 광이 이십 규빗이요 고가 이십 규빗이라(왕상 6:20)." 장과 광과 고가 똑같다. 성경에서 오직 성전 안의 지성소와 새 예루살렘 성만이 장, 광, 고가 똑같다. 바꾸어 말하면, 새 하늘과 새 땅 안에서 새 예루살렘 성이 하나님의 지성소가 되는 것이다. 본래 다윗이 솔로몬에게 이와 같이 하도록 지시하면서 말하기를 "이 위의 모든 것의 식양을 여호와의 손이 내게 임하여 그려 나로 알게 하셨느니라(대상 28:19)."고 했다. 여기에서 성전 안의 모든 것은 계시에 따라서 지은 것임을 알 수 있다. 새 하늘과 새 땅 시대에서는 이 새 예루살렘 성이 바로 하나님의 성전이고,

이 성의 모든 것은 다 하나님 안에 있는 것이며, 한 가지라도 하나님 외의 것은 없다.

21장 17절에서는 "그 성곽을 척량하매 일백사십사 규빗이니 사람의 척량 곧 천사의 척량이라."고 했다. 오늘날 우리는 사람의 척량이 천사의 척량이라고 말할 수 있는가? 없다. 그러면 언제 사람의 척량과 천사의 척량이 같아지는가? 주 예수님은 우리에게 말씀하시기를 부활시에는 사람이 천사와 동등된다고 하셨다(눅 20:36). 이 일백 사십사 규빗은 사람의 척량과 천사의 척량이 같아질 때에 비로소 나타나는 것이다. 다시 말해서, 이 성의 모든 것은 다 부활 안에 있는 것이다. 주께 감사한다. 성 안에 포함된 모든 것이 다 부활 안에 있다. 모든 죽은 것과 사람에게서 나온 것은 다 성 밖에 있다. 무릇 부활하고 하나님에게 속한 것은 모두 성 안에 있다. 부활의 의미는 하나님에게 속했다는 것이다. 사람에게서 나온 것은 죽으면 다시 일어날 수 없지만, 하나님에게서 나온 것은 비록 죽음을 거칠지라도 다시 일어날 수 있는 것이다. 사망이 묶을 수 없는 것, 사로잡을 수 없는 것을 바로 부활이라고 부른다. 우리 사람에게서 나온 것은 십자가를 거치면 끝나버리지만, 하나님에게서 나온 모든 것은 사망이 만질 수 없는 것이다.

요한이 이 성에 대해 기록할 때에 사용한 숫자는 바로 열둘이나 열둘로 이루어진 숫자들—열두 문, 열두 기초석, 열두 사도, 열두 지파 등—이다. 16절에서는 일만 이천 스다디온을 언급한다. 그러나 하나님께서 원문 중에서 사용하신 숫자는 이와 같지 않다. 하나님은 '일만 이천 스다디온'이라고 하지 않으시고 '천의 열두 배가 되는 스다디온'이라고 하셨다. 하나님은 열둘이라는 숫자를 사용하셨다. 성곽의 척량은 144규빗으로서 12 곱하기 12이다. 이로써 12는 영원 미래에 관한 숫자임을 알 수 있다. 12는 성경 안에서 가장 귀한 숫자이다. 계시록 전반부에서 우리는 많은 7, 즉 일곱 인, 일곱 나팔, 일곱 교회, 일곱 천사 등을 보았지만, 후반부에서는 많은 12, 즉 위에서 언급한 열두 문 등을 볼 수 있다. 7은 완전을 의미하고, 12도 완전을 의미한다. 그러나 이 둘은 전혀 같지 않다. 7은 3 더하기 4로 이루어졌고, 12는 3 곱하기 4로 이루어졌다. 하나님은 삼일 하나님이시므로 3은 하나님을 대표하는 숫자이며, 4는 피조물을 대표하는 숫자이다. 예를 들면 네 바람, 네 계절, 네 생물 등이다. 3 더하기 4는 하나님과 사람, 창조자와 피조물의 연합을 의미한다. 이것은 얼마나 완전한가! 그러나 더해진 것은 빼낼 수 있고 잃어버릴 수 있으므로 이러한 완전함은 영원한 것이 못 된다. 새 예루살렘에 이르면 하나님과 사람의 연합은 더 이상 7이 아니라 12이다. 더 이상 3 더하기 4가 아닌 3 곱하기 4의 관계이다. 곱한 것은 완전히 연합된 것이고 더 이상 나눌 수 없다. 창조자와 피조물이 하나로 섞인 것이 바로 12라는 숫자인 것이다. 완전한 하나가 12이다. 새 하늘과 새 땅에서는 하나님과 사람이 연합하여 하나가 될 것이고, 하나님과 사람은 더 이상 나누어지지 않을 것이다.

(4) 정금, 보석, 진주

이 성은 무엇으로 만들어졌는가? 18절에서는 "그 성곽은 벽옥으로 쌓였고 …"라고 말한다. 우리는 앞에서 이미 벽옥에 대해 보았다. 성의 빛이 마치 벽옥과 같았는데, 그 의미는 성의 영광이 바로 우리에게 보이는 하나님의 참모습이라는 것이다. 사람이 하나님의 참모습을 알 수 있을 때, 보좌 위의 하나님을 알 수 있는 것이다. 하나님은 사람에게서 멀리 떠나 있지 않으시며, 또한 사람이 알 수 없는 분도 아니시다. 성곽의 기능은 성의 안과 밖을 구별 짓는 것이다. 성곽이 벽옥으로 건축되어 있다는 것은 하나님의 참된 빛 안에서 보는 것이 분별이라는 것이다. 분별의 참된 근거는 하나님이 무엇을 원하시는가를 보는 데 있고, 하나님의 요구하심이 무엇인가를 보는 데 있다. 만일 사람이 하나님의 요구하심에 대해서 모호하고 분명치 않다면, 그 결과는 분별을 잃게 되는 것이다.

18절을 읽어 보자. "그 성은 정금인데 맑은 유리 같더라." 다시 말하면, 성 안의 모든 것은 다 하나님에게서 나온 것이다. 정금은 바로 하나님에게서 나온 것, 하나님이 새 창조 안에 있는 것이다. 베드로는 우리가 하나님의 성품에 참여했다고 말했다. 모든 하나님께 속한 사람 안에는 하나님에게서 나온 어떤 부분이 있다. 우리가 구원받기 전에는 우리의 모든 것이 육에 속했고, 모든 것이 천연적인 것에 속했으며, 조금도 영적인 것이 없었다. 그러나 우리가 주님을 영접한 이후에 하나님은 그분의 생명을 우리에게 나누어 주셨다. 이것이 바로 그분이 우리에게 주신 정금이다. 우리 안에는 정금에 속한 부분이 있고, 우리 안의 일부분은 참으로 하나님에게서 나왔다. 그러나 애석하게도 우리 안에 정금이 있으나 또한 이물질이 섞여 있다. 그렇다. 우리 안에 하나님의 본성이 있지만 또한 하나님 외의 많은 것들도 있다. 그러므로 오늘날 그분의 자녀들에 대한 하나님의 일의 대부분은 이 이물질을 감소시키는 것이며, 무엇을 더하는 증가의 일이 아니다.

많은 경우에, 사람은 더욱 하나님을 얻으려고 하고, 더욱 성령으로 충만하려고 하고, 더욱 그리스도를 알려고 한다. 그렇다. 이러한 것들은 하나하나 다 중요하다. 우리는 참으로 하나님을 더 얻어야 하고, 성령의 충만을 더 얻어야 하고, 그리스도를 더 알아야 한다. 반면에 또 하나의 일이 있다. 그것은 바로 얻는 것이 아니라 제거하는 것이다. 하나님의 기본적인 일은 바로 '우리'를 감소시키는 것이다. 우리가 구원을 받은 이후로 하나님은 날마다 이 일을 하고 계신다. 십자가는 감소시키는 도구이다. 십자가가 하는 일은 바로 제거하는 것이다. 십자가는 우리에게 무엇을 더해 주는 것이 아니라 우리에게서 무엇인가를 가져가는 것이다. 우리 안에는 수많은 찌꺼기들이 있고, 하나님에게서 나오지 않은 많은 것들이 있으며, 하나님을 영광스럽게 할 수 없는 많은 것들이 있기 때문에, 하나님은 십자가로 이것들을 제거하시고 우리로 하여금 정금이 되도록 하신다. 하나님이 우리 안에 넣어 주신 것은 정금이지만, 우리 안에 찌끼들이 있고 하나님에게서 나오지 않은 부분들이 많기 때문에 섞이게 된 것이다. 그렇기 때문에 하나님은 많은 시간을 들여서 우리에게, 우리 안에 있는 자신에게서 나온 어떤 것, 하나님을 영광스럽게 할 수 없는 것 등을 보여 주셔야 한다. 하나님이 우리에게 말씀하신다면, 우리에게서 제거되어야 할 것이, 증가되어야 할 것보다 많고도 많음을 보게 될 것이다. 특별히 혼적인 사람은 기억해야 한다. 하나님이 그분의 성령을 통해서 여러분에게 일하심은 제거하기 위한 것이며 당신을 감소시키기 위한 것이다.

새 예루살렘의 특징은 바로 이 금이 순금이고, 조금도 이물질이 섞이지 않은 것이며, 완전히 하나님에게서 나온 것이라는 것이다. 하나님이 오늘날 우리로 배우게 하시는 공과는, 우리 자신에게서 나오는 것들은 다 찌꺼기라는 것을 보게 하시는 것이다. 정금 외에 우리 자신에게서 나온 모든 것들은 다 찌꺼기이다. 다시 말하면, 하나님에게서 나오지 않은 것은 다 찌꺼기라는 것이다. 하나님 앞에서, 나의 어떤 것을 하나님께 드릴 수 있다고 말할 수 있는 사람은 없다. 하나님이 원하시는 것은 정금이고, 새 예루살렘에 있는 것은 다 정금이며, 찌꺼기가 없다. 어느 날 우리는 하나님에게서 나오지 않은 모든 것들이 다 십자가 위에 있는 것을 보게 될 것이다. 새 예루살렘 안에 있는 것은 다 하나님에게서 나온 것이다. 하나님의 목적은 반드시 이루어져야 한다. 하나님이 정금이라고 말씀하신 것만이 바로 정금이다. 어떤 이물질도 하나님의 일 안에 섞일 수 없다.

계시록 21장 19-20절을 보자. “그 성의 성곽의 기초석은 각색 보석으로 꾸몄는데 첫째 기초석은 벽옥이요 둘째는 남보석이요 셋째는 옥수요 넷째는 녹보석이요 다섯째는 홍마노요 여섯째는 홍보석이요 일곱째는 황옥이요 여덟째는 녹옥이요 아홉째는 담황옥이요 열째는 비취옥이요 열 한째는 청옥이요 열두째는 자정이라.” 이러한 보석에는 무슨 의미가 있는가? 보석과 정금은 근본적으로 다르다. 정금은 화학원소이나, 보석은 화학원소가 아니라 일종의 화합물이다. 정금은 원소로서 하나님이 그것을 만드실 때부터 정금이었고 하나님이 직접 창조하셨다. 보석은 몇 종류의 원소가 땅 속에서 수천 년의 시간을 통과하면서 열과 압력에 의해 형성된 것이다. 다시 말하자면, 보석이 대표하고 있는 것은 하나님이 직접 사람에게 주신 것이 아니라, 바로 성령이 사람 안에서 압력을 가하고 불로 태움으로 나온 것이다. 성령이 이 땅에서 하시는 일은 바로 계속적으로 우리를 단련시키고, 우리로 하여금 각양의 체험을 갖게 함으로써 우리를 그분 앞에서 보석으로 변화되게 하는 것이다. 그러므로 보석은 바로 우리가 성령의 다루심을 받아 산출된 결과이다.

이것은 마치 이삭의 체험은 금이지만, 야곱의 체험은 보석인 것과 같다. 이삭은 아들로 태어났고 하나님의 약속에 따라서 출생했으며, 그는 한번도 고통을 받은 적이 없었고, 큰 실수도 범한 적이 없었다. 그러나 야곱은 달랐다. 그는 수많은 고난을 받았고, 수많은 혹독한 시련을 통과했으며, 하나님의 손이 계속 그에게 있었다. 하나님은 날을 거듭하고 해를 거듭하면서, 야곱 안에 그를 하나의 보석으로 조성시키는 일을 하셨다.

하나님이 우리에게 주신 생명은 바로 정금이고, 하나님이 우리 안에서 조성하시는 생명은 보석이다. 날마다 수많은 환경 안에서 우리를 그리스도의 형상으로 변화시키는데, 이것이 바로 보석이다. 하나님은 그리스도의 생명을 우리에게 나누어 주시고 끝나는 것이 아니라 또한 그리스도의 생명이 우리 안에 조성되게 하신다. 한 면으로 우리는 주님의 생명을 제외하면 구원받기 전과 조금도 다르지 않음을 알아야 한다. 그러나 또 한 면으로는 우리가 주님을 오 년, 십 년을 따르면서 계속 그분의 가르침을 받고 그분의 처리를 받는다면, 그리스도의 생명이 어느 정도 성령에 의해서 우리 안으로 조성되이지며, 우리 안에는 주님에 의해서 완성되어진 한 부분이 있게 된다. 이것이 바로 보석이다.

그러므로 당신은 하나님이 왜 당신을 불 속에 넣고서 태우시는가를 의아해할 필요가 없다. 다른 사람은 만나는 일마다 다 좋은데, 당신은 만나는 일마다 하나하나 다 순조롭지 못하다. 다른 이들이 당신을 오해하고, 심지어 당신을 공격하는 등 당신에게는 이러한 일들이 특별히 많이 발생한다. 여기에는 이유가 있음을 알아야 한다. 즉 하나님이 계속 당신을 불태우고, 성령이 계속 일하심으로 그리스도의 생명을 당신 안에 조성시켜서, 당신을 그리스도의 형상으로 변화시키기 위한 것이다.

계시록에는 한 종류의 보석뿐 아니라 여러 종류의 보석이 있다. 어떤 것은 옥수요, 어떤 것은 황옥이요, 어떤 것은 비취다. 이런저런 각양 보석이 불로 완성되는 것이다. 다시 말하면, 하나님은 이것을 단번에 만드시는 것이 아니라, 오랜 시간의 일을 통해서 비로소 얻으신 것이다. 보석은 하나님이 창조시에 당신에게 주신 것이 아니고, 당신이 새 창조가 되었을 때 얻은 것도 아니며, 하루하루 하나님이 당신 안에서 당신을 태움으로써 이루어진 것이다. 보석은 한 물질이 계속 불을 통과할 때, 그 불이 어떤 종류의 공법으로 가해짐으로, 어떤 광물질이 그 안으로 녹아서 어떤 종류의 보석을 형성하는 것이다. 그 불을 다른 공법으로 태우면 다른 종류의 광물질이 그 안에서 녹아서 다른 보석이 된다. 보석이 대표하는 것은 성령의 일이다. 우리가 구원받은 그날, 우리는 하나님으로부터 하나님의 성품을 얻었고, 그 이후로 성령이 날마다 하나님의 성품을 우리 안으로 역사하여 우리로 하여금 성령의 열매를 맺게 한다. 성령의 열매는 하나가 아니라 사랑, 희락, 화평, 오래 참음, 자비, 양선, 충성, 온유, 절제 등 여러 가지이다. 성령이 우리 안에서 계속 일하여 우리로 성령의 열매들을 맺게 한다. 우리가 구원받았을 때 하나님이 우리에게 주신 생명은 바로 그분의 생명이다. 그러나 성령의 열매는 하나님이 우리에게 나누어 주시는 것이 아니다. 성령의 열매는 성령이 우리 안에서 일하여 어느 단계에 이를 때 우리로 맺게 하는 것이다. 보석은 성령이 환경을 통해서 우리의 몸에서 만들어낸 것이다.

하나님은 우리에게 그분의 생명을 나누어 주실 뿐 아니라, 날마다 우리 몸에서 다른 한 사람—하나님의 이름을 영광스럽게 하는—을 만들어 가시는 것이다. 당신은 구원받은 날 하나님의 성품을 얻었고, 나 또한 구원받은 날 하나님의 성품을 얻었다. 그도 구원받은 날 하나님의 생명을 얻었다. 이것은 모든 그리스도인에게 동일하며 차별이 없다. 그러나 그후에 하나님은 당신을 어떤 환경에 두사 당신으로 어떤 체험을 하게 하시고, 어떤 시련을 받게 하시고, 어떤 고난을 통과하게 하시며, 어떤 고통을 당하게 하심으로 당신을 그리스도인으로 조성하시고, 당신을 황옥 같고 옥수 같고, 홍보석 같고 자정 같은 그리스도인이 되게 하신다. 하나님은 모든 그리스도인으로 하여금 다 한 종류의 보석이 되게 하신다. 우리가 하나님 앞에서 공통으로 소유하고 있는 것은 금이지만, 우리가 하나님 앞에서 보석이 되는 것은 각기 다른 모습이다.

성령이 환경을 통해서 우리 몸에서 형성한 것은 영원히 존재한다. 어떤 그리스도인이 하나님 앞에서 어떤 방식으로 많은 다루심을 받을 때, 그는 그것을 통해 많은 공과를 배울 것이다. 이것은 그의 탁월한 성품이 되는 것이며, 이러한 성품은 수십 년이 지나면 끝나버리는 것이 아니고 영원 미래에까지 지속된다. 그가 얻은 이것은 새 예루살렘에서 영원토록 보석이 되는 것이다.

수많은 하나님의 자녀들이 하나님과 십 년, 이십 년간 동행하면서 하나님이 성령을 통해서 그들에게 조성하신 어떤 부분을 갖고 있다. 어떤 것은 하나님이 그들에게 나누어 주신 것만이 아니라, 더욱 그들 자신이 그것으로 변한 것이다. 수년 동안 그들은 성령의 다루심을 받았으며, 수많은 시련과 많은 체험을 통하여 성령이 그들에게서 일종의 생명을 조성해 냈다. 무릇 그들을 아는 사람은 모두 어떤 것이 그들 안에 완성되었음을 안다. 그들에게는 다만 하나님이 나누어 주신 생명이 있을 뿐 아니라, 또한 성령이 그들 안에서 일하여 변화시킨 생명도 있다. 그들은 교환된 생명을 살 뿐 아니라 또한 변화된 생명을 살고 있는 것이다. 이것이 바로 보석이다. 보석은 바로 성령이 우리를 그와 같은 모양으로 불태운 것이다. 새 예루살렘은 이러한 보석으로 충만하다.

여기에서 단지 교리만을 주의하는 것은 아무 소용이 없음을 알 수 있다. 우리는 신학을 조금 더 아는 것으로 족하고, 성경의 교리를 조금 더 아는 것으로만 족하다고 생각하지 말아야 한다. 이러한 것들은 큰 유익이 없고 오직 성령이 우리에게서 불로 일하여 나온 그것만이 소용이 있다. 무릇 불을 거치지 않은 것들은 다 조금만 문질러 보면 떨어질 것이다. 한번 문질러서 떨어지는 것은 영적인 가치가 없다. 이것은 성경을 읽지 말라는 말이 아니라, 성령이 반드시 우리가 읽은 것을 우리 안에서 태워야만 가치가 있다는 것이다. 모든 보석은 다 불 가운데서 나온 것이다. 보석이 나오려면 반드시 불이 있어야 한다. 불이 없으면 결코 보석도 없다.

그러므로 우리는 환경의 시련을 거절할 수 없고, 성령의 다루심을 거절할 수도 없으며, 하나님의 손이 각 방면에서 우리를 에워싸고 있는 것을 원망해서도 안 된다. 우리는 얼마나 즐거워하지 않을 때가 많은가! 우리는 속박됨이 없이 잠시라도 해방을 누리기를 얼마나 소망했는가! 그러나 우리는 하나님의 만드시는 손안에 있음을 기억해야 한다. 어느 날 그분이 우리를 보석으로 변화시키실 것이다. 하나님은 우리에게 생명을 주셨을 뿐 아니라 더욱 우리 안에서 우리가 특별한 성품을 가질 수 있는 단계에 이르도록 일하시고 계신다. 이것은 성령이 우리 안에서 그 분이 허락하신 여러 환경들을 통해서 조성하신 것인데, 이것을 보석이라고 부른다. 그러므로 지식이나 교리만을 가지고 있는 것은 소용이 없고, 성령이 우리 안에서 태우심으로 나온 것만이 비로소 가치가 있는 것이다. 그리스도인이 불로 태워져서 어떤 실재를 가질 때 그가 말하는 메시지는 책에서 나오는 것이 아니라, 그가 체험적으로 아는 데서 나오는 것이다. 오직 성령이 우리 안에서 태우심으로 나온 것이 바로 보석이다. 그렇지 않으면 풀이나 나무나 짚에 불과한 것이다.

때때로 우리가 어느 나이 든 노인 앞에 앉아 있을 때, 우리는 그가 참으로 주님과 함께 길을 가는 사람임을 느낀다. 어떤 생명이 그 안에서 그의 특징이 되어 있는 것을 볼 때, 우리는 그 앞에서 다만 고개를 숙일 뿐이다. 아마 다른 사람이 그보다 더 큰 사역을 갖고 있고, 또 어떤 이는 그보다 더 큰 일을 하고 있을지도 모른다. 그러나 그 안에는 풍성한 생명이 있고, 그에게는 성령이 연단하시는 일이 있고, 그의 특유의 어떤 것이 있다. 이것은 그가 불의 연단을 통해 조성되어 보석이 된 것이다. 우리는 이러한 사람 앞에서 오직 고개를 숙이며 다음과 같이 말할 수 있을 뿐이다. "나도 사람을 감동시킬 수 있는 이러한 것이 있기를 원합니다." 말이 사람을 감동시킬 수 있는 것이 아니라 불의 연단을 거쳐서 나온 그것이 사람을 감동시킬 수 있다.

새 예루살렘 안에는 보석이 있다. 보석이 없다면 새 예루살렘은 건축될 수 없다. 하나님은 보석을 가지셔야 하고, 보석의 성품을 나타내는 한 무리의 사람을 필요로 하신다. 하나님이 우리를 천박한 상태에서 구원하시기 원한다! 오직 성령이 우리 생명 안에서 일하신 것이 있어야 유용하고 가치 있는 것이다.

21절에서는 "그 열두 문은 열두 진주니 문마다 한 진주요 …."라고 했다. 새 예루살렘 안에는 정금과 보석이 있을 뿐 아니라, 또한 진주가 있다. 진주는 불로 연단되어서 나온 것이 아니다. 진주는 바다의 생물이 상처를 받아서 점차 굳어서 된 것이다. 그러므로 진주는 사망에서 나온 생명을 뜻한다. 진주는 주 예수님이 구속과 관계없는 그분의 죽음을 통하여 해방하신 생명을 대표한다.

마태복음 13장 안에서 말한 진주는 누구를 가리키는가? 그것은 교회를 가리켜 말한 것이고, 주님 자신이 죽음 안에서 만들어 내신 것이다. 그분은 그분의 모든 것을 버려서 이것을 얻기 원하셨다. 진주의 의미는 적극적인 것이지 부정적인 것이 아니다. 이는 하나님이 건축하기 원하시는 교회요, 한 새사람이다. 그 안에는 죄나 구속의 문제가 없다. 그분은 이 진주를 얻기 위해서 기꺼이 그분의 모든 소유를 다 잃어버리셨다. 이것은 우리에게, 온전히 그리스도에게서 나온 생명이 얼마나 귀한 것인지를 보여준다. 이것이 하나님에게, 그리고 그리스도에게 얼마나 소중한 것인지!

새 예루살렘에서 진주는 문의 기능을 하고 있다. 그 뜻은 하나님의 모든 것이 여기에서 출발한다는 것이다. 다시 말해서, 사람이 하나님 앞에서 생명을 얻고자 한다면, 그 생명은 사람에게서 나온 것이 아니고, 그리스도의 죽음에서 나온 것, 곧 구속과 관계없는 그분의 죽음에서 나온 것이어야 한다는 것이다.

고린도전서 3장 12절은 우리에게, 영적인 건축은 마땅히 금, 은, 보석을 재료로 사용하고, 나무, 풀, 짚을 사용해서는 안 된다고 했다. 여기에는 정금, 은, 보석이 있다. 그러나 창세기 2장의 에덴동산에는 정금, 보석, 진주가 있고 은은 없다. 계시록 21장에서도 새 예루살렘 안에는 정금, 보석, 진주가 있을 뿐 은이 없다. 이것은 무슨 의미인가? 정금, 보석, 진주, 이 세 가지는 에덴동산 안에 있었고 새 예루살렘에도 있다. 다시 말하면, 정금과 보석과 진주, 이 세 가지는 영원 과거에서부터 영원 미래에까지 이른다.

하나님은 결코 영원 안에 은이 있도록 정하시지 않았다. 은은 구속을 상징한다. 하나님은 사람이 범죄할 것을 아셨고, 구속이 필요할 것을 아셨지만, 이것이 그분의 영원한 계획안에 있었던 것은 아니었다. 하나님의 일 안에는 구속이 있지만, 그분의 영원한 계획안에는 구속이 없다. 새 예루살렘에는 에덴동산과 마찬가지로 은이 없는데, 이는 영원 미래 안에서는 죄의 흔적조차 없는 단계에까지 이르게 되기 때문이다. 오늘날 우리는 은을 경시할 수 없다. 만일 어떤 사람이 은이 소용이 없다고 생각한다면, 하나님의 긍휼을 구해야 할 것이다. 오늘날 우리에게는 은이 없을 수 없다. 오늘날 만일 은이 없다면 구속도 없을 것이다. 우리는 전혀 방법이 없을 것이다. 그러나 구속은 하나님의 목적 가운데 있는 것이 아니다. 새 예루살렘 안에서는 이 은을 볼 수 없다. 구속이 그 성 안에 없다는 것은 하나님이 모든 죄의 역사를 도말하시리라는 것을 보여준다. 새 예루살렘 안에서는 더 이상 구속이 필요하지 않을 것인데, 이는 더 이상 죄를 범하지 않을 것이기 때문이다. 하나님이 더 이상 타락할 수 없는 견고한 반석으로 우리를 이끄실 것이다. 우리 안에는 죄와 관계없고 구속이 필요 없는 한 생명이 있다. 우리 안에 있는 이 생명은 그리스도에게서 나왔고 그리스도 자신이다. 그리스도 자신에게 구속이 필요 없으신 것처럼, 그분의 일부분의 생명이 있는 사람에게도 마찬가지로 구속이 필요 없다. 그러므로 영원 안에서는 은이 필요 없는 것이다.

하나님께 감사한다. 오늘날에는 구속이 있다. 오늘날 우리는 죄가 있지만, 그분의 아들 예수의 피가 우리의 죄를 씻으신다. 그러나 하나님은 영원히 구속이 필요 없는 그 아들의 생명을 우리에게 나누어 주셨다. 어느 날 우리는 완전히 이 생명에 의해서 살 것이고, 죄의 역사까지도 지나갈 것이고, 구속의 은도 필요 없을 것이다.

우리는 타락이 하나님의 목적이 아니고, 구속도 하나님의 목적이 아니고, 왕국도 하나님의 목적이 아님을 보아야 한다. 타락은 하나님의 목적이 아니고 도중에서 발생된 일이다. 구속도 하나님의 목적이 아니고 타락을 해결하기 위하여 들어온 것이다. 왕국도 하나님의 목적이 아니고 타락한 상황을 해결하기 위한 것이다. 타락이 있기 때문에 구속이 있고, 타락이 있기 때문에 왕국이 있다. 이것들은 단지 보완하기 위한 것이지 결코 하나님의 목적이 아니다. 그러나 우리는 결코 구속과 왕국을 소홀히 할 수 없다. 구속이 없다면 영원토록 타락을 해결할 수 없을 것이며, 왕국이 없다 해도 또한 타락을 해결할 수 없을 것이다. 다만 우리는 하나님이 사람을 지으신 것은 사람으로 타락하도록 하기 위함이 아니라, 바로 그분의 영광을 위한 것임을 알아야 한다. 이 영적인 노선은 곧으며, 이 하늘에 속한 노선은 직선이다.

21장 21절에서는 계속해서 "성의 길은 … 정금이더라."고 말한다. 성의 길은 교통을 위한 장소이다. 그 성의 길은 정금으로 되어 있고, 따라서 그 길을 걷는 사람은 영원히 더럽혀지지 않을 것이다. 오늘은 영적인 목욕을 한 사람도, 하나님과의 교통을 유지하기 위해 여전히 발을 씻어야 한다(요 13:10). 우리가 세상 길을 갈 때에는 먼지로 더럽혀지지 않을 수 없기 때문에 하나님과의 교통에서 문제가 발생함을 면할 수 없다. 그러나 그 날에는 어느 것도 우리를 더럽힐 수 없으며, 어느 것도 우리가 하나님과 교통하는 데 있어서 문제를 일으킬 수 없을 것이다. 영원 안에서는 우리를 더럽힐 수 있는 것이 전혀 없을 것이며, 모든 생활이 다 거룩하게 될 것이다.

21절 마지막에 또 한 구절이 있다. 그 성은 "맑은 유리 같은 정금이더라."고 말한다. 오늘날 많은 상황들이 여전히 불투명하지만, 장래 하나님 앞에서는 모든 것이 투명할 것이다. 그러므로 우리는 많은 가식적인 것들이 있어서는 안 되고, 많은 가면이 있어서도 안 되며, 고의로 사람 앞에서 칭찬을 얻기 위하여 외식하는 것도 있어서는 안 된다. 가식, 가면, 외식 등은 모두 불투명한 것이다. 실지 상황은 그렇게 좋지 않은데 도리어 좋은 것처럼 포장하는 것은 불투명한 것이다. 많은 때에, 우리의 언어와 행동은 매우 자연스럽지 못하다. 말하는 것도 다른 사람을 모방하고 걸음을 걷는 것도 다른 사람을 모방하고, 일을 하는 것도 다른 사람을 모방하고, 많은 것에 있어서 다른 사람들의 것을 모방한다. 이러한 것은 우리 자신의 것이 아니고, 이러한 모든 것들은 다 불투명한 것이다. 이러한 인공적인 것과 모방하는 것은 다 불투명한 것이다. 우리는 하나님 앞에서 이러한 유형의 사람으로서 생활할 필요가 없다. 우리는 진실로 영적인 것은 다 십자가를 지는 것임을 알아야 한다. 속박하는 성결은 성령 안의 성결이 아니다. 모든 연기와 모든 외식함은 다 제거되어야 한다. 그러므로 많은 일들을 자백하기를 배워야 하고, 형제자매들 사이에 서로 자백하기를 배워야 하며, 자신의 죄를 덮어서는 안 된다. 사람에게 득죄했으면 마땅히 득죄한 사람에게 자백해야 한다. 그 죄를 변명해서는 안 된다. 오늘날 그리스도인은 예외 없이 불투명하지만, 장래에는 하나님 앞에서 투명하게 될 것이다. 새 예루살렘 성 안의 거리는 마치 투명한 유리 같아서 모든 것이 투명하게 보인다. 언젠가 우리는 이와 같이 될 것이다. 그러므로 우리는 자연스러운 사람이 되어야 하고, 투명한 사람이 되어야 하고, 우리 자신이 아닌 다른 사람인 체 가장하는 행동을 하지 않기를 배워야 한다.

(5) 성안의 성전과 빛

21장 22절에서는 "성안에 성전을 내가 보지 못하였으니 이는 주 하나님 곧 전능하신 이와 및 어린양이 그 성전이심이라."고 했다. 이 말씀은 얼마나 귀한지! 구약 시대에는 예루살렘 안에 성전이 있었고, 사람이 하나님과 교통하려면 성전 안에 들어가야 했다. 성전은 특별히 하나님을 위해서 구별해 놓은 장소로서, 사람은 거기에 가야만 비로소 하나님과 교통할 수 있었다. 그러나 새 예루살렘 안에서는 하나님과 어린양이 그 성의 전이 되시기 때문에 성전이 없는 것이다. 하나님과 어린양이 성전이 되신다는 것은 하나님과 사람의 왕래가 직접적이고, 대면하여 하는 것이 되었으므로, 하나님과 교통하기 위해서 특별한 장소로 갈 필요가 없다는 것을 의미한다.

구약 시대에는 성전 안에 휘장이 있었다. 대제사장이 일 년에 한 번 들어가는 것을 제외하고는 누구도 하나님 앞에 들어갈 수 없었다.

그러나 오늘날 교회 안에서는 휘장이 이미 갈라졌기 때문에, 우리는 모두 하나님 앞에 나아갈 수 있고, 우리의 영과 실재로 그분을 경배할 수 있다. 또한 그날에 가서는 하나님과 어린양이 성전이 되시기 때문에 당신은 하나님이 계신 곳으로 갈 필요가 없다. 하나님이 당신이 있는 곳에 계신다. 오늘날에는 우리가 하나님께 나아가지만, 그 날에는 우리가 하나님 앞에서 살게 되고, 하나님과 어린양이 바로 그 성 안의 성전이 되신다. 그러므로 오늘날 우리가 지성소 안에 사는 것을 배우지 않는다면 어리석은 사람이 될 것이다. 오늘날 휘장은 이미 갈라졌고, 우리는 담대히 지성소 안에 들어갈 수 있다. 지성소 밖에 머물러서는 안 된다.

23절에서는 "그 성은 해나 달의 비췸이 쓸데없으니 이는 하나님의 영광이 비취고 어린양이 그 등이 되심이라."고 말했다. 이 구절은 위에서 말한 성전과 연관된 것이다. 하나님과 어린양이 성 안의 성전이 되시고, 하나님의 영광이 비추고 계심으로 해나 달의 비춤이 필요 없는 것이다. 구약의 성전에는 바깥뜰이 있었고 그곳에는 해와 달의 빛이 있으며, 성소에는 등대와 빛이 있었다. 그러나 지성소에는 창문이 없었기 때문에 해와 달의 빛이 들어갈 수 없었고 또한 등도 없었다. 그러나 하나님의 영광이 그 안을 비추었다. 새 예루살렘은 해나 달의 빛이 필요 없고 오직 하나님의 영광만이 비추는데, 이것은 바로 성 전체가 지성소임을 말하고 있다. 교회는 장래에 지성소가 될 것이다.

"어린양이 그 등이 되심이라." 하나님의 영광이 빛이 되시고 어린양이 등이 되신다. 여기 새 예루살렘 안에도 여전히 간접적인 어떤 것이 있음을 알 수 있다. 빛이신 하나님이 등이신 어린양을 통해 비추신다. 이것은 구속을 말하는 것이 아니라, 아무도 하나님을 직접적으로 알 수 없다는 것을 가리키는 것이다. 누구든지 하나님을 알기 원한다면 그는 반드시 어린양을 통해 그분을 알아야 한다. 이것은 사실이며 심지어 영원에서 그러하다. 오직 그리스도를 통해서만 사람은 하나님을 알 수 있다. 우리가 등을 통하지 않고서는 빛을 볼 수 없다. 마찬가지로 그리스도를 통하지 않고서는 하나님을 볼 수 없다. 여하간 하나님은 사람이 가까이 갈 수 없는 빛 안에 거하시기 때문에, 우리가 그리스도 안에 있을 때만 그분을 볼 수 있다.

24절을 보자. "만국이 그 빛 가운데로 다니고 땅의 왕들이 자기 영광을 가지고 그리로 들어오리라." 우리는 여기에서 한 가지를 주의해야 한다. 하나님이 열조 시대와 율법 시대와 은혜 시대 안에서 얻으신 사람들은 그 날에는 하나로 합해져서 신부로 그리스도께 드려지며, 왕국 시대 말까지 살아서 사탄의 미혹을 받지 않은 사람들은 새 하늘과 새 땅에 와서 열국의 백성이 된다는 것이다. 성 안에 있는 사람은 모두 부활의 몸을 가지며, 그들은 아들과 왕이 된다. 새 땅 위에 있는 사람들은 여전히 혈육의 몸을 갖는다. 그들은 열국이 되고 백성이 되는 것이다. 땅의 왕들은 열국의 백성들을 다스리게 된다.

구약에서 성막은 다음과 같이 배열되어 있다. 성막은 중앙에 위치해 있고, 동쪽에 세 지파가 있고, 서쪽에 세 지파가 있고, 남쪽에 세 지파가 있고, 북쪽에 세 지파가 있다. 이것이 민수기에 나타나 있는 것이다. 새 예루살렘도 하나님의 장막과 같다. 동서남북에 각각 세 문씩 모두 열두 문이 있다. 성막 사면에 열두 지파가 있었듯이 새 예루살렘 사면에 만국들이 위치하고 있는 것이다. "만국이 그 빛 가운데로 다니고"라는 말씀은 땅의 만국 백성들이 새 예루살렘으로 가는 것을 가리킨다. 그들이 새 예루살렘으로 걸어갈 때 성의 빛에 의해서 인도된다는 뜻이다.

여기의 '영광'은 땅의 왕들의 영광을 가리킨다. 그들은 반드시 그들의 왕으로서의 영광을 그 성에게 드릴 것이다. 이 '영광'은 창세기 31장 1절의 '영광'과 같은 뜻으로서 각 지방의 가장 좋은 소산물(所産物)을 가리키며, 다시 말하면, 새 땅에서 이 땅의 왕들이 땅에서 생산한 가장 좋은 것을 예물로써 그 성에 드린다는 것이다.

25절에서는 "성문들을 낮에 도무지 닫지 아니하리니 거기는 밤이 없음이라."고 말한다. "성문들은 낮에 도무지 닫지 아니하리니." 여기에서 우리는 새 하늘과 새 땅 시대에도 밤과 낮의 구별이 있음을 알 수 있다. 만국들은 그들의 낮에 성에 들어온다. 그러나 "거기에는 밤이 없음이라." 성 안에는 밤의 어둠이 없다. 성 안에 사는 사람들은 부활의 몸을 갖고 있기 때문에 피곤치 않으며 주야로 하나님을 섬길 수 있다.

26절에서는 "사람들이 만국의 영광과 존귀를 가지고 그리로 들어

오겠고"라고 한다. 이 말씀은 24절에서 말한 왕들을 가리키는 것이다. 이 땅의 왕들은 그들 자신의 영광을 성에 드릴 뿐 아니라 또한 만국의 영광과 존귀를 그 성에 드릴 것이다.

27절을 보자. "무엇이든지 속된 것이나 가증한 일 또는 거짓말하는 자는 결코 그리로 들어오지 못하되 오직 어린양의 생명책에 기록된 자들 뿐이라." '속된 것'의 원문의 뜻은 '평범한 것'이다. 무릇 사람에게서 나온 것은 다 평범한 것이다. 육체에서 나온 것은 다 평범한 것이다. 사람에게 속한 것이나 육체에 속한 것은 다 그 성 안에 들어갈 수 없다. 오직 그리스도에게서 나오고, 성령에게서 나온 것만이 들어갈 수 있고, 다른 것은 일체 들어갈 수 없다. '가증한 일'은 성경에서 특별히 우상 숭배하는 것을 가리킨다. '거짓말하는 자'는 사탄과 관계된 자이다. 왜냐하면 거짓말은 사탄에게서 나오기 때문이다. 모든 우상과 관계를 맺은 것들과 죄를 범하는 자들은 누구든지 그 성에 들어갈 수 없다. 오직 어린양의 생명책에 이름이 기록된 자들만이 그 성에 들어갈 수 있다. 새 하늘과 새 땅 안에서는 두 종류의 거민들이 살게 된다. 하나는 피로 구원받은 자들로서 성 안에 사는 사람들이다. 이 사람들의 이름은 생명책에 기록되어 있다. 다른 하나는 천년왕국을 통과하여 살아 있는 사람으로서 바로 새 땅 위에서 백성이 되는 사람들인데, 그들의 이름도 역시 생명책에 기록되어 있다. 그러나 그들은 성 안에서 살지 않고 단지 성을 출입할 수 있을 뿐이다.

(6) 생명수의 강과 생명나무

우리는 또한 하나님이 최종적으로 우리에게 무엇을 보여 주시는지를 보아야 한다. 22장 1-2절: "또 저가 수정 같이 맑은 생명수의 강을 내게 보이니 하나님과 및 어린양의 보좌로부터 나서 길 가운데로 흐르더라 강 좌우에 생명나무가 있어 열두 가지 실과를 맺히되 달마다 그 과실을 맺히고 그 나무 잎사귀들은 만국을 소성하기 위하여 있더라." 우리는 2장 7절에서 "이기는 그에게는 내가 하나님의 낙원에 있는 생명나무의 과실을 주어 먹게 하리라."고 하신 말씀을 기억해야 한다. 생명나무는 하나님의 낙원에 심겨져 있음을 본다. 여기에서는 성 안에 생명나무가 있는데, 이것은 바로 새 예루살렘이 하나님의 낙원임을 말해준다.

우리는 창세기를 회상해 보아야 한다. 창세기 2장에서 하나님은 그리스도를 예표하는 남자를 만드셨고, 또한 그리스도께서 얻기 원하시는 교회를 예표하는 여자를 만드셨다. 하나님은 그들 부부 두 사람을 에덴동산 안에 두셨다. 거기에서 우리는 남자와 여자와 동산이 있음을 보았다. 창세기 3장에서 뱀이 들어왔고, 그들은 타락했으며, 그래서 하나님은 그들을 에덴동산 밖으로 쫓아내셨다. 계시록 21장에서 새 예루살렘 안에 누가 있는지 보았는가? 어린양이 있다. 그분은 바로 창세기 2장에서 아담으로 예표되었으며, 온전히 하나님을 위해 있다. 어린양의 아내는 창세기 2장에서 하와로 예표되었고, 그녀는 온전히 그리스도를 위해서 존재한다. 이 새 예루살렘이 바로 어린양의 아내이고 또한 낙원이다. 창세기 2장에서는 아담과 하와와 에덴동산, 세 개의 실체가 존재했으나, 계시록 21장과 22장에서는 두 실체 어린양과 성만이 존재한다. 이 성이 바로 신부이자 또한 낙원이다. 여인과 에덴동산이 하나로 된 것이다. 창세기 안의 그 여인은 쫓겨날 수 있었으나, 계시록 마지막에 와서 이 여인은 쫓겨날 수 없다.

아마 어떤 사람은 영원 안에 이르러서도 마귀가 오면 어떻게 하느냐고 염려할지도 모른다. 우리는 이것이 있을 수 없는 일이라고 말할 수 있다. 왜냐하면 영원 미래에 이르면 하나님 자신이 친히 거룩한 성 안에 사시기 때문이다. 하나님께 감사한다. 하나님이 창세기에서 세우신 것은 울타리가 없고 잘 파수되지 않은 동산이었으므로, 뱀이 들어올 수 있었고 죄가 들어올 수 있었다. 그러나 하나님이 마지막에 얻으실 것은 보호하기 위한 성이고, 이 성은 다시는 타락할 수 없는 것이다. 여기에서 여인은 낙원과 하나로 결합되었기 때문에 더 이상 나눌 수 없고, 따라서 이 여인은 쫓겨날 수 없는 것이다.

22장 1절에서는 "… 수정 같이 맑은 생명수의 강을 내게 보이니"라고 말한다. 창세기에는 네 개의 강이 있었는데, 그 중 두 개의 강에 의해서 하나님의 자녀들은 계속 고통을 받았다. 바벨론은 비손 강 위에 건축되었고, 니느웨는 힛데겔 강 위에 건설되었다. 하나님의 자녀들은 이 두 강에 의해서 고통을 받았다. 그러나 새 예루살렘 안에는 오직 하나의 강이 있고, 이 강은 사람으로 생명을 얻게 하고 기쁨을 얻게 한다. 시편 46편 4절에서는 "한 시내가 있어 나뉘어 흘러 하나님의 성 곧 지극히 높으신 자의 장막의 성소를 기쁘게 하도다."라고 말했다. 이 강은 특별히 하나님을 기쁘시게 한다. 이 강물은 "하나님과 어린양의 보좌로부터(22:1)" 흘러나온다. 여기의 보좌는 단수이다. 하나님과 어린양이 한 보좌 위에 앉아 있다. 이것은 그리스도의 통치권과 하나님의 통치권이 하나라는 뜻이다.

22장 2절에서는 "… 강 좌우에 생명나무가 있어 열두 가지 실과를 맺히되 달마다 그 실과를 맺히고 …."라고 말한다. 여기에서도 십이(12)라는 숫자가 사용되었다. 열두 가지 실과를 맺고 또한 달마다 그 실과를 맺는데, 이것은 무슨 뜻인가? 이것은 모든 것에 대해 만족하고, 영원토록 만족하고 달마다 실과를 맺는다는 뜻이다. 영원 미래 안에서, 우리는 계속 그리스도를 알고, 끊임없이 주님의 생명을 받아들이며, 한순간도 이러한 공급이 끊어지지 않을 것이다. 달마다 그 실과를 맺는다는 것은 후퇴가 없다는 뜻이다. 이 시대에서는 슬프게도, 남자의 나이가 이십 세부터 육십 세까지는 높이 평가되지만, 육십 세 이상은 더 낮은 평가를 받는다는 것을 성경이 우리에게 보여주고 있다(레 27:3, 7). 이것을 가리켜서 퇴보라고 부른다. 그러나 영원 미래 안에서는 퇴보가 없고 달마다 실과를 맺는다.

새 예루살렘이 아직 도래하지 않은 이 때에, 우리는 매달 새로운 체험을 갖기를 추구해야 한다. 우리가 이십 년 전에 경험했던 특별한 한 번의 체험이, 오늘날에는 더 이상 신선하지 않을 것이고 오늘 우리를 더 이상 도울 수 없을 것이다. 오 년 전에 경험했던 특별한 한 번의 체험도 역시 신선하지 않을 것이고 오늘 우리를 도울 수 없을 것이다. 우리는 지난달의 생명나무의 실과로 살아갈 수 없고, 달마다 계속 새로운 열매를 맺어야 한다. 계속해서 하나님 앞에서 생명을 받아야 하고 그리스도를 받아야 한다. 달마다 한번씩 실과를 맺을 뿐 아니라 또한 달마다 다른 실과를 맺어야 한다. 우리는 하나님 앞에서 단지 어느 한 부분을 체험하는 것으로 만족할 수 없고, 주님의 각 방면을 인식하기를 배워야 하며 각양의 실과를 맺어야 한다.

2절에서는 계속 말하기를 "그 나무 잎사귀들은 만국을 소성하기 위하여 있더라."고 했다. 실과는 생명을 대표하고, 잎사귀들은 나무의 옷으로서 외적인 행동을 대표한다. 주 예수님이 그 무화과나무를 저주하신 까닭은 단지 잎만 있고 실과가 없었기 때문이다. 즉 외적인 행위만 있었을 뿐 생명이 없었기 때문이다. 새 하늘과 새 땅에서는 만국 사람들에게 죄가 없고, 사망이 없고, 고통도 없고, 저주도 없을 것이며, 또한 마귀도 없을 것이다. 이 무리들, 즉 만국의 백성들은 그 중앙에 거룩한 성이 위치한 새 땅에서 계속 살게 된다. 주 예수님의 잎사귀가 그들을 치료하였다는 뜻은 바로 주님의 행위가 그들의 본(本)이 되었다는 의미이다. 우리가 얻는 것은 생명나무의 실과이며, 그들이 얻는 것은 생명나무의 잎사귀이다. 그들은 주 예수님의 행위를 본받는다. 이렇게 함으로써 그들은 행복하게 생활할 수 있고, 이렇게 함으로써 만국이 평화롭게 함께 살아갈 수 있게 되는 것이다.

여기에는 길이 있고 생명수의 강과 생명나무가 있다. 이 세 가지가 하나로 연결되어 있는 것이다. 새 예루살렘 안에는 길이 있는 곳이면 생명수의 강이 있다. 생명수의 강이 있는 곳이면 생명나무가 있다. 즉 활동이 있는 곳이면 거기에 반드시 생명수의 강과 생명나무가 있는 것이다. 그러므로 우리가 주님을 따를 때에, 우리의 모든 행동, 모든 처신은 생명수의 흐름과 생명나무가 있어야 비로소 가능하다. 길은 사람이 활동하도록 제공된 장소이며, 활동하려면 반드시 생명나무—선악을 분별하는 나무가 아닌— 에 근거해야 한다. 생명이 우리 안에서 활동하기 시작하면, 그 결과 성령의 생명강물이 흘러나오게 된다. 생명이 흘러나오는 곳이 우리의 길이요, 우리의 거리이다. 만일 주 예수님의 생명이 우리 안에서 움직이시지 않는다면 우리는 움직일 수 없다. 만일 주님의 생명과 그 영 안에 생명수 강의 흐름이 없다면 우리는 움직일 수 없다. 만일 우리가 자신의 지혜를 사용해서 이렇게 할까 저렇게 할까 궁리한다면, 우리가 심은 것은 생명나무가 아니라 선악을 분별하는 나무인 것이다. 만일 우리가 우리 안의 생명의 움직임에 따라 행한다면 결과적으로 다른 이들에게 생명수가 흘러넘치게 될 것이다. 여기 있는 모든 것은 하나로 연결되어 있다. 하나님의 모든 일은 모두 생명나무에 근거하며, 그 결과는 생명수의 강이 되는 것이다.

(7) 세세토록 왕 노릇 함

3절에서는 “다시 저주가 없으며”라고 말한다. 하나님께 감사한다. 창세기 3장은 완전히 지나갔고 영원히 다시는 저주가 없을 것이다. 창세기 3장에 들어온 모든 것을 한 단어로 함축시켜 표현하면 저주이다. 죽음도 저주의 일종이다. 그러나 새 하늘과 새 땅에서는 다시 저주가 없을 것이다. 또한 더 이상 사망이 없을 것이다. 모든 죄의 역사는 다 지나갈 것이고, 사람은 충분히 하나님을 영광스럽게 할 수 있을 것이다.

3절은 계속해서 “하나님과 그 어린양의 보좌가 그 가운데 있으리니”라고 말한다. 여기의 상황은, 창세기 3장에서 하나님께서 날이 서늘할 때에 동산에 거니셨던 때와 같지 않다. 여기서는 하나님이 통치하시고 하나님의 보좌가 그 안에 있다. 이제는 동산이 바로 성이요, 하나님의 보좌가 있는 곳이 되었다. 또 계속해서 “그의 종들이 그를 섬기며”라고 한다. 하나님의 종은 영원 미래 안에서 무슨 일을 하는가? 그들은 하나님을 섬긴다. 우리는 영원 안에서 할 일이 없을 것이라고 생각하지 말아야 한다. 우리는 영원토록 그분의 종으로서 섬길 것이다.

4절은 말하기를 “그의 얼굴을 볼터이요 그의 이름도 저희 이마에 있으리라.”고 한다. 일은 교통을 가져와야 한다. 참된 봉사는 바로 교통이다. 단지 봉사만을 하는 것으로는 부족하며 반드시 교통해야 한다. 그들은 그분을 섬겨야 하고 또한 그분의 얼굴을 보아야 한다. 아, 우리는 지난 날 얼마나 많이 이렇게 하나님을 보기도 전에 주님의 일을 해버렸던가! 그러나 우리는 반드시 주님을 보고 난 이후에 일을 할 수 있는 것이다. 우리는 일을 하고 나서 끊임없이 후회해서는 안 된다. 이것은 교통이 아니다. 이렇게 기도하기 바란다. "하나님이여, 당신과 교통이 없이 일을 하는 데서 우리를 구원하소서. 일을 다 마친 후 당신과 교통할 수 없게 되는 데서 우리를 구원하소서. 일을 하고 나서 교만하고 자만하고 자족하는 데서 구원하소서! 하나님이여, 우리를 이러한 교통이 없는 일에서 구원하사 우리가 일을 다 한 후에 당신과의 교통이 끊이지 않게 하시고 당신과 친밀한 교통을 갖게 하소서!" 하나님의 종들은 하나님과 교통할 뿐 아니라 또한 그의 이름도 저희 이마에 있을 것이다. 이것은 누구든지 그들을 보면 즉시 그들이 하나님에게 속한 사람임을 알 수 있는 간증이다.

5절에서는 "다시 밤이 없겠고 등불과 햇빛이 쓸데 없으니 이는 주 하나님이 저희에게 비취심이라."고 했다. 흑암은 지나갔다. 등은 사람이 만든 빛이고, 햇빛은 자연적인 빛이다. 모든 인위적이고 천연적인 것들은 소용이 없다. 거기에서 모든 것을 볼 수 있을 것이다. 오늘날에는 분명치 않고 보이지 않을 때가 있으며, 심지어는 일을 다 해 놓고서도 우리가 어디에 있는지 모를 때가 있다. 그러나 그날에 이르러서는 그렇지 않을 것이다.

5절의 마지막에는 가장 중요한 한 마디가 있다. "저희가 세세토록 왕 노릇 하리로다." 이것이 하나님의 창조시의 목적이다. 창세기에서 하나님의 목적은 사람으로 하여금 다스리도록 하는 것이었는데, 이제는 사람이 통치권을 얻었다. 이것은 천년왕국 안에서의 일이 아니다. 이 부분의 성경—계시록 21장, 22장 은—천년왕국의 일을 말하고 있지 않고 영원 안의 일을 말하고 있다. 그들은 영원 미래까지 다스릴 것이며 영원 무궁토록 통치할 것이다. 하나님의 본래의 목적은 이루어졌다.

하나님은 사람으로 하여금 땅을 관리하고 사탄을 멸하도록 하셨다. 이제 사람은 통치권을 얻었고 사탄은 이미 불 못에 던져졌다. 하나님은 그분이 친히 지으신 사람에 대해서 목표하신 바가 이루어졌다! 하나님은 한 면으로 사람이 그분을 닮도록 하셨고, 또 한 면으로는 통치하는 것을 사람의 일로 정하셨다. 우리가 이미 앞에서 보았듯이 정금으로 된 영광스럽고 아름다운 한 신부가 있는데, 각종 보석이 모두 그녀 안에 있고 어느 한 가지도 부족한 것이 없다. 그녀는 참으로 티나 주름이나 이런 것들이 없이 완전히 거룩하며 흠이 없다. 그녀는 참으로 영광을 입었다! 에베소서 5장에서 말한 영광스러운 교회가 여기에서 실현된 것이다. 그들의 일은 무엇인가? 영원토록 통치하는 것이다.

하나님의 계획이 방해받을 수는 있지만, 하나님의 계획이 중단될 수는 없는 것이다. 그렇다. 창세 이후로 하나님의 일은 수없이 방해를 받았으며, 그래서 마치 하나님의 일이 파괴된 것 같고 성공할 수 없는 것 같았지만, 여기에서 하나님은 그분의 목적을 이루신다! 여기에 한 무리가 있고 그들은 하나님에게서 나온 정금으로 가득하다. 진주가 가득한 것은 그리스도께서 하신 일이고, 보석이 가득한 것은 성령이 하신 일이다. 그들은 세세토록 왕 노릇 할 것이다!

우리는 하나님의 계획을 보았고 하나님께서 일하시는 것도 보았다. 그러면 우리는 무엇을 해야 하는가? 부흥회를 열어야 하는가? 신학교를 세워야 하는가? 아니면 가정 일을 해야 하는가? 우리는 여기에서 무엇을 해야 하는가? 하나님이 하시는 일은 이처럼 위대하다. 우리가 하는 일은 그것에 비할 때 너무나 부족하다. 하나님이 우리에게 은혜를 주시기 원한다. 우리가 이 이상을 보고 모든 대가를 드릴 수 있게 하시기를 원한다. 사람이 이상을 보면 즉시 변화가 일어나게 된다. 하나님이 우리에게 이상을 주사 그분이 무엇을 하시며, 무엇을 하기 원하시는지 보여주시기 바란다. 대체 그분은 어떤 사람을 얻기 원하시는가? 대체 그분이 얻기 원하시는 것은 얼마나 큰 가치가 있는가? 만일 우리가 이것들을 보았다면 우리는 큰 소리로 외칠 것이다. "나는 너무나 작습니다. 나는 이전에 너무나 자신을 주의했습니다." 우리는 또한 말하기를 "만일 하나님이 나에게서 일하시지 않는다면 나는 그분의 일을 할 수 없습니다. 오로지 하나님 자신이 우리 안에서 큰 능력으로 운행하셔야 나는 비로소 전진할 수 있습니다." 이 큰 이상이 우리를 쓰러뜨려야 한다. 또한 이 이상이 우리에게, 오늘날 우리의 이와 같은 상황이 결코 하나님의 마음을 만족하게 할 수 없음을 보여 주어야 한다. 우리의 소망은 하나님이 우리에게 이러한 이상을 주시는 것이다. 만일 우리가 보았다면, 우리는 온 존재를 드릴 것이며, 우리는 전체가 변하게 될 것이다. 오늘날 우리는 이기는 이가 되느냐 아니면 실패자가 되느냐의 두 가지 선택 가운데 놓여 있다. 그러므로 우리는 누구도 기도를 소홀히 할 수 없다. 기도를 소홀히 하면 하나님의 이기는 이가 될 수 없다.

오직 죽음에서 부활하시고 양의 큰 목자가 되신 주 예수님께서 그분 자신의 능력과 권위로 우리를 붙드시고 이끄사, 우리로 하여금 오늘부터 영원까지, 영원토록 그분께 속하고, 영원토록 그분께 헌신하고, 영원토록 그분을 섬기고, 영원토록 그분의 길을 갈 수 있게 하시기를 원한다. 주님이 우리를 오늘부터 영원까지 은혜로 대하시기를 원한다. 아멘.

| 부록 |

영광스러운 그리스도의 이상

| 부록 |

영광스러운 그리스도의 이상

계시록 1장 9-20절

"나 요한은 너희 형제요 예수의 환난과 나라와 참음에 동참하는 자라 하나님의 말씀과 예수의 증거를 인하여 밧모라 하는 섬에 있었더니 주의 날에 내가 성령에 감동하여 내 뒤에서 나는 나팔 소리 같은 큰 음성을 들으니 가로되 너 보는 것을 책에 써서 에베소, 서머나, 버가모, 두아디라, 사데, 빌라델비아, 라오디게아 일곱 교회에 보내라 하시기로 몸을 돌이켜 나더러 말한 음성을 알아보려고 하여 돌이킬 때에 일곱 금등대를 보았는데 등대 사이에 인자 같은 이가 발에 끌리는 옷을 입고 가슴에 금띠를 띠고 그 머리와 털의 희기가 흰 양털 같고 눈 같으며 그의 눈은 불꽃 같고 그의 발은 풀무에 단련한 빛난 주석 같고 그의 음성은 많은 물 소리와 같으며 그 오른손에 일곱 별이 있고 그 입에서 좌우에 날선 검이 나오고 그 얼굴은 해가 힘 있게 비취는 것 같더라 내가 볼 때에 그 발 앞에 엎드러져 죽은 자같이 되매 그가 오른손을 내게 얹고 가라사대 두려워 말라 나는 처음이요 나중이니 곧 산 자라 내가 전에 죽었었노라 볼지어다 이제 세세토록 살아 있어 사망과 음부의 열쇠를 가졌노니 그러므로 네 본 것과 이제 있는 일과 장차 될 일을 기록하라 네 본 것은 내 오른손에 일곱 별의 비밀과 일곱 금등대라 일곱 별은 일곱 교회의 사자요 일곱 등대는 일곱 교회니라"

계시록은 곧 '예수 그리스도의 계시'이다. 계시록은 처음에 이것을 우리에게 분명히 알려 준다(1:1). '예수 그리스도의 계시'라는 것은 이 계시가 예수 그리스도께 속한 것이요, 예수 그리스도로 말미암은 것이요, 또한 예수 그리스도를 논한 것이라는 뜻이다. 하나님은 계시를 예수 그리스도에게 주셨고, 예수 그리스도로 말미암아 계시를 우리에게 주신다. 성경의 모든 계시가 예수 그리스도에게 집중되어 있으며 예수 그리스도를 계시하기 위한 것이다. 그러므로 계시록은 우리에게 단지 장래의 일을 알려 줄 뿐만 아니라 더욱이 예수 그리스도가 어떤 분인지를 보여 준다. 물론 이 성경 안에는 많은 예언이 있다. 그러나 이 성경의 중심 뜻은 결코 우리에게 얼마간의 예언을 알도록 하는 것이 아니라, 예수 그리스도가 어떠한 분인지를 보여 준다. 즉, 이전에는 세상에 계셨던 나사렛 사람 예수, 오늘날은 이미 승천하신 그리스도가 어떤 분인지를 보여 주는 것이다. 요한은 계시록에서 장래의 일을 말했는데, 그 목적은 우리로 그러한 일이 어떻게 될 것인가를 알게 하는 것이 아니라, 예수 그리스도가 어떻게 보좌에 오르셔서 왕이 되셨는가를 알게 하기 위한 것이다. 예수 그리스도가 보좌에 오르셔서 왕이 되신 것은 계시록이 우리에게 주는 특별한 인식이다. 우리는 예수 그리스도를 구주로 알고 있다. 그러나 이러한 인식만으로는 부족하다. 우리는 또한 예수 그리스도가 왕이라는 것을 알아야 한다. 우리는 주님의 자비와 사랑을 알아야 하지만, 주님의 심판의 위엄도 알아야 한다. 우리가 반드시 기억해야 할 것은, 계시록의 목적은 사람들로 하여금 한 분 예수 그리스도를 알게 하여 우리가 그분을 맞대고 볼 그날까지 깨어 예비하도록 하는 데 있다는 것이다.

우리는 이 책에서 계시록에 계시된 예수 그리스도가 어떠한 분인가를 말하려는 것이 아니라, 전적으로 하나님이 요한에게 계시한 첫 번째 이상, 즉 영광스러운 그리스도의 이상이 무엇인가를 말하려는 것이다. 요한은 주님의 품에 있었던 제자 중의 한 사람이었다(요 13:25, 21:20). 그러나 요한은 보좌에 계신 왕이신 분을 이전에 주님의 품에서는 알지 못했는데, 이제 하나님이 이 한 분 예수 그리스도를 계시하여 주심으로 알게 되었다. 이러한 앎이 근본적인 인식이며, 요한은 이것을 인식하게 되자 예언에 관한 다른 문제, 즉 장래에 관한 모든 일의 해결이 어렵지 않게 되었다.

요한은 어떤 상황에서 이러한 계시를 얻었는가?

"나 요한은 너희 형제요 예수의 환난과 나라와 참음에 동참하는 자라 하나님의 말씀과 예수의 증거를 인하여 밧모라 하는 섬에 있었더니(9절)."

요한은 이러한 상황에서 계시를 얻었다. 그는 자기가 선택받은 대사도라고 말하지 않고, 나 요한은 너희 형제요, 예수의 환난과 나라와 참음에 동참한 자라고 말했다. 그는 자신을 높은 부류의 사람으로 보지 않고 그들의 형제로 보았는데, 이것은 얼마나 겸손하고 얼마나 온유한 것인지! 그의 몸은 비록 밧모섬에 있었지만, 그의 영은 오히려 그의 형제들과 함께 고난받고 함께 인내하며 왕국의 임함을 기다렸다. 그는 몸의 실재 안에 살았으므로 이러한 느낌이 있었던 것이다. 그는 환난과 왕국과 참음은 분리할 수 없는 것임을 알았다. 왕국이 오기 전에 반드시 환난이 있다. 하나님의 왕국에 들어가려면 반드시 많은 어려움을 체험해야 한다(행 14:22). 아! 환난은 그를 위해 왕국에 들어가는 길을 닦았으며, 환난은 그를 위해 지극히 크고 영원한 영광의 중한 것을 이루었다(고후 4:17). 그는 왕국을 사모했으므로 환난을 피하지 않았다. 왕국은 반드시 오지만 더디 올 것이다. 참지 않으면 조는 것을 면치 못할 것이며, 참지 않으면 후퇴를 면치 못할 것이며, 참지 않으면 땅의 유혹을 면하기 어렵다. 그는 이것을 알았기 때문에 참으며 기다렸다. 그는 그와 함께 형제 된 사람은 다 예수의 환난과 왕국과 참음에 동참한다는 것을 믿었다. 주님을 찬미한다! 그가 걷는 이 길은 결코 외롭지 않다.

형제자매들이여, 여러분은 요한의 형제가 아닌가? 여러분은 그와 함께 예수의 환난과 왕국과 참음에 동참했는가? 형제자매들이여, 여러분은 요한이 느끼고 체험한 길을 가고 있는가, 아니면 넓은 길을 택하여 혼자 그 길을 가고 있는가? 형제자매들이여, 여러분이 왕국이 있음을 믿는다고 해서 왕국에 들어갈 수 있는 것이 아니며, 왕국에 관한 지식이 좀 있다고 해서 왕국에 들어가는 것이 아니다. 여러분이 반드시 알아야 할 것은, 왕국에 들어가기 위해서는 반드시 요한의 길을 가야 한다는 것이다. 그렇지 않으면 당신이 왕국에 들어간다는 것은 이상에 불과할 따름인 것이다.

요한은 하나님의 길에서 충성을 다했으며 예수의 간증을 지킴으로 인해 밧모섬에 유배되었다. 이 섬은 망망대해 가운데 있는 매우 거칠고 황량한 섬이다. 요한은 세상과 단절된 이곳에 있었는데 사람의 눈으로 볼 때는 너무나 외롭고 처량하다! 그러나 요한은 원망이나 탄식이 없었는데, 왜냐하면 그는 누구를 위해 고난을 받는지를 알았기 때문이다. 하나님께 감사와 찬미를 드리는 것은 이러한 환경 가운데 영광스러운 그리스도가 그에게 나타나 새로운 계시와 위임을 주셨다는 것이다. 아, 요한에게 땅은 감소되었으나 하늘은 오히려 그를 향해 열렸다! 이것은 우리로 감옥 안의 요셉과 광야의 모세와 환난 가운데의 다윗과 묶임 가운데 있는 바울을 생각하게 하는데, 그들 모두가 새로운 계시를 얻었다. 요한은 그들이 간 길을 따라 앞으로 나아갔으며, 그는 이전에 보지 못한 이상을 보게 되었고, 이전에 알지 못한 보좌에 앉은 주님을 알게 되었다.

이제 요한이 본 영광스러운 그리스도의 이상이 어떠한 것인지를 살펴보기로 하자.

> "주일에 내가 영 안에 있어 내 뒤에서 나는 나팔 소리 같은 큰 음성을 들으니(10절, 원문 참조)."

여기서 말한 '주일'은 칠 일의 첫날로서 '주의 날'과는 다르다. 성경에서 '주의 날'은 특별히 심판의 날을 가리켜 말한 것이다(한국복음서원 刊 '그리스도인의 50필수 과정' 제2권 제14과 참조). 요한은 '주일'(칠 일의 첫날)에 이상을 보았지 '주의 날'에 이상을 본 것이 아니다.

요한은 영 안에서 그의 뒤에서 나는 큰 소리를 들었다. 영은 하나님을 느끼는 기관이며, 하나님을 경배하는 기관이며, 직감 안에서 하나님의 음성을 들을 수 있는 기관이다. 여기서 우리는 요한의 영이 환경의 제한을 받지 않고 자유로움을 볼 수 있다. 그는 승천의 생명을 가졌으며(엡 2:6), 그의 영은 혼의 둘러쌈이나 혼의 자극을 받지 않았다. 그는 자유롭게 주님과 교통하며 새로운 계시를 얻었다. 그의 몸은 밧모섬에 있어 자유를 잃었으나, 그의 영은 그것으로 인해 묶이지 않았다. 밧모섬이 그의 머리 위의 하늘을 가릴 수가 없었으며, 오히려 그의 영으로 하늘을 접촉하게 했다. 애석하게도 하나님의 자녀들은 하나님이 안배하신 밧모섬을 자주 오해한다!

요한은 밧모섬에서 특별한 체험을 했다. 그는 성령에 이끌려 자기 자신의 느낌을 떠나 영의 영역로 들어가 하나님의 말씀을 들었다. 하나님은 장래의 영광을 그에게 보여 주시기 전에 그가 현재의 교회를 주의하기 원하셨다. 그래서 그는 "뒤에서 나는 나팔 소리 같은 큰 음성을 듣고", "몸을 돌이켜" 보았다(계 1:12). 이 나팔 소리 같은 큰 음성은 무엇이라고 말했는가?

> "가로되 너 보는 것을 책에 써서 에베소, 서머나, 버가모, 두아디라, 사데, 빌라델비아, 라오디게아 일곱 교회에 보내라 하시기로(11절)."

여기서 요한은 아시아에 있는 일곱 교회에 편지를 써서 보내라는 명령을 받았다. 왜 단지 일곱 교회에만 쓰라고 했는가? 당시 아시아에는 이 일곱 교회 외에도 골로새와 히에라볼리(골 4:13) 등의 교회가 있었는데, 하나님은 왜 그들에게는 편지를 보내라는 말씀을 하지 않으셨는가? 왜냐하면 '일곱'이라는 숫자는 성경에서 완전한 숫자로, 하나님이 이 일곱 교회를 선택하여 모든 교회를 대표하게 하셨기 때문이다. 사도 시대로부터 주님이 다시 오실 때까지의 교회의 상황은 다 이 일곱 교회로 대표된다.

이 일곱 교회는 당시에 실제로 있었던 교회이다. 만일 주 예수님이 그때 오셨다면, 그 일곱 서신에서 말한 것이 그러한 교회들에게 들어맞았을 것이다. 다른 면에서 성령은 사도 시대 이후의 모든 교회를 이 일곱 교회로 대표하는 것이다. 이 일곱 서신에서 말한 일곱 교회의 상황을 우리의 현재의 안목에서 본다면 두 가지 뜻이 있는데, 첫째는 당시 각지 교회의 실제 상황이었으며, 둘째는 매 시대에 있었던 유형의 교회의 상황을 대표하는 것이다.

> "몸을 돌이켜 나더러 말한 음성을 알아보려고 하여 돌이킬 때에 일곱 금등대를 보았는데 등대 사이에 인자 같은 이가 …(12-13상, 원문 참조)."

요한이 본 일곱 금등대는 일곱 교회이며, 이 일곱 교회는 이 땅에 있던 일곱 지방 교회의 상황이었다. 일곱 금등대는 결코 연합하여 하나가 된 것이 아니라 분리된 일곱 등대로서, 그 소재한 지방에서 빛을 발할 책임을 지는 것이다. 교회는 생명에 있어서 몸과 같이 하나이다. 그러나 교회는 이 땅에서 표현에 있어서 일곱 등대와 같이 행정이 지방적이며 각자가 주님께 책임을 진다. 우리는 계시록 2장과 3장을 대할 때 당시 일곱 교회의 상황이 일과 환경과 책임과 실패와 상벌에 있어서 서로 다른 것을 볼 것이다. 만일 이 사실을 부인한다면 곧 오류가 생길 것이다. 이 일곱 교회에는 결코 공동의 이름이 없다. 그들의 이름은 '에베소에 있는', '서머나에 있는', '버가모에 있는', '두아디라에 있는', '사데에 있는', '빌라델비아에 있는', '라오디게아에 있는' 교회라 불렸다. 한 지방에는 한 교회가 있을 뿐, 한 지방에 여러 개의 교회가 있을 수 없고, 몇 개의 지방 교회가 연합한 교회도 있을 수 없다. 하나님은 한 지방에 오직 한 교회만 있도록 정하셨으므로 에베소에 있는 교회, 서머나에 있는 교회가 있을 뿐, 에베소에 있는 교회들이나 서머나에 있는 교회들이란 있을 수 없다. 하나님은 또한 한 지방 교회가 다른 지방 교회와 연합하여 다른 한 교회가 되도록 정하지 않으셨으므로, 성경은 "아시아에 있는 일곱 교회"(1:4)라고 말할 뿐 아시아에 있는 교회라고 말하지 않았다(아시아는 하나의 도(道)이며 이 도 안에 많은 지방이 있음). 하나님이 교회에 대해 규정하신 것은, 영적인 방면에서는 반드시 성령의 권위에 순복해야 한다는 것이고, 외적인 면에서는 단지 지방을 범위로 할 수 있다는 것뿐이다. 우리가 만일 성경을 분명히 알고 성령을 인식한다면, 이 땅에는 한 지방에 한 교회가 있음을 시인하지 않을 수 없을 것이다. 여러 지방에 한 교회가 있거나 한 지방에 여러 교회가 있는 것은 다 성경에 부합되는 것이 아니다. 여러 지방에 한 교회가 있는 것은 성경에서 요구하지 않은 하나를 실행하는 것이며, 한 지방에 여러 교회가 있는 것은 성경이 요구한 하나를 나누는 것이다. 우리가 만일 일곱 금등대가 일곱 교회라는 것을 잊지 않는다면, 우리는 교회가 하나님 앞에서 마땅히 있어야 할 상황을 절대 잊지 않을 것이다. 성경이 교회를 금등대로 예표한 것은 의미가 있다. 성경에서 금은 하나님의 영광을 상징한다. 교회의 책임은 하나님의 영광을 나타내는 것이다. 등대 자체에는 빛이 없다. 등대의 빛은 전적으로 기름에 달려 있으며 거기에는 불도 필요하다. 교회가 주님을 위해 빛을 발하려면, 끊임없이 하나님의 성령과 하나님의 성결한 불을 의지해야만 한다. 그렇지 않으면 조금도 빛을 발할 수 없다. 우리는 교회가, 어그러지고 거스르는 세대 가운데서 하나님의 흠 없는 자녀로 세상에서 그들 가운데 빛들로 나타내며 생명의 말씀을 밝히기를 얼마나 소망하는지(빌 2:15-16)!

"등대 사이에 인자 같은 이가", 이것은 주님이 그분의 교회와 함께하심을 말한다. 주님의 임재는 귀한 것이지만, 그것은 전적으로 축복을 위한 것만이 아니라 감찰하기 위한 것이기도 하다. 우리가 만일 충성된 사람이라면 그분이 우리 가운데 계셔도 우리는 두려울 필요가 없지만, 만일 우리가 충성되지 못하다면 그분이 우리 가운데서 감찰하시는데 우리가 어떻게 죄에서 도망할 수 있겠는가?

이 '인자 같은' 분은 우리의 주 예수님이다. 다니엘도 '인자 같은' 분을 보았다고 말했다(단 7:13). 복음서에서 주님은 자주 '인자'로 불렸는데, 왜 여기서는 '인자 같은' 분이라고 말했는가? 그분이 '인자 같다'는 말은 주 예수님의 신격을 나타낸다. 그분은 사람의 아들(인자)이지만 또한 하나님의 아들이시기도 하다. 그분이 이 땅에 계셨을 때는 인자였으나, 이제 그분은 죽음에서 부활했으므로 단지 인자만은 아니다. 그러므로 그분을 인자 같다고 말하는 것이다. 우리는 하나님께서 사람을 지으신 목적이 원래 사람으로 땅을 다스리게 하기 위한 것임을 안다(창 1:28). 애석하게도 첫 번째 사람이 실패하여 이러한 목적에 이르지 못했다. 그러므로 하나님의 아들이 세상에 사람으로 오사 하나님의 목적을 이루셨다. 그분은 육신을 입고 인자가 되셨는데, 이것이 곧 주님이 인자가 되시는 것의 시작이다. 달리 말하면 인자는 사람되신 하나님의 칭호이다. 주님이 세상에 계셨던 삼십여 년간은 그분이 인자가 된 기간이었다. 주님이 아직 태어나시기 전에는 다니엘이 말한 것과 같이 '인자 같으셨다'. 주 예수님이 죽음에서 부활하신 후에 비록 그분에게는 뼈와 살이 있었지만(눅 24:39), 그분은 단지 인자만이 아닌 '인자 같은' 주님인 것이다.

이 인자 같은 그리스도는 '금등대 사이에' 계시며, 일곱 금등대 사이에서 '다니시는' 주님이시다(계 2:1). 이것은 우리에게 주님은 그분의 교회와 얼굴을 맞대고 계시며, 교회들의 행위를 감찰하고 계시다는 것을 보여 준다. 그분은 여기에 앉아서 교회의 경배를 누리고 계시는 것이 아니라 교회를 심판하고 계시는 것이다. 그러므로 우리는 응당 주님을 경외해야 하는데, 왜냐하면 "하나님의 집에서 심판을 시작할 때가 되었기(벧전 4:17)" 때문이다.

"… 발에 끌리는 옷을 입고 가슴에 금띠를 띠고(13절)."

제사장은 발에 끌리는 옷을 입는다. 주 예수님이 여기서 발에 끌리는 옷을 입었다는 것은 그분이 제사장임을 나타낸다. 성소 안에 있는 등대는 불이 꺼져서는 안 되며, 빛이 밤낮으로 꺼져서도 안 되므로, 제사장은 계속해서 성소 안에서 등을 손질하고 기름을 보충한다. 주 예수님은 제사장으로서 교회들 가운데 다니시며, 누구의 등이 밝으며 누구의 등이 밝지 않은지를 보신다. 밝지 않으면 수리를 해야 한다. 수리는 심판이다. 그리스도는 교회들 사이에 다니시며 심판의 일을 하시는데, 이러한 종류의 심판은 영원으로부터 온 것이다. 우리는 그분이 은혜의 주님임을 보았지만, 이제 그분이 심판의 주님이심을 보아야 한다. 현재의 심판은 여전히 제사장의 심판으로서 손질을 해야 하는 것이지만, 그날에 왕의 심판은 상벌을 주실 것이다. 빛은 모든 이유를 제거한다. 빛은 비출 뿐만 아니라 살균하고 죽인다. 빛은 모든 진상을 드러내며, 주님과 부합되지 않는 모든 것을 제해 버린다. 하나님이 빛을 비출 때마다 사람의 천연적인 생명이 죽는다. 사람은 많은 이유가 있을 수 있으나 주님의 빛 비춤 아래 있을 때 모든 이유가 사라진다. 주님을 멀리 떠난 사람일수록 자신이 옳다고 여기지만, 주님의 빛은 사람이 막을 수 없는 것이다. 교회는 응당 주님을 경외해야 하며, 빛이 어두워지고 심지어 등대를 옮겨 가심으로 간증을 잃는 것을 면하기 위해 자주 주님의 손질을 받아야 한다.

그분은 '가슴에 금띠를 띠셨다'. 구약의 대제사장의 직분은 죽음이라는 장애물 때문에 오래 지속될 수가 없었으며(히 7:23), 그들이 띤 띠는 금실로 짠 것일 뿐이므로(출 28:4-5) 영원한 것이 아니었다. 그러나 우리의 주님은 영원히 살아 계시므로 그분이 제사장이 되면 그분의 제사장 직분은 영원히 갈리지 않고(히 7:24), 그분이 가슴에 띤 금띠는 정금으로 영원히 빛나며 영존하는 것이다. 띠의 위치는 평소에는 허리인데, 주님은 일을 하려 할 때 가슴에 띠를 띠신다. 이것은 사랑과 힘을 말하는데 '띠는 것은' 행동하는 힘을 말하며, '가슴'은 사랑을 말한다. 등대 사이에 다니시는 대제사장은 힘과 사랑이 충만하다. 우리는 여기에서 그분 앞에 엎드려 한 면으로는 두렵고 떨며, 또 한 면으로는 기쁨으로 안식하지 않을 수 없다.

> "그 머리와 털의 희기가 흰 양털 같고 눈 같으며 그의 눈은 불꽃 같고 그의 발은 풀무에 단련한 빛난 주석 같고 그의 음성은 많은 물 소리와 같으며(14-15절.)"

이것은 우리에게 주님의 복장이 그분의 심판의 성질을 나타낼 뿐만 아니라 주님 자신의 형상도 이러한 성질을 나타냄을 보여 준다. 그분은 '머리와 털의 희기가 흰 양털 같고 눈 같으시다'. 다니엘은 이상 가운데 "옛적부터 항상 계신 이가 좌정하셨는데 그 옷은 희기가 눈 같고 그 머리털은 깨끗한 양의 털 같음(단 7:9)"을 보았다. 이 옛적부터 항상 계신 이가 바로 하나님이다. 여기에서 요한이 본 주 예수님의 형상은 마치 다니엘이 본 하나님과 같다. 그러므로 주 예수님은 곧 하나님이다. 우리의 주님은 '머리와 털'이 다 희다. 이것은 그분이 시간을 초월하고, 또 시간을 포함하며, 완전하고 절대적으로 성결하다는 것을 말하는 것이다. 성경은 사람의 쇠패와 변화를 말할 때 그의 머리칼을 반백(斑白)으로 언급한다(호 7:9). 그러나 우리의 주님은 반백의 머리카락이 하나도 없다. 잠언은 "백발은 영화의 면류관이라(16:31)."고 말한다. 또 "늙은 자의 아름다운 것은 백발이라(20:29)."고 말한다. 그러므로 백발은 체험과 영광과 장구(長久)함을 뜻한다.

백발은 또한 성결을 의미한다. 이사야서는 하나님이 사람의 죄를 양털과 같이, 눈과 같이 정결케 하겠다고 약속하셨음을 말한다(1:18). 우리가 우리의 죄가 이미 주님의 머리와 털처럼 정결케 되었음을 생각한다면 우리는 주님의 은혜가 얼마나 큰 은혜인가를 기이하게 여길 것이다!

그분의 '눈은 불꽃 같다'. 불꽃은 비출 수 있다. 주님의 눈은 불꽃과 같으므로 그분은 사람의 깊은 속을 감찰하실 수 있으며, 그분 앞에서 감출 수 있는 것은 하나도 없다. 만일 불꽃 같은 눈으로 그분의 성결과 불일치하는 어떤 것을 보면 그분은 곧 심판하고 정죄하실 것이다. 그분이 빛이시며 그분 자신이 비추신다. 그분은 죄악을 감찰하사 선한 사람으로 정결을 유지하게 하고, 악한 자로 멸망에 이르게 하신다. 말라기 3장 2절은 그분이 나타나실 때 금을 연단하는 자의 불과 같을 것이라고 말한다. 이스라엘 백성이 부흥될 때에 주님은 공의의 영과 소멸하는 영으로 그들의 모든 더러움을 정결케 하실 것이다(사 4:3-4). 우리가 그리스도의 심판대 앞에 설 때에 주님은 불로 각 사람의 공력을 시험하실 것이다. "그날이 공력을 밝히리니 이는 불로 나타내고 그 불이 각 사람의 공력이 어떠한 것을 시험할 것임이니라(고전 3:13)." "그러므로 때가 이르기 전 곧 주께서 오시기까지 아무것도 판단치 말라 그가 어두움에 감추인 것들을 드러내고 마음의 뜻을 나타내시리니(고전 4:5)." "이는 우리가 다 반드시 그리스도의 심판대 앞에 드러나 각각 선악 간에 그 몸으로 행한 것을 따라 받으려함이라(고후 5:10).” 우리가 반드시 기억해야 할 것은, “지으신 것이 하나라도 그 앞에 나타나지 않음이 없고 오직 만물이 우리를 상관하시는 자의 눈앞에 벌거벗은 것같이 드러나느니라(히 4:13).”는 것이다. 아, 누가 주님의 불꽃 같은 눈을 피할 수 있으리요? 무엇이 주님의 불꽃 같은 눈앞에서 감추어질 수 있으리요? 형제자매들이여, 오늘날 우리는 노래해야 한다.

난 매일 심판대 앞의 밝은 빛 바라봐
내 모든 생활과 일들 불 통과하기 원해
(한국복음서원 찬송가 468장)

그분의 ‘발은 풀무에 단련한 빛난 주석 같다’. 주석은 성경에서 심판을 의미한다. 회막과 단 사이에 놓여지는 물두멍과 광야에서 장대에 달린 그 뱀은 다 주석(놋)으로 만든 것이다(출 30:18, 민 21:8-9). 그분의 발이 빛나는 주석과 같다는 것은 그분의 행동에 힘이 있음을 말할 뿐 아니라 그분의 행함과 길과 걸음이 다 공의요, 절대적으로 의롭다는 것을 말한다. 그분의 발은 빛나는 주석 같을 뿐 아니라 또한 풀무 불에 단련한 빛난 주석 같다. 주석이 풀무 불에서 단련될 때 사람으로 두려움을 느끼게 하는 흰색을 발산한다. 주님의 발은 이와 같이 견고하고 순결하다. 그분은 예리한 눈으로 정죄하며 견고한 발로 그것을 밟는다! 그분은 그분이 보시기에 죄가 되는 것을 심판하시며 그분의 행함은 순결한 것이다. 그분이 이러한 엄한 성결로 각 교회 가운데 행하실진대 그분이 정죄하는 것이 어찌 많지 않겠는가?

그분의 '음성은 많은 물소리와 같다'. 이 소리는 두려운 것이며 사람이 막을 수 없는 것이다. 이 소리는 전에 그분이 이 땅에 계실 때처럼 부드럽고 온유하여 사람을 이끌어 그분과 친근하게 하는 것이 아니라, 위엄 있고 힘 있어 사람에게 무섭게 들리며 또 듣지 않을 수 없는 것이다. 시편 93편 3-4절은 "여호와여 큰 물이 소리를 높였고 큰 물이 그 소리를 높였고 큰 물이 그 물결을 높이나이다 높이 계신 여호와의 능력은 많은 물소리와 바다의 큰 파도보다 위대하시니이다."라고 말한다. 여기에서 우리는 이 소리가 얼마나 큰지를 알 수 있다. 에스겔 43장 2절은 "이스라엘 하나님의 영광이 동편에서부터 오는데 하나님의 음성이 많은 물소리 같고 땅은 그 영광으로 인하여 빛나니"라고 말한다. 이것은 하나님의 소리가 얼마나 위엄이 있고 능력이 있는지를 형용한다. 이제 이 위엄 있고 능력 있는 소리가 인자 같은 그리스도에게서 나오는 것이다. 그분의 소리의 권능을 말할 때 주님은 일찍이 "진실로 진실로 너희에게 이르노니 죽은 자들이 하나님의 아들의 음성을 들을 때가 오나니 곧 이때라 듣는 자는 살아나리라(요 5:25)."고 말씀하셨다. 이는 마치 주님의 사랑을 받던 나사로가 죽어 무덤에 사흘을 있었지만 주님이 큰 소리로 불러 "나사로야 나오라"하니 그 죽은 자가 나온 것과 같다(요 11:17, 43-44). 아, 주님의 소리는 얼마나 큰 권능이 있는지! 그분의 노하심을 말할 때 예레미야 25장 30절은 "여호와께서 높은 데서 부르시며 … 세상 모든 거민을 대하여

포도 밟는 자같이 외치시리라.”고 말하며, 시편 29편 4절은 “여호와의 소리가 힘 있음이여 여호와의 소리가 위엄차도다.”라고 말한다. 그분이 심판하실 때 이 소리는 사람들로 놀라 겁이 나서 두려워 떨도록 하기에 충분할 것이다. 이와 같이 교회는 오늘날 응당 주님을 경외하며 주님이 교회 안에서 하시는 말씀을 거스르지 말아야 주님 앞에 설 때에 마음이 편안하고 거리낌이 없을 수 있다.

> “그 오른손에 일곱 별이 있고 그 입에서 좌우에 날선 검이 나오고 그 얼굴은 해가 힘 있게 비취는 것 같더라(16절).”

우리는 이 인자 같으신 주님이 얼마나 성결하고 얼마나 위엄이 있는지를 보았다.

이제 그분의 지위가 어떠한가를 보기로 하자. “그의 오른손에 일곱 별이 있고”. 이 일곱 별은 일곱 교회의 사자이다. 그리스도의 오른손이 그들을 잡았다는 것은 그리스도가 그들의 권위가 되었다는 의미이다. 왜냐하면 성경에서 ‘오른손’은 권위와 높여짐을 의미하기 때문이다(시 17:7, 18:35, 행 2:33). 이러한 사자들이 주님의 손에 있다. 그들은 충성된 사람들이며, 그들의 직분은 빛을 발하는 별과 같다. 그들은 주님의 손에서 가장 온당하지만 책임도 가장 중대하다. 또한 이러한 사자들은 주님의 손에서 결코 주님의 머리의 면류관이 되는 것이 아닌데, 왜냐하면 그들이 영광을 얻는 때가 아직 오지 않았기 때문이다. 그들은 응당 충성을 다해 전진해야 비로소 오랫동안 빛을 비출 수 있다. 그렇지 않으면 '유리하는 별'과 같이 될 것이다(유 13).

"그 입에서 좌우에 날선 검이 나오고". 이사야서 49장 2절은 "내 입을 날카로운 칼같이 만드시고"라고 말한다. 이것은 주 예수님의 말씀이 능력이 있음을 가리켜 한 말이다. 주님의 말씀은 오늘 사람의 양심으로 죄를 느끼게 할 뿐만 아니라 심판의 때에도 예리할 것이다. 주님은 "나를 저버리고 내 말을 받지 아니하는 자를 심판할 이가 있으니 곧 나의 한 그 말이 마지막 날에 저를 심판하리라(요 12:48)."고 말씀하신다. 여기서 우리는 주님을 경외해야 하는데, 왜냐하면 심판은 하나님의 집에서 시작하기 때문이다. 계시록 2장과 3장은 주님이 일곱 금등대 사이에 다니시며 그분의 말씀으로 그분의 교회를 심판하심을 보여 준다. 주님은 요한에게 명령하여 버가모 교회의 사자에게 편지하여 말하기를 "좌우에 날선 검을 가지신 이가 가라사대 … 그러므로 회개하라 그리하지 아니하면 내가 네게 속히 임하여 내 입의 검으로 그들과 싸우리라(계 2:12-16)."고 하셨다. 이 입의 날선 검은 다름 아닌 하나님의 말씀이다. 히브리서 4장 12절은 "하나님의 말씀은 살았고 운동력이 있어 좌우에 날선 어떤 검보다도 예리하여 혼과 영과 및 관절과 골수를 찔러 쪼개기까지 하며 또 마음의 생각과 뜻을 감찰하느니라."고 말하며, 누가복음 1장 37절은 "대저 하나님의 모든 말씀은 능치 못하심이 없느니라."고 말한다. 하나님의 말씀은 예리하고 능력이 있다. 그러므로 우리는 반드시 평소에 하나님의 말씀을 풍성하게 마음에 저장해 두어 그분의 말씀이 우리의 몸에서 지위를 얻게 해야 하며, 또한 마귀를 대적할 때에 그것을 무기로 삼아야 한다. 주 예수님이 광야에서 마귀의 시험을 받으셨을 때 그분은 성경 말씀으로 승리하셨다. 하나님의 말씀은 참으로 이같이 예리하고 능력이 있으므로 우리는 응당 하나님의 말씀을 귀히 여겨야 하며 하나님의 말씀을 의지해야 한다.

그분의 '얼굴은 해가 힘 있게 비취는 것 같았다'. 그리스도는 의로운 해이시다(말 4:2). 그분이 변화산에 있을 때 일찍이 한 번 그분의 영광을 나타내셨는데, 그때 그분의 '얼굴은 해같이 빛났다'(마 17:2). 베드로는 이것이 '주 예수님의 능력과 강림하심'을 나타내는 것이라고 말했다(벧후 1:16). 하나님은 해를 '큰 광명'이라고 칭하셨으며 낮을 주관하게 하셨다(창 1:16). 해가 힘 있게 비춘다는 것은 정오를 가리키며 구름 한 점도 가린 것이 없음을 뜻한다. 이것은 천년왕국에서의 주님의 권능과 영광을 말하는 것이다.

성경은 주 예수님의 나타나심을 새벽별과 태양으로 예표하고 있다. 별의 나타남은 성도에 대한 것이요, 태양의 나타남은 세상에 대한 것이다. 새벽별은 날이 막 밝으려 할 때 나타나므로 오직 깨어 있는 사람만이 볼 수 있다. 그러므로 그리스도인은 반드시 깨어 있어야 한다. 태양은 낮에 나타나는 것으로 세상 사람도 모두 볼 수 있다. 새벽별이 먼저 나오고 태양이 나중에 나온다. 우리의 주님은 그분을 세상 사람에게 나타내시기 전에 먼저 그분을 사모하는 사람에게 나타내실 것이다. 이것이 얼마나 복된 소망인지! 형제자매들이여, 여러분은 주님의 나타나심을 사모하는가? 여러분은 그분을 만날 준비를 잘 하고 있는가?

"내가 볼 때에 그 발 앞에 엎드러져 죽은 자같이 되매 …(17절)."

요한은 주님의 품에 기댄 사람 중의 한 사람으로 알려져 있다. 그러나 이때에 그는 심판을 집행하러 오실 주님을 보고는 그분의 성결과 영광과 위엄과 능력 때문에 그분의 발 앞에 엎드려 죽은 자같이 되었다. 주님의 심판은 참으로 엄중한데, 이러한 이상을 누가 감당할 수 있으리요? 요한이 이와 같을진대 우리는 어떠하겠는가? 형제자매들이여, 우리는 이러한 심판의 엄중함을 감히 소홀히 하지 않기 바란다. 주님을 보지 못했다면 모르거니와 일단 주님을 본다면 땅에 엎드러지지 않을 사람이 없다. 욥에게서 볼 수 있는 것과 같이 그는 세 친구들과 변론하고 있을 때 자신이 완전하다고 생각했다. 그러나 나중에 그는 주님을 보고는 이렇게 말했다. "내가 주께 대하여 귀로 듣기만 하였삽더니 이제는 눈으로 주를 뵈옵나이다 그러므로 내가 스스로 한하고 티끌과 재 가운데서 회개하나이다(욥 42:5-6)." 선지자 이사야 또한 높이 들린 보좌에 앉으신 주님을 보고는, "화로다 나여 망하게 되었도다 나는 입술이 부정한 사람이요 입술이 부정한 백성 중에 거하면서 만군의 여호와이신 왕을 뵈었음이로다(사 6:5)."라고 말하지 않을 수 없었다.

선지자 다니엘은 성경에서 한 번도 그가 어떤 잘못을 했다고 말하지 않았으나 주님을 본 후로, "내 몸에 힘이 빠졌고 나의 아름다운 빛이 변하여 썩은 듯하였고 나의 힘이 다 없어졌으나 … 내가 얼굴을 땅에 대고 깊이 잠들었었느니라(단 10:8-9)."고 말했다. 선지자 하박국은 자신이 여호와의 음성을 들었을 때 어떠했다고 말했는가? 그는 "내 창자가 흔들렸고 그 목소리로 인하여 내 입술이 떨렸도다 … 내 뼈에 썩이는 것이 들어왔으며 내 몸은 내 처소에서 떨리는도다(합 3:16)." 라고 말했다.

바울은 원래 주님의 제자들을 그토록 핍박하고 잔해 했었으나 그가 다메섹을 향해 가고 있을 때 주님이 하늘로부터 그를 둘러 비추자 그는 땅에 엎드러졌다(행 9:1-4). 우리가 만일 참으로 주님의 영광과 주님의 성결과 주님의 심판을 만난다면, 아주 깊은 곳에서 자신을 미워하고 후회하지 않을 사람이 없을 것이다. 그러나 애석하게도 얼마나 많은 그리스도인들이 자신을 말할 때에 죄를 자복하는 것에서조차도 자기를 의롭다 하고 자신을 자랑하는지! 어떤 그리스도인에게 나타난 교만이 있든 감춰진 교만이 있든, 그것은 모두 그가 그리스도를 만나지 못했기 때문이다. 예레미야 17장 9절은 "만물보다 거짓되고 심히 부패한 것은 사람의 마음이라 누가 능히 이를 알리요마는"이라고 말한다. 우리가 주님을 만나지 못할 때 얼마나 쉽게 자신을 신뢰하고 자랑하며 자만하는지! 우리는 반드시 빛 가운데 빛을 볼 수 있으며(시 36:9), 하나님의 빛 가운데서라야 비로소 자신의 진상을 알 수 있다는 사실을 인식해야 한다. 그러므로 자신을 신뢰하고 자신을 의롭다고 생각하는 사람은, 틀림없이 주님을 만난 적이 없으며 주님의 빛 비춤을 받지 못한 사람이다. 오, 형제자매들이여, 주님을 만난 모든 사람은 다 땅에 엎드러지게 된다. 만일 어떤 사람이 여전히 그렇게 교만하고 자신을 의롭다고 여긴다면 주님이 그를 긍휼히 여기시기를 구한다! 그러나 주님의 영광과 성결이 우리로 자신을 미워하게 하고 주님의 발 앞에 엎드러지게 하며, 자신을 사지(死地)에 넘기움으로 주님이 우리의 몸에서 표현되게 하시기를 원한다.

"… 그가 오른손을 내게 얹고 가라사대 두려워 말라 …(17절)."

주님은 권능의 오른손으로 일곱 별을 붙들고 계실 뿐 아니라 또한 이 오른손을 요한에게 얹고 "두려워 말라"고 말씀하신다. 우리 주님은 비록 영광 안에 계시지만 여전히 사랑이 가득하시다. 계시록은 원래 주님의 심판을 말한다. 그러나 주님을 사랑하는 사람들은 주님의 사랑에 의해 격려받으므로 두려워할 필요가 없는데, 왜냐하면 "사랑 안에 두려움이 없고 온전한 사랑이 두려움을 내어 쫓기(요일 4:18)" 때문이다. 주님은 원래 사람에게 자신을 나타내기를 원하신다. 그러나 어떤 사람들은 주님의 위엄이 주님의 사랑보다 높다고 느껴, 마치 주님이 자신을 나타내면 나타내실수록 그분을 가까이 할 수 없다고 생각한다. 우리는 여기서 주님이 그분의 오른손을 요한에게 얹고 "두려워하지 말라"고 말씀하시는 것을 본다. 우리가 만일 이 사랑하는 주님과 어떤 간격도 없다면, 여러분이 연약할 때 그분은 여러분에게 힘을 주실 것이요, 여러분이 두려워할 때 그분은 여러분을 안위하실 것이다.

> "… 나는 처음이요 나중이니 곧 산 자라 내가 전에 죽었었노라 볼지어다 이제 세세토록 살아 있어 사망과 음부의 열쇠를 가졌노니(17–18절)."

주님이 영광 중에 한 번 나타나는 것은 우리로 하여금 우리 자신의 연약함을 분명히 알게 하며, 더욱이 주님의 위격(位格)의 숭고함을 보게 한다. 그러나 여기서의 문제는 결코 우리가 어떠한가를 주의하는 것이 아니라, 주님이 어떠하신가를 주의하는 것이다. 우리가 만일 주님의 어떠하심을 안다면 우리는 자신의 어떠함도 알게 된다. 주님의 목적은 그분 자신이 어떠한 분인가를 나타내는 것이다. 그분은 "나는 처음이요 나중이니 곧 산 자라 내가 전에 죽었었노라 볼지어다 이제 세세토록 살아 있어 사망과 음부의 열쇠를 가졌노니."라고 말씀하신다. 이것이 얼마나 사람을 안위하는 말씀인지! 왜냐하면 그분은 이 같은 주님이시기 때문에 요한을 안위하며 두려워하지 말라고 말씀하실 수 있는 것이다. 처음이요 나중이신 살아 계신 주 예수님이 일찍이 우리 때문에 죽으시고 부활하셨다. 그분은 "우리 범죄함을 위하여 내어줌이 되고 또한 우리를 의롭다 하심을 위하여 살아나셨다(롬 4:25)."

그러므로 우리는 심판의 날에 두려움 없이 그분 앞에 설 수 있는 것이다. 우리는 그분의 죽음과 부활로 말미암아 영원한 불못의 고통을 면하였고, 심판대 앞의 수치를 면한다. 우리는 우리가 의지할 것이 주님의 죽음과 부활뿐이며, 만일 다른 것을 의지하면 다 실패한다는 것을 보아야 한다. 영이 강건하고 주님을 만날 준비가 잘 된 사람은, 결코 그 자신이 다른 사람보다 낫기 때문이 아니라, 그가 보다 많이 주님의 죽음과 부활을 의지하고 체험해서이다. 여기서 우리는 다시 한번 우리가 주님의 죽음과 부활에 연합할 필요성을 본다. "만일 우리가 그의 죽으심을 본받아 연합한 자가 되었으면 또한 그의 부활을 본받아 연합한 자가 되리라 … 자신을 죄에 대하여는 죽은 자요 그리스도 예수 안에서 하나님을 대하여는 산 자로 여길지어다(롬 6:5, 11)." 우리의 구원은 주님의 죽음과 부활을 의지한 것이요, 우리의 승리도 주님의 죽음과 부활을 의지한 것이다. 주 예수님은 (죄인에게든 믿는 이에게든) 이미 완전한 구속의 은혜를 이루셨으므로, 우리는 믿음으로 받아들이기만 하면 된다. 우리는 죽고 부활하신 주님을 인식해야 하며, 또한 믿음을 사용하여 주님의 죽음과 부활 안으로 연합해야 한다. 우리의 주님은 '처음'으로서 만유의 근원이시며, 또한 그분은 '나중'으로서 만유의 총결이시다. 우리가 자신이 구원받은 과정을 생각해 본다면, 우리는 주님이 먼저 우리를 찾아오셨지 우리가 주님을 찾아간 것이 아님을 알게 될 것이다. 또한 우리는 주님이 먼저 우리를 사랑하셨지 우리가 주님을 사랑한 것이 아니라는 사실도 알게 될 것이다. 우리는 주님이 처음이심을 깨닫는다. 그러나 우리는 어떤 때 우리가 구원을 받기는 받았지만 주님이 우리를 어느 단계까지 구원하실 것인지를 생각한다. 우리는 '주님이 만일 우리를 오늘의 이런 단계까지만 구원하시고 더 이상 구원하지 않으시면 어떻게 하는가', '하나님의 구원의 은혜는 우리를 어느 단계까지 구원할 것인가', '우리는 장래에 어떻게 되는가', 혹은 좀 더 큰 문제들을 생각한다. 우리는 창세기를 읽으면서 하나님이 창조자요, 만유의 근원이심을 본다. 그러나 얼마 후에 뱀이 에덴동산에 들어오고, 아담과 하와는 에덴동산에서 쫓겨나고, 생명나무의 길은 그룹들과 두루 도는 화염검으로 지켜지기 시작했으며, 땅은 저주를 받았고 사망이 들어왔다. 우리는 이러한 일들을 대할 때에 이러한 일들이 어떻게 끝날 것인가를 생각하지 않을 수 없다. 하나님이 이 세상에서 시작을 하셨지만 결국은 어떻게 될 것인가? 이러한 질문들에 대해 하나님은 이미 답변을 주셨는데 그 답변이 바로 계시록이다. 주님은 "나는 처음이요 나중이니"라고 말씀하셨다. 이것이 바로 예수 그리스도의 계시이다! 계시록 마지막 장에 이르러서 하나님은 다시 한번 이러한 말씀을 하신다. "나는 알파와 오메가요 처음과 나중이요 시작과 끝이라." 이것이 예수 그리스도의 계시이다! 하나님이 시작하신 것은 하나님이 끝까지 책임지실 것이다. 에덴동산에서는 볼 수 없는 결론의 일을 그분이 다 끝낼 것이다. 그분의 구속은 완전한 것이며, 그분의 영원한 계획도 틀림없이 성공할 것이다. 오늘날 우리가 해결하지 못하는 문제를 어느 날 그분이 다 해결하실 것이다. 하나님께 감사한다. 어느 날 그리스도가 모든 일을 끝내실 것인데, 왜냐하면 그분이 처음이요 나중이시기 때문이다. 이것이 바로 예수 그리스도의 계시이다. 하나님이 우리에게 보이신 것은 처음이요 나중인 분으로서 많은 문제에 대한 답안이다.

그분은 '곧 산 자라'. 요한복음 1장 4절은 생명이 그분 안에 있다고 말하며, 11장 25절은 그분이 생명이라고 말한다. 이것은 그리스도가 생명의 근원이심을 말하는 것이다. 그분의 생명은 피조되지 않은 생명이다. 그분은 자존자이시고, 전적으로 살아 계신 분이며, 생명이시다.

우리의 주님은 '전에 죽었었다'. 그분의 죽음은 죄인을 대신한 죽음이요, 의인으로서 불의한 자를 대신하신 죽음이다(벧전 3:18). 다른 면에서 주님은 그분의 죽음으로 말미암아 그분의 생명을 해방하셨다. 오, 이것은 얼마나 기묘한 죽음인지!

그분은 '이제 살아 계신다'. 그분은 죽음에서 부활하셨다. 많은 사람이 죽음을 한번 만나면 결코 다시 돌아오지 않으며 부활하지 않는다. 그러나 하나님은 우리 주님의 죽음을 허락하셨으며, 그분으로 하여금 죽음으로 말미암아 그분이 죽음을 이길 수 있음을 증명케 하셨다. 그분은 전에 죽었었으나 이제 다시 사셨다! '다시 사셨다'는 이 사실은 얼마나 놀라운지! 오순절 때에 한 사도는 이렇게 선포했다. "하나님께서 사망의 고통을 풀어 살리셨으니 이는 그가 사망에게 매여 있을 수 없었음이라(행 2:24)." 사망은 그를 가둘 수 없었으며 그를 붙잡을 힘이 없었다. 부활 생명은 죽음을 견디고 죽음을 통과할 수 있다. 죽었으나 다시 살았다는 것은 그분의 생명이 죽음을 견딜 수 있으며 죽음을 통과할 수 있음을 증명하는 것이다. 많은 이들이 자신의 뜻대로 되지 않는 일을 만나면 마치 사망을 만난 것처럼 끝나 버린다. 그러나 부활 생명은 죽음을 두려워하지 않는다. 죽음을 거쳐야 비로소 이 생명이 죽음을 견디는지를 증명할 수 있다. 부활 생명은 죽음을 거치고도 존재할 수 있는 것이다. 죽음을 거칠 때 끝나 버리는 것은 부활 생명이 아니다. 주님이 요한에게 서머나 교회의 사자에게 써 보내라고 한 편지에서 요한은 '죽었다가 다시 사신 이'라고 말한다. 왜냐하면 서머나 교회는 주님을 위해 고난받고 죽기까지 충성한 교회이므로, 주님은 이 말씀으로 교회를 안위하신 것이다. 음부의 문이 주님을 이길 수 없는 것같이 음부의 문이 결코 교회도 이길 수 없다. 어떤 교회가 만일 부활이 무엇인지를 안다면, 시련과 고난을 통과할 수 있을 것이다. 왜냐하면 부활 생명은 죽음을 견디는 생명이요, 죽음을 거쳐 일어날 수 있는 생명이기 때문이다. 할렐루야! 우리의 주님은 죽었다가 다시 사셨다! 사망이 그분을 어찌할 수 없다!

주님은 '다시 사셨을' 뿐만 아니라 '세세토록 살아 있는' 분이시다. 주님의 죽음이 단 한 번이요, 부활도 단 한 번이나, 그분의 부활은 세세토록 살아 있는 것이다. 그분은 다시는 죽지 않으며 영원히 살아 계신다. 그분은 지금 그분이 창세전에 아버지와 함께 가졌던 영광을 나타내실 뿐만 아니라(요 17:5) 그분의 '사람의 영광'도 더해졌다. 그분이 이렇게 살아 있는 것은 결코 자기 자신만을 위한 것이 아니라 우리를 위한 것이기도 한데, 왜냐하면 그분은 항상 살아서 우리를 대신해 간구하는 분이시기 때문이다(히 7:25). 그분은 이제 우리를 위하여 하나님 앞에 나타나셨다(히 9:24). 주님은 일찍이 그분의 제자들에게 "내가 살았고 너희도 살겠음이라"고 말씀하셨다(요 14:19). 형제자매들이여, 이 말이 어찌 우리에게 한 말이 아니겠는가? 주님이 영원히 살아 계신 하나님이심을 알아야 비로소 영 안에서 주님의 실제적인 임재를 느낄 수 있다. 주님의 확실한 임재를 느끼는 것보다 더 우리를 견고케 하는 것은 없다. 이것은 결코 감정이나 환상이나 심리작용이 아니다. 아브라함의 경우 그는 하나님을 그렇게 오랫동안 따른 후에 하나님을 깊게 인식했으므로 "브엘세바에 에셀나무를 심고 거기서 영생하시는 하나님 여호와의 이름을 불렀다(창 21:33)." 다니엘은 사람들에게 '영생하시는 하나님의 종'이라 불렸으며, 그가 사자굴에 던져졌을 때 그의 하나님이 사자의 입을 막으심으로 사자가 그를 상하게 하지 못했다(단 6:20, 22). 뮐러는 이렇게 말했다. "만일 당신이 하나님과 동행하며 그분이 주시는 때를 따라 돕는 은혜를 앙망한다면 영원히 사시는 하나님이 당신을 잘못 보호하지 않으실 것이다. 주님 안에서 살아 계신 하나님을 안지 사십사 년이 된 연장한 한 형제가 간증하여 말하길, 하나님은 한 번도 그를 잘못 인도한 적이 없다고 했다. 심한 어려움과 감당하기 어려운 시험과 극심한 가난과 궁

핍 가운데서 하나님은 지금까지 한 번도 나의 일을 잘못되게 하신 적이 없다. 이는 그분이 나로 그분의 은혜를 의지해 그분을 믿게 하셨으며 항상 때를 따라 돕는 은혜를 주셨기 때문이다. 나는 기쁘게 그분의 이름을 서술한다." 어떤 저자는 우리에게 다음과 같이 말했다. "마르틴 루터가 한번은 그의 앞에 위기가 도처에 숨어 있음을 느껴 마음에 걱정과 두려움으로 가득 차 있었다. 이때 그는 자신이 반드시 위로부터 오는 힘을 붙잡아야만 지나갈 수 있다는 것을 알고 그는 혼자 앉아서 그의 손가락으로 탁자 위에 다음과 같이 적었다. '그분은 영원히 살아 계시다!' 그분은 영원히 살아 계시다! 그는 기뻤고 회복되었다. 그분은 영원히 살아 계신 분이며, 우리의 힘과 소망이시다. 사람은 다 지나가나 그분만이 영존하는 분이시다. 사람은 켜진 등이므로 늦든 빠르든 꺼질 것이다. 오직 그분만이 참빛이시며, 모든 빛의 근원이시며, 영원히 계시는 분이시다."(이상은 뮐러와 어떤 지지의 말이다. '황량한 사막의 샘' 1월 17일). 형제자매들이여, 아브라함이 부르고, 다니엘이 섬기며, 뮐러가 믿고, 마르틴 루터가 인식한 영원한 하나님이 우리가 섬기는 하나님이다. 우리는 여기서 응당 그분께 경배하고 기쁨이 가득하여 그분의 이름을 찬미해야 한다!

주님은 '세세토록 살아 계신 분'일 뿐만 아니라 '사망과 음부의 열쇠를 가진 분'이다. 이것은 우리에게 사람의 모든 사후의 일이 전적으로 그분의 손에 있다는 것을 알려 준다. 사망과 음부는 항상 관련이 있다(註 : 여기서 말한 '음부'는 '지옥'이나 '불 못'을 가리키는 것이 아니다. 이 '음부'는 히브리어로는 '스올(sheol)'이고 헬라어로는 '하데스(hades)'로서 '보이지 않는 세상'이라는 뜻이다). 계시록 6장 8절은 음부는 사망을 뒤따른다고 말하며, 20장 14절은 그것의 종말은 다 불 못에 떨어진다고 말한다. 성경의 이 두 곳은 다 사망과 음부가 인격이 있는 것같이 말한다. 히브리서 2장 14절은 마귀를 '사망의 세력을 잡은 자'로 말하며, 마태복음 16장 18절은 '음부의 권세'로 말하는데, 사망과 음부의 배후에 인격이 있는 마귀가 세력을 잡고 있음을 볼 수 있다. 그러나 우리의 주님은 죽음에서 부활하셨으므로 죽음과 음부가 그분의 몸에서 능력이 없을 뿐만 아니라, 그분은 사망과 음부의 열쇠를 가지고 계신다! 우리 주님은 다시 사망과 음부에 묶일 수 없으며 오히려 그것을 이기셨다. 주님께 감사한다. 부활의 날이 이를 때 사망이 이김에 의해 삼킨 바 되리라고 기록된 말씀이 응할 것이다. 그때 주님께 속한 모든 사람이 다 승리를 자랑하며 말하길 "사망아 너의 이기는 것이 어디 있느냐 사망아 너의 쏘는 것이 어디 있느냐(고전 15:55)"라고 할 것이다. 형제자매들이여, 우리가 기다리는 것은 결코 사망이 아니라, 그날 아침, 즉 부활의 아침이므로 우리는 소망이 가득하여 기다릴 수 있다는 것을 알아야 한다.

영광의 그리스도께서 이같이 요한에게 그분 자신이 어떠한 주인가를 계시하신 것은, 그분의 종이 단지 그분 자신을 아는 데서 그치기를 원치 않으시고 그분의 종에게 위임을 주시기 위해서였다.

“그러므로 네 본 것과 이제 있는 일과 장차 될 일을 기록하라 네 본 것은 내 오른손에 일곱 별의 비밀과 일곱 금등대라 일곱 별은 일곱 교회의 사자요 일곱 등대는 일곱 교회니라(19-20절).”

주님은 요한이 그가 ‘본 것과 이제 있는 일과 장래 될 일을 기록하기’를 원했다. 주님은 문자의 간증을 원하셨으므로 그분이 땅에서 이루신 모든 것을 요한이 기록하기를 원하셨다. ‘네 본 것’은 곧 요한이 이미 본 일로서 그가 여기에서 본 영광스러운 그리스도의 이상을 가리키는 것이다. ‘이제 있는 일’은 지금까지 존재하는 일로서 교회 시대의 일을 가리킨다. 주님은 “일곱 별은 일곱 교회의 사자요 일곱 등대는 일곱 교회니라.”고 말씀하셨다. 여기의 ‘…이요(are)’라는 말은 원문에서 현재형인데, 앞에서 말한 ‘이제 있는 일’과 서로 부합되므로 이세 있는 일은 교회의 일을 가리켜 한 말이다.

이제 우리는 일곱 별과 일곱 금등대가 무엇을 의미하는지를 보기로 하자. 일곱 별과 일곱 금등대는 하나의 비밀이다. 비밀이라면 물질적인 형태가 있을 뿐 아니라 영적인 의미도 포함하고 있다. 성경에서 말한 비밀을 하나님께서 사람에게 가르쳐 주지 않으신다면 사람은 분명히 알 수 없다. 만일 하나님께서 사람에게 알려 주신다면 결코 모를 일이 아니다(단 2:28, 18-23). 이곳의 일곱 별과 일곱 금등대의 비밀을 주님이 이미 요한에게 분명하게 알려 주셨으므로 우리는 고요한 영으로 그것을 깨달을 수 있다.

주님의 오른손은 일곱 별을 붙잡고 있는데, 이것은 주님이 어떠한 권능으로 하늘에 빛나는 대표를 다스리는지를 말하며, 또한 이러한 대표들은 어떻게 그들이 있는 교회에서 응당 감당해야 할 책임을 져야 하는가를 말하는 것이다. 오직 주님의 오른손, 큰 권능의 오른손만이 별로 하여금 그분 자신의 뜻을 비추게 할 수 있다. 또한 오직 주님의 오른손, 큰 권능의 오른손 만이 별을 붙잡을 수 있으며 별을 보호하고 지킬 수 있다.

'일곱 별'의 의미는 무엇인가? 주님은 요한을 대신하여 해석해 주시기를, "그 일곱 별은 일곱 교회의 사자라."고 하셨다. 그렇다면 '사자'는 대체 어떤 사람을 가리켜 한 말인가? 성경 해설가마다 이것에 대한 해석이 다르다. 우리는 먼저 여기의 사자는 하늘의 사자가 아니라 사람 사이의 사자라는 사실을 지적해야만 하는데, 왜냐하면 요한은 일곱 교회의 사자에게 편지를 썼기 때문이다. 사람이 하늘의 사자에게 편지를 쓸 수 없으므로 여기의 사자는 틀림없이 하늘의 사자가 아니라 교회 가운데의 사람이다.

그렇다면 일곱 교회의 사자는 대체 일곱 교회 가운데 어떤 부류의 사람인가? '사자'라는 이 단어는 보내심을 받다라는 뜻이다. 예를 들면, "우리 형제들로 말하면 여러 교회의 사자들이요(고후 8:23)", 또한 에바브로디도 역시 빌립보 교회의 보내심을 받은 사람이었다(빌 2:25). 이상에서 보는 바와 같이 사자는 교회를 대표하는 사람이다. 우리가 만일 계시록 2장과 3장을 읽는다면 주님이 이러한 '사자들'을 교회의 책임자로 보심을 알 것이다. 예를 들면, 주님은 에베소에 있는 교회에게는 "회개치 아니하면 내가 네게 임하여 네 등대를 그 자리에서 옮기리라(2:5)."고 경고하셨으며, 버가모에 있는 교회에게는 "거기 네게 발람의 교훈을 지키는 자들이 있도다 … 이와 같이 네게도 니골라당의 교훈을 지키는 자들이 있도다(2:14-15)."라고 책망하셨고, 두아디라에 있는 교회에게는 "자칭 선지자라 하는 여자 이세벨을 네가 용납함이니 그가 내 종들을 가르쳐 꾀어 행음하게 하고 우상의 제물을 먹게 하는도다(2:20)."라고 책망하셨다. 주님은 사데에 있는 교회에게는 "너는 일깨워 그 남은 바 죽게 된 것을 굳게 하라 … 만일 일깨지 아니하면 내가 도적같이 이르리니 어느 시에 네게 임할는지 네가 알지 못하리라(3:2-3)."고 말씀하셨으며, 빌라델비아 교회에게는 "네가 가진 것을 굳게 잡아(3:11)"라고 격려하셨다. 주님이 라오디게아에 있는 교회에게는 "내가 너를 권하노니 내게서 불로 연단한 금을 사서 … 흰옷을 사서 … 안약을 사서 눈에 발라 보게 하라(3:18)."고 권면하셨다. 이상에서 말한 여러 말씀은 주님이 교회에게 하신 말씀이다(1:11, 2:7). 그러나 편지는 교회들의 사자들에게 보낸 것으로, 주님은 이러한 사자들이 그들이 있는 교회의 상황을 주의하고, 그들이 마땅히 감당해야 할 책임을 지길 원하셨다는 것을 알 수 있다. '사자'는 '보내심을 받은 자'란 뜻이며, 보내심을 받은 자는 항상 보낸 사람을 대표하는 것이다. 주님은 "너희를 영접하는 자는 나를 영접하는 것이요 나를 영접하는 자는 나 보내신 이를 영접하는 것이니(마 10:40)"라고 말씀하셨다. 이것은 하나의 예이다. 그러므로 이러한 사자들은 틀림없이 교회 가운데 은사 있고 영적인 배움이 있어서 능히 교회에 영향력과 변화를 줄 수 있는 사람이다. 우리는 교회에서의 그들의 지위가 어떠하며 또 그들이 무슨 일을 하는지는 모른다. 그러나 그들은 틀림없이 교회 가운데 참되고 영적인 분량이 있는 사람이므로 주님은 교회의 책임을 그들에게 맡긴 것이다.

이 일곱 서신의 내용을 볼 때 이러한 사자들과 그들이 있는 교회는 나눌 수 없는 것이다. 그러나 이것은 결코 사자와 교회가 완전히 같다는 말이 아니다. 예를 들면, 1장 11절은 책에 써서 일곱 교회에게 보내라고 말한다. 그러나 2장과 3장의 각 서신의 처음에는 다 "… 교회의 사자에게 편지하기를"이라고 말하는 것으로 보아서 교회와 사자는 나눌 수 없는 것이다. 또한 일곱 서신은 일곱 교회의 사자에게 쓴 것이지만, 모든 서신 안에 다 "귀 있는 자는 성령이 교회들에게 하시는 말씀을 들을지어다."라는 말씀이 있는 것으로 보아 주님은 사자를 교회로 여기셨으며, 그들이 있는 지방의 교회를 책임지기를 원하심을 알 수 있다. 그러나 사자와 교회가 완전히 같은 것은 아니다. 예를 들면 주님은 "마귀가 장차 너희 가운데서 몇 사람을 옥에 던져(2:10)", "내 충성된 증인 안디바가 너희 가운데 … 죽임을 당할 때에도(13절)", "거기 네게 발람의 교훈을 지키는 자들이 있도다(14절)", "두아디라에 남아 있어 … 너희에게(24절)", "사데에 그 옷을 더럽히지 아니한 자 몇 명이 네게 있어 흰 옷을 입고(3:4)" 라고 말씀하셨다.

주님이 그들 가운데 어떤 사람을 분별해 낸 것으로 보아 사자와 교회는 차이가 있다. 주님이 이러한 사자들을 별로 대표한 것으로 보아서 그들은 하늘에 있는 별과 같이 하늘에 속한 위치와 체험이 있다. 그들은 밤하늘의 별과 같이 주님을 위해 증거하며 주님을 위해 빛을 발한다. 그들의 소망과 기쁨은 다 하늘에 있다. 그들은 주님과 친밀히 교통하며 주님의 능력과 권위를 얻는데, 왜냐하면 그들은 주님의 오른손에 있기 때문이다. 그들은 교회를 대표하는데, 이는 그들이 교회 가운데 가장 충성스런 사람으로 교회의 일을 생각하며, 교회의 성공과 실패를 자신의 성공과 실패로 여기고 단 마음으로 교회를 책임지는 사람이기 때문이다. 그러므로 누구든지 만일 주님의 손에서 쓸모 있게 되기를 원한다면, 항상 하나님 앞에 무릎을 꿇고 눈물과 온 힘을 쏟는 혼으로 교회를 위해 중보 기도 해야 한다. 비록 다른 사람의 실패가 그들의 실패는 아니지만, 그들이 만일 다른 사람의 실패를 돌보지 않는다면 이것은 그들의 실패이다. 그들은 응당 하나님의 모든 자녀들을 품는 넓은 마음을 가져야 하며 다른 사람의 일을 내 일처럼 여겨야 한다. 그렇지 않다면 자신이 위험에 빠질 뿐 아니라 주님의 마음을 근심케 하는데, 그것은 얼마나 가련한 일인지! 만일 어떤 사람이 참으로 기꺼이 자신을 전적으로 주님의 손에 맡기고 그분을 위해 기쁨으로 교회의 책임을 진다면, 특별히 그들 자신이 주님의 상을 얻을 뿐 아니라 주님 자신도 그들이 성취한 많은 시간을 사용하실 것이다.

우리는 주님이 공평한 분이시므로 충성한 사람을 저버리지 않으실 것임을 안다. 그분은 서머나와 빌라델비아 교회의 충성을 보셨고 그들을 칭찬하셨다. 그분은 다른 다섯 교회들에 대해 다 책망의 말씀을 하셨다. 비록 사자는 교회를 대표하고 영적인 방면에서 그들은 감당해야 할 책임이 있지만, 사실상 사자는 사자이고, 교회는 교회인데, 왜냐하면 별과 등대는 차이가 있기 때문이다. 비록 책임은 사자가 지지만, 심판할 때에 주님은 여전히 그 범죄한 사람들을 벌하신다(2:5, 16, 22-23, 3:3, 16). 주님은 누가 그분 자신께 속한 사람이며 누가 끝까지 충성한 사람인지를 아신다.

또 한 가지 우리가 주의해야 할 것은 주님이 그분의 교회에게 하신 심판과 경고의 말씀이다. 이러한 심판과 경고의 말씀은 교회에게 말씀하신 것이며 또한 사자에게 하신 말씀이다. 교회도 실패할 가능성이 있고 사자 자신도 실패할 가능성이 있다. 오! 주님의 오른손에 있는 별도 실패하여 어떤 지경—"… 네가 살았다 하는 이름은 가졌으나 죽은 자로다(3:1)."—에 떨어질 수 있다. 오! 주님의 오른손에 있는 별도 주님이 문밖에서 문을 두드리는 단계까지 실패할 가능성이 있다(3:20). 이것이 얼마나 엄숙한 문제인지! 그러므로 주님을 위해 크게 쓰임을 받는 모든 사람과 교회 안에서 중대한 책임을 맡고 있는 모든 사람은 교만할 수 없고, 깨어 있지 않을 수 없으며, 충성하지 않을 수 없다.

"일곱 등대는 일곱 교회니라." 이 일곱 등대로 대표된 일곱 교회를 말할 때 우리는 세 가지를 분명히 인식해야 하는데, 그것은 (1) 이 일곱 교회는 당시에 실제로 있었던 일곱 교회이며, (2) 이 일곱 교회는 모든 교회의 일곱 단계의 역사(歷史)를 예표하며, (3) 이 일곱 교회의 상황은 교회의 일곱 단계의 역사 가운데 동시에 있었다는 것이다. 1장 4절의 "요한은 아시아에 있는 일곱 교회에 편지하노니"라는 말씀으로부터 우리는 요한이 쓴 이 일곱 서신이 당시 실존한 일곱 교회에 보내졌음을 볼 수 있다. 우리는 그리스도께서 이 일곱 교회의 상황 하나하나가 교회의 일곱 시기의 역사로 변화된 후에 오신다고 생각하지 말아야 한다. 우리의 주님은 그분의 교회에게 "다만 너희에게 있는 것을 내가 올 때까지 굳게 잡으라 너는 일깨워 … 만일 일깨지 아니하면 내가 도적같이 이르리니 어느 시에 네게 임할는지 네가 알지 못하리라(2:25, 3:2-3)."고 말씀하신다. 이 말씀은 주님이 그때에 오실 가능성이 있음을 알려 준다. 1장 19절에서 주님이 말씀하신 '이제 있는 일'은 이 일곱 교회를 가리켜 한 말이다. 그분이 말씀하신 지금은 틀림없이 지금이다. 그러므로 주님이 말씀하신 이 일곱 교회의 일은 당시 실재하던 일로 주님은 당시에 오실 가능성이 있었다.

다른 면에서 우리가 아는 바와 같이 당시 이 일곱 교회에게 이러한 교훈과 경고와 격려가 필요했을 뿐만 아니라, 이 일곱 교회 외에 안디옥과 같은 유명한 교회에게도 어찌 이러한 서신이 필요하지 않았겠는가? 그러나 주님은 많은 교회 가운데 단지 이 일곱 교회만을 택하여 그분의 특별한 가르침을 주셨는데 이 안에 어찌 더 깊은 의미가 없겠는가? 우리가 이 일곱 교회의 상황을 종합해 본다면, 주님이 이 일곱 교회를 택하여 모든 교회에 대한 그분의 뜻을 나타내길 원하셨다는 것을 알 수 있다. 주님은 이 일곱 교회를 통해 사도 시대 이후로부터 그분이 다시 오실 때까지의 교회의 모든 상황을 나타내신다.

원문에서는 이 일곱 교회라는 단어 앞에 정관사가 없는데, 이것은 주님께서 여기에서 하신 말씀은 결코 이 일곱 교회만을 가리키는 것이 아니라 모든 교회를 대표한다는 것을 나타낸다. 또한 '일곱'이라는 숫자는 '완성'을 의미하는 것으로 일곱 교회는 모든 교회를 대표한다. 만일 이 일곱 등대가 단지 당시의 일곱 교회만을 가리켜 말한 것이라면, 당시의 이 일곱 교회 이외의 교회와 나중에 세워진 교회는 교회가 아니란 말인가? 그렇지 않다. 이 일곱 금등대로 대표된 일곱 교회는 이 땅에 있는 모든 교회를 대표하는 것이다.

또한 주님은 요한에게 일곱 교회의 사자에게 편지를 써 보내라고 명하셨는데, 각 서신에 다 "귀 있는 자는 성령이 교회들에게 하시는 말씀을 들을찌어다."라는 말씀이 있다. 이것은 이 일곱 서신은 당시 실존하는 교회에게 말한 것일 뿐 아니라, 모든 시대의 주님의 말씀을 들을 수 있는 귀 있는 모든 사람에게 하신 말씀이기도 함을 분명히 알 수 있다. 그러므로 이 일곱 교회는 이 땅에 있는 모든 교회를 대표한다. 우리의 주님은 결코 이 일곱 교회가 각 시대의 교회를 대표하므로 우리가 깨어 있어야 한다고 분명하게 말씀하지는 않으셨는데, 왜냐하면 그분이 언제 오실지 모르기 때문이다(막 13:35). 이 일곱 교회가 비록 이 땅에서의 교회의 역사를 대표하기는 하지만 에베소가 지나면 서머나이고, 서머나가 지나면 버가모인 것은 결코 아니다. 보편적인 상황대로 말한다면, 교회 역사의 첫 번째 시대는 에베소 교회와 같은 상황이며, 두 번째는 서머나 교회와 같은 상황이다. 그러나 에베소 교회의 시대에 이미 서머나 교회와 다른 다섯 교회의 상황이 있었고, 그중에서 다만 에베소 교회의 상황이 비교적 보편적일 따름이었다. 서머나 교회의 시대에도 에베소 교회와 다른 다섯 교회의 상황이 있었지만 서머나 교회의 상황이 그 당시에 특별한 상황이었을 뿐이다. 매 시대 교회는 다 이 일곱 교회가 당시 동시에 존재했던 것처럼 서로 다른 교회의 상황에 있다. 주님은 두아디라 교회의 사자에게 말씀하시기를 "다만 너희에게 있는 것을 내가 올 때까지 굳게 잡으라(계 2:25)."고 하셨고, 사데 교회의 사자에게는 "내가 도적같이 이르리니(3:3)"라고 말씀하셨다. 주님은 빌라델비아 교회의 사자에게는 "내가 속히 임하리니(3:11)"라고 말씀하셨다. 주님이 이 세 교회에게 그분의 다시 오심의 문제를 말한 것으로 보아 이 세 교회는 틀림없이 주님이 다시 오실 때까지 존재할 것이다. 제일 마지막 교회인 라오디게아 교회도 틀림없이 위에서 말한 세 교회와 함께 주님이 다시 오실 때까지 존재할 것이다. 주님은 두아디라, 사데, 빌라델비아에 있는 이 세 교회에 대해 그분의 다시 오심을 언급하셨는데 시간이 갈수록 그분의 다시 오심을 더 가깝게 말씀하셨다. 주님이 두아디라에 있는 교회에게 "내가 올 때까지"라고 말씀하셨는데, 여기서는 그분의 오심이 멀리 있는 것 같다. 주님은 사데에 있는 교회에게는 "내가 도적같이 이르리니"라고 말씀하셨는데, 이것은 비교적 확정적이다. 주님은 빌라델비아에 있는 교회에게는 "내가 속히 임하리라."고 말씀하셨는데, 이것은 더욱 가까워졌다. 그러므로 교회는 응당 깨어서 우리 주님을 맞을 준비를 하고 있어야 한다.

이 일곱 교회 가운데 나머지 넷은 주님이 다시 오실 때까지 남아 있을 것이다. 이것은 결코 그들이 동시에 일어나서 주님이 오실 때까지 함께 존재한다는 것이 아니라, 처음에는 두아디라에 있는 교회가 일어나고, 이어서 사데에 있는 교회가 일어나며, 다시 빌라델비아에 있는 교회와 라오디게아에 있는 교회가 일어난다는 뜻이다. 이것은 후자가 일어나면 전자가 사라지는 것이 아니라 다 함께 주님이 오실 때까지 존재한다는 말이다. 바꾸어 말하면 교회들이 일어나는 시기는 다르지만 그들의 결국은 같은 시기라는 것이다.

우리가 서두에서 언급한 바와 같이 우리가 계시록을 읽는 중심 목적은 예수 그리스도가 누구인지를 알기 위한 것이다. 그러므로 형제자매들이여, 우리가 영적인 일에 있어서 웅지가 있다면 우리는 주님을 아는 사람으로부터 배워야 하며 주님 자신을 알도록 추구해야 한다. 그러나 주님을 안다는 것이 한마디의 공허한 말이 될 수는 없다. 주님을 아는 사람은 다 주님 앞에 엎드러진다. 주님 앞에 엎드러진 사람에게만 주님은 위임을 주신다. 형제자매들이여, 오늘 주님에 대한 당신의 인식은 어떠한가? 주님의 교회에 대하여 당신은 어떠한 부담을 가지고 있는가? 오! 형제자매들이여, 당신이 만일 충성스럽고 모든 것을 굳게 잡아 믿음에 견고히 선다면, 당신은 별과 같이 빛을 발할 것이며 주님의 오른손에서 주님께 쓰임받는 사람이 될 것이다.

영광스러운 교회

초판 인쇄일/ 1997년 6월 25일
중판 인쇄일/ 2019년 11월 11일
중판 발행일/ 2019년 11월 29일
저자/ 워치만 니
역자/ 한국복음서원 편집부
발행인/ 이희득
발행처/ 한국복음서원
등록/ ®1978.3.6. 제16-12호

주소/ 경기도 성남시 분당구 판교로610번길 5 승덕빌딩 3층(13515)
전화/ 1600-3191
팩스/ 031) 709-3389

ISBN/ 978-89-6737-654-3 03230

http://www.kgbr.co.kr
E-mail:kgbr@kgbr.co.kr

정가 12,500원